CAESAR'S CIVIL WAR

IN LATIN

BY

CHARLES E. MOBERLY

CONTENTS.

PREFACE.

In editing Caesar's 'Bellum Civile,' there is little to add to
the sketch of his character as a writer given in the Preface
to the Clarendon Edition of the 'Bellum Gallicum.' The
same admirable simplicity of style pervades the two works;
both furnish the best of all models for the Latin language
considered in its noblest light, as an organ, that is, not for
word-painting, but for the expression of true occurrences in
the most natural way possible. The chief difference between
them is that the events of the struggle with Pompeius were
so widely known, that anything like a rhetorical and untrue
narrative of them was simply impossible. We have not therefore here to make the same deductions from Caesar's statements of facts which were before suggested. The 'clementia,'
for instance, with which he claims to have treated the partisans of Pompeius who came into his power may be freely
admitted, while we should be far from accepting the similar
claim as regards the Gauls; for we are able to cross-examine
the former by means of the subsequent history of the persons
to whom indulgence was shewn, which was impossible as
regards the Gauls with whom Caesar dealt. There are, no
doubt, cases where a kind of rhetoric is used for purposes
like those noticed in the Gallic war. Thus in 3. 3, where
the muster of Pompeius' forces is described, the mention of

'reges,' 'tetrarchae,' and 'dynastae,' seems to add point and stress to the sketch of the numberless Eastern barbarians whom he was enrolling to fight against his countrymen; while the light and familiar mention in many places of Caesar's own German and Gallic auxiliaries makes us forget that a genuine Roman would be at least as much horror-stricken at seeing such troops as these used for a similar purpose. So again there is a grimly satiric humour in the description (3. 31) of the Pompeian general who had allowed himself to be saluted imperator 'because of several overthrows which he had received,' and in that of the quarrelling beforehand among the nobles round Pompeius himself for the succession to Caesar's pontificate (3. 83).

But the case of the Massilians appears to be the only one where important facts have been deliberately suppressed. It is quite incredible that, after offering to surrender, men of their stamp would have made a treacherous attack on Caesar's troops. We may conclude with almost absolute certainty that the latter, who had longed for the plunder of the city and afterwards mutinied from the loss of it, had managed to drive the people to desperation by means of insult and aggravation, if not worse. Were it not so, we may safely conclude that they would not, when actually surrendering, have obtained the same terms as before (see the notes on 2. 14).

It should be remembered that the events related in this work fall entirely within the compass of B.C. 49 and 48. Seldom has so important a war been brought to an end, amid so many vicissitudes, in so short a time. Caesar's successes at Lerida and at Pharsalus were decisive; yet between them there lay a remarkable number of checks and even defeats. Curio's army was annihilated in Africa; Caesar himself was driven by a series of overthrows, some of them manifestly resulting from faults of his own, from the lines at Dyrrhachium with which he had rashly endeavoured to enclose the far superior forces of the enemy. Moreover in the last chapters of books ii. and iii, we have hints of several other very severe checks undergone by Caesar's lieutenants. Yet his patience and power of military organisation triumphs over all difficulties. He was able to make good damages and losses from the universal popularity which he enjoyed as the liberator of the provinces from the despotism of the oligarchs. His allied Germans always proved superior, whether as infantry or as cavalry, to the troops opposed to them. And, above all, his Roman legions were so thoroughly trained to war and exertion by their numerous campaigns that they really could 'go anywhere and do anything;' besides being so personally devoted to him, that they even endured to see a legion formed out of the Gauls whom they had been engaged in conquering, and, if mutinous for a moment, could be brought back to obedience by a single word from him.

In the Bellum Civile the student will miss the striking help furnished to readers of the Gallic War by the historical discussions and the maps of 'Jules César.' This want is, however, partially made good by General von Göler's short, but accurate, précis of the campaign; by the brief remarks of Sir W. Napier on its general character, and by some of the essays of Guichard. Vegetius' treatise on the military art refers of course to a later period; yet many of the details given by him are valuable illustrations of Caesar, as war-customs had considerable permanence among the Romans. The history of the wars in Egypt and Africa, which immediately continue the present narrative, must be read in the two supplements called the Bellum Alexandrinum and the Bellum Africanum, generally printed as an appendix to the works of Caesar.

C. IULLI CAESARIS

DE BELLO CIVILI

COMMENTARIUS PRIMUS.

1. Itteris a Gaio Caesare consulibus redditis, aegre ab his impetratum est summa tribunorum plebis contentione ut in senatu recitarentur; ut vero ex litteris ad senatum referretur impetrari non potuit. Referunt consules de republica infinite. L. Lentulus 5 consul senatui reique publicae se non defuturum pollicetur, si audacter ac fortiter sententias dicere velint; sin Caesarem respiciant atque ejus gratiam sequantur, ut superioribus fecerint temporibus, se sibi consilium capturum neque senatus auctoritati 10 obtemperaturum; habere se quoque ad Caesaris gratiam atque amicitiam receptum. In eandem sententiam loquitur Scipio: Pompeio esse in animo reipublicae non deesse, si senatus sequatur; si cunctetur atque agat lenius, nequiquam ejus 15 auxilium, si postea velit, senatum imploraturum.

2. Haec Scipionis oratio, quod senatus in urbe habebatur
Pompeiusque aderat, ex ipsius ore Pompei mitti videbatur.
Dixerat aliquis leniorem sententiam, ut primo M. Marcellus,
ingressus in eam orationem, non oportere ante de ea re ad
5 senatum referri, quam delectus tota Italia habiti et exercitus
conscripti essent, quo praesidio tuto et libere senatus, quae
vellet, decernere auderet; ut M. Calidius, qui censebat, ut
Pompeius in suas provincias proficisceretur, ne qua esset
armorum causa: timere Caesarem ereptis ab eo duabus
10 legionibus, ne ad eius periculum reservare et retinere eas ad
urbem Pompeius videretur; ut M. Rufus, qui sententiam
Calidii paucis fere mutatis rebus sequebatur. Hi omnes
convicio L. Lentuli consulis correpti exagitabantur. Lentulus sententiam Calidii pronuntiaturum se omnino negavit.
15 Marcellus perterritus conviciis a sua sententia discessit. Sic
vocibus consulis, terrore praesentis exercitus, minis amicorum
Pompei plerique compulsi, inviti et coacti Scipionis sententiam sequuntur: uti ante certam diem Caesar exercitum
dimittat; si non faciat, eum adversus rempublicam facturum
20 videri. Intercedit M. Antonius, Q. Cassius, tribuni plebis.
Refertur confestim de intercessione tribunorum. Dicuntur
sententiae graves: ut quisque acerbissime crudelissimeque
dixit, ita quam maxime ab inimicis Caesaris collaudatur.

3. Misso ad vesperum senatu omnes, qui sunt eius ordinis,
25 a Pompeio evocantur. Laudat Pompeius atque in posterum
confirmat, segniores castigat atque incitat. Multi undique
ex veteribus Pompei exercitibus spe praemiorum atque ordinum evocantur, multi ex duabus legionibus, quae sunt traditae a Caesare, arcessuntur. Completur urbs et ipsum
30 comitium tribunis, centurionibus, evocatis. Omnes amici
consulum, necessarii Pompei atque eorum, qui veteres inimicitias cum Caesare gerebant, in senatum coguntur; quorum
vocibus et concursu terrentur infirmiores, dubii confirmantur,

plerisque vero libere decernendi potestas eripitur. Pollicetur
L. Piso censor sese iturum ad Caesarem, item L. Roscius
praetor, qui de his rebus eum doceant: sex dies ad eam rem
conficiendam spatii postulant. Dicuntur etiam ab nonnullis
sententiae, ut legati ad Caesarem mittantur, qui voluntatem 5
senatus ei proponant.

4. Omnibus his resistitur omnibusque oratio consulis,
Scipionis, Catonis opponitur. Catonem veteres inimicitiae
Caesaris incitant et dolor repulsae. Lentulus aeris alieni
magnitudine et spe exercitus ac provinciarum et regum 10
appellandorum largitionibus movetur, seque alterum fore
Sullam inter suos gloriatur, ad quem summa imperii redeat.
Scipionem eadem spes provinciae atque exercituum impellit,
quos se pro necessitudine partiturum cum Pompeio arbi-
tratur, simul iudiciorum metus, atque ostentatio sui et 15
potentiae, qua in republica iudiciisque tum plurimum pol-
lebat. Ipse Pompeius, ab inimicis Caesaris incitatus et
quod neminem dignitate secum exaequari volebat, totum se
ab eius amicitia averterat et cum communibus inimicis in
gratiam redierat, quorum ipse maximam partem illo affini- 20
tatis tempore iniunxerat Caesari; simul infamia duarum
legionum permotus, quas ab itinere Asiae Syriaeque ad
suam potentiam dominatumque converterat, rem ad arma
deduci studebat.

5. His de causis aguntur omnia raptim atque turbate. 25
Nec docendi Caesaris propinquis eius spatium datur nec
tribunis plebis sui periculi deprecandi neque etiam extremi
iuris intercessione retinendi, quod L. Sulla reliquerat, facultas
tribuitur, sed de sua salute septimo die cogitare coguntur,
quod illi turbulentissimi superioribus temporibus tribuni 30
plebis octavo denique mense suarum actionum respicere ac
timere consuerant. Decurritur ad illud extremum atque
ultimum senatus consultum, quo nisi paene in ipso urbis

incendio atque in desperatione omnium salutis latorum
audacia numquam ante descensum est: 'dent operam con-
'sules, praetores, tribuni plebis quique pro consulibus sint ad
'urbem, ne quid respublica detrimenti capiat.' Haec senatus-
5 consulto perscribuntur a. d. vii Id. Ian. Itaque v primis
diebus, quibus haberi senatus potuit, qua ex die consulatum
iniit Lentulus, biduo excepto comitiali, et de imperio Caesaris
et de amplissimis viris, tribunis plebis, gravissime acerbissi-
meque decernitur. Profugiunt statim ex urbe tribuni plebis
10 seseque ad Caesarem conferunt. Is eo tempore erat Ravennae exspectabatque suis lenissimis postulatis responsa, si
qua hominum aequitate res ad otium deduci posset.

6. Proximis diebus habetur extra urbem senatus. Pompeius eadem illa, quae per Scipionem ostenderat, agit;
15 senatus virtutem constantiamque collaudat; copias suas
exponit: legiones habere sese paratas x; praeterea cognitum compertumque sibi, alieno esse animo in Caesarem
milites neque iis posse persuaderi, uti eum defendant aut
sequantur saltem. De reliquis rebus ad senatum refertur:
20 tota Italia delectus habeatur; Faustus Sulla propere in Mauritaniam mittatur; pecunia uti ex aerario Pompeio detur.
Refertur etiam de rege Iuba, ut socius sit atque amicus;
Marcellus vero passurum in praesentia negat. De Fausto
·impedit Philippus, tribunus plebis. De reliquis rebus sen-
25 atus-consulta perscribuntur. Provinciae privatis decernun-
tur, duae consulares, reliquae praetoriae. Scipioni obvenit
Syria, L. Domitio Gallia. Philippus et Cotta privato consilio
praetereuntur, neque eorum sortes deiciuntur. In reliquas
provincias praetorii mittuntur. Neque exspectant [quod
30 superioribus annis acciderat], ut de eorum imperio ad populum feratur, paludatique votis nuncupatis exeunt. Consules
[quod ante id tempus accidit numquam] ex urbe proficiscuntur lictoresque habent in urbe et Capitolio privati contra

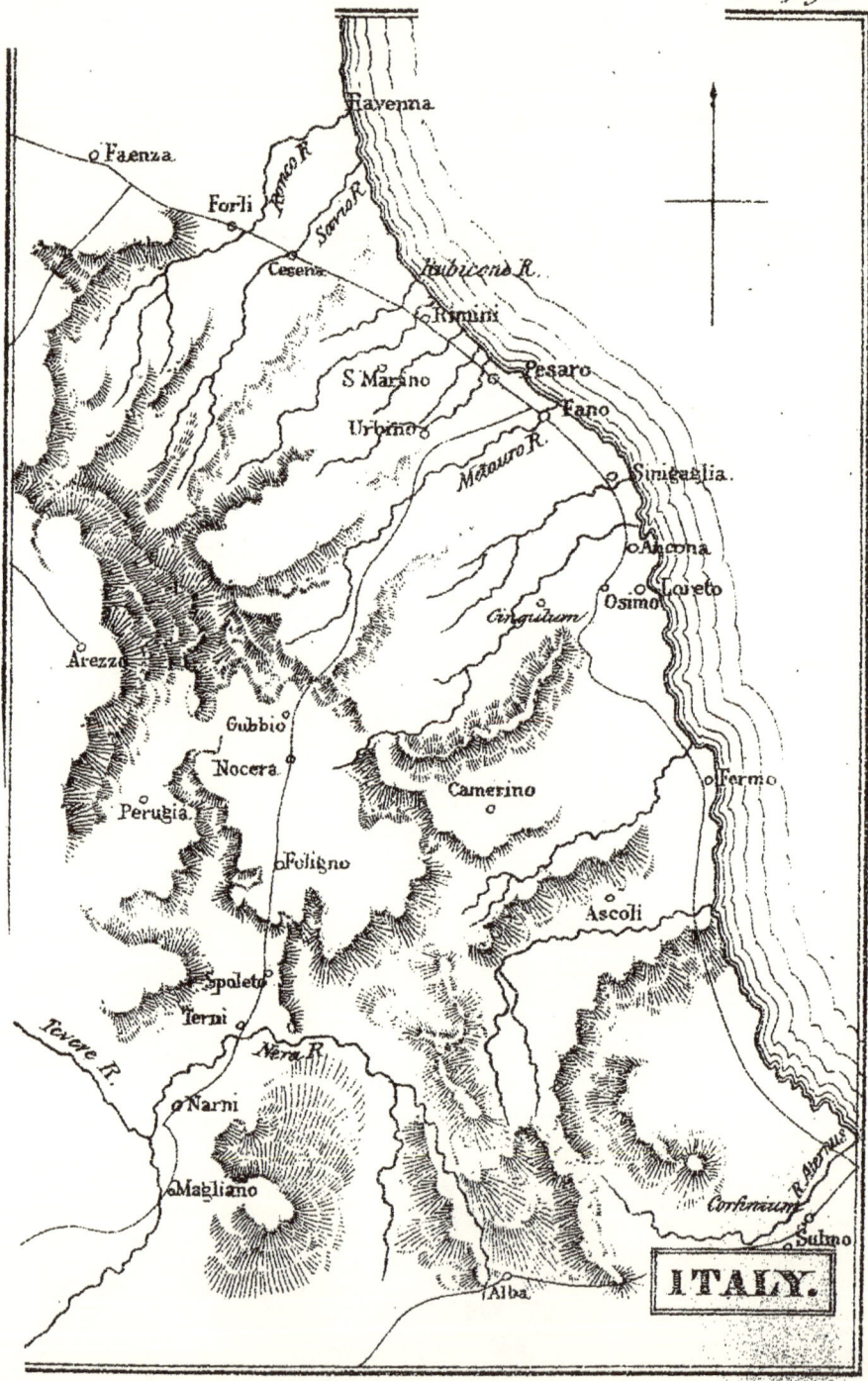

Faenza

Ravenna

Forli

Cesena

Rimini

Rubicone R.

Pesaro

S Marino

Fano

Urbino

Metauro R.

Sinigaglia

Ancona

Osimo

Loreto

Cingulum

Arezzo

Gubbio

Nocera

Camerino

Perugia

Fermo

Foligno

Ascoli

Spoleto

Terni

Tevere R.

Nera R.

Narni

Magliano

R. Aternus

Corfinium

Sulmo

Alba

ITALY.

omnia vetustatis exempla. Tota Italia delectus habentur, arma imperantur, pecuniae a municipiis exiguntur, e fanis tolluntur, omnia divina humanaque iura permiscentur.

7. Quibus rebus cognitis Caesar apud milites contionatur. Omnium temporum iniurias inimicorum in se commemorat; 5 a quibus deductum ac depravatum Pompeium queritur invidia atque obtrectatione laudis suae, cuius ipse honori et dignitati semper faverit adiutorque fuerit. Novum in republica introductum exemplum queritur, ut tribunicia intercessio armis vetaretur atque opprimeretur [quae superioribus annis 10 armis esset restituta]. Sullam nudata omnibus rebus tribunicia potestate tamen intercessionem liberam reliquisse, Pompeium, qui amissa restituisse videatur [bona], etiam quae ante habuerint, ademisse. Quotiens-cumque sit decretum, darent operam magistratus, ne quid respublica 15 detrimenti caperet (qua voce et quo senatusconsulto populus Romanus ad arma sit vocatus), factum in perniciosis legibus, in vi tribunicia, in secessione populi, templis locisque editioribus occupatis; atque haec superioris aetatis exempla expiata Saturnini atque Gracchorum casibus docet. Quarum 20 rerum illo tempore nihil factum, ne cogitatum quidem [nulla lex promulgata, non cum populo agi coeptum, nulla secessio facta]. Hortatur, cuius imperatoris ductu ix annis rempublicam felicissime gesserint' plurimaque proelia secunda fecerint, omnem Galliam Germaniamque pacaverint, 25 ut eius existimationem dignitatemque ab inimicis defendant. Conclamant legionis xiii, quae aderat, milites (hanc enim initio tumultus evocaverat; reliquae nondum venerant): sese paratos esse imperatoris sui tribunorumque plebis iniurias defendere. 30

8. Cognita militum voluntate Ariminum cum ea legione proficiscitur ibique tribunos plebis, qui ad eum confugerant, convenit; reliquas legiones ex hibernis evocat et subsequi

iubet. Eo L. Caesar adulescens venit, cuius pater Caesaris
erat legatus. Is reliquo sermone confecto, cuius rei causa
venerat, habere se a Pompeio ad eum privati officii mandata
demonstrat: Velle Pompeium se Caesari purgatum, ne ea,
5 quae reipublicae causa egerit, in suam contumeliam vertat.
Semper se reipublicae commoda privatis necessitudinibus
habuisse potiora. Caesarem quoque pro sua dignitate debere
et studium et iracundiam suam reipublicae dimittere neque
adeo graviter irasci inimicis, ut, cum illis nocere se speret,
10 reipublicae noceat. Pauca eiusdem generis addit cum excu-
satione Pompei coniuncta. Eadem fere atque eisdem verbis
praetor Roscius agit cum Caesare sibique Pompeium com-
memorasse demonstrat.

9. Quae res etsi nihil ad levandas iniurias pertinere vide-
15 bantur, tamen idoneos nactus homines, per quos ea, quae
vellet, ad eum perferrentur, petit ab utroque, quoniam Pompei mandata ad se detulerint, ne graventur sua quoque ad
eum postulata deferre, si parvo labore magnas controversias
tollere atque omnem Italiam metu liberare possint. Sibi
20 semper primam reipublicae fuisse dignitatem vitaque po-
tiorem. Doluisse se, quod populi Romani beneficium sibi
per contumeliam ab inimicis extorqueretur, ereptoque semenstri imperio in urbem retraheretur, cuius absentis rationem haberi proximis comitiis populus iussisset; tamen
25 hanc iacturam honoris sui reipublicae causa aequo animo
tulisse. Cum litteras ad senatum miserit, ut omnes ab exercitibus discederent, ne id quidem impetravisse. Tota Italia
delectus haberi, retineri legiones II, quae ab se simulatione
Parthici belli sint abductae, civitatem esse in armis. Quonam
30 haec omnia nisi ad suam perniciem pertinere? Sed tamen
ad omnia se descendere paratum atque omnia pati reipublicae causa. Proficiscatur Pompeius in suas provincias, ipsi
exercitus dimittant, discedant in Italia omnes ab armis, metus

e civitate tollatur, libera comitia atque omnis respublica senatui populoque Romano permittatur. Haec quo facilius
certisque condicionibus fiant et iureiurando sanciantur, aut
ipse propius accedat aut se patiatur accedere; fore, uti per
colloquia omnes controversiae componantur. 5

10. Acceptis mandatis Roscius cum Caesare Capuam pervenit ibique consules Pompeiumque invenit: postulata Caesaris renuntiat. Illi deliberata re respondent scriptaque ad
eum mandata per eos mittunt; quorum haec erat summa:
Caesar in Galliam reverteretur, Arimino excederet, exercitus 10
dimitteret; quae si fecisset, Pompeium in Hispanias iturum.
Interea, quoad fides esset data Caesarem facturum quae
polliceretur, non intermissuros consules Pompeiumque delectus.

11. Erat iniqua condicio postulare, ut Caesar Arimino ex- 15
cederet atque in provinciam reverteretur, ipsum et provincias
et legiones alienas tenere; exercitum Caesaris velle dimitti,
delectus habere; polliceri se in provinciam iturum neque,
ante quem diem iturus sit, definire; ut, si peracto consulatu
Caesaris non profectus esset, nulla tamen mendacii religione 20
obstrictus videretur. Tempus vero colloquio non dare neque
accessurum polliceri magnam pacis desperationem afferebat.
Itaque ab Arimino M. Antonium cum cohortibus v Arretium
mittit; ipse Arimini cum duabus subsistit ibique delectum
habere instituit; Pisaurum, Fanum, Anconam singulis co- 25
hortibus occupat.

12. Interea certior factus Iguvium Thermum praetorem
cohortibus v tenere, oppidum munire omniumque esse Igu-
vinorum optimam erga se voluntatem, Curionem cum tribus
cohortibus, quas Pisauri et Arimini habebat, mittit. Cuius 30
adventu cognito, diffisus municipii voluntati Thermus cohortes ex urbe reducit et profugit. Milites in itinere ab eo
discedunt ac domum revertuntur. Curio summa omnium

voluntate Iguvium recipit. Quibus rebus cognitis confisus municipiorum voluntatibus Caesar cohortes legionis xiii ex praesidiis deducit Auximumque proficiscitur. Quod oppidum Attius cohortibus introductis tenebat delectumque toto Piceno 5 circummissis senatoribus habebat.

13. Adventu Caesaris cognito decuriones Auximi ad Attium Varum frequentes conveniunt: docent sui iudicii rem non esse; neque se neque reliquos municipes pati posse C. Caesarem imperatorem, bene de republica meritum, tantis rebus 10 gestis oppido moenibusque prohiberi; proinde habeat rationem posteritatis et periculi sui. Quorum oratione permotus Varus praesidium, quod introduxerat, ex oppido educit ac profugit. Hunc ex primo ordine pauci Caesaris consecuti milites consistere coëgerunt. Commisso proelio deseritur a 15 suis Varus: nonnulla pars militum domum discedit; reliqui ad Caesarem perveniunt, atque una cum iis deprensus L. Pupius, primi pili centurio, adducitur, qui hunc eundem ordinem in exercitu Cn. Pompei antea duxerat. At Caesar milites Attianos collaudat, Pupium dimittit, Auximatibus agit 20 gratias seque eorum facti memorem fore pollicetur.

14. Quibus rebus Romam nuntiatis tantus repente terroi invasit, ut, cum Lentulus consul ad aperiendum aerarium venisset ad pecuniam Pompeio ex senatusconsulto proferendam, protinus aperto sanctiore aerario ex urbe profugeret. 25 Caesar enim adventare iam iamque et adesse eius equites falso nuntiabantur. Hunc Marcellus collega et plerique magistratus consecuti sunt. Cn. Pompeius pridie eius diei ex urbe profectus iter ad legiones habebat, quas a Caesare acceptas in Apulia hibernorum causa disposuerat. Delectus 30 circa urbem intermittuntur: nihil citra Capuam tutum esse omnibus videtur. Capuae primum sese confirmant et colligunt, delectumque colonorum, qui lege Iulia Capuam deducti erant, habere instituunt; gladiatoresque, quos ibi Cae-

sar in ludo habebat, ad forum productos Lentulus spe libertatis confirmat atque his equos attribuit et se sequi iussit;
quos postea monitus ab suis, quod ea res omnium iudicio reprehendebatur, circum familias conventus Campaniae custodiae causa distribuit.　　　　　　　　　　　　　　　　5

15. Auximo Caesar progressus omnem agrum Picenum
percurrit. Cunctae earum regionum praefecturae libentis-
simis animis eum recipiunt exercitumque eius omnibus rebus
iuvant. Etiam Cingulo, quod oppidum Labienus constituerat
suaque pecunia exaedificaverat, ad eum legati veniunt quae- 10
que imperaverit se cupidissime facturos pollicentur. Milites
imperat: mittunt. Interea legio xii Caesarem consequitur.
Cum his duabus Asculum Picenum proficiscitur. Id oppidum
Lentulus Spinther x cohortibus tenebat: qui Caesaris adventu
cognito profugit ex oppido cohortesque secum abducere 15
conatus a magna parte militum deseritur. Relictus in itinere
cum paucis incidit in Vibullium Rufum missum a Pompeio
in agrum Picenum confirmandorum hominum causa. A quo
factus Vibullius certior, quae res in Piceno gererentur, milites
ab eo accipit, ipsum dimittit. Item ex finitimis regionibus 20
quas potest contrahit cohortes ex delectibus Pompeianis; in
his Camerino fugientem Lucilium Hirrum cum sex cohortibus,
quas ibi in praesidio habuerat, excipit; quibus coactis xiii
efficit. Cum his ad Domitium Ahenobarbum Corfinium
magnis itineribus pervenit Caesaremque adesse cum legioni- 25
bus duabus nuntiat. Domitius per se circiter xx cohortes
Alba et Marsis et Pelignis, finitimis ab regionibus coëgerat.

16. Recepto Firmo expulsoque Lentulo Caesar conquiri
milites, qui ab eo discesserant, delectumque institui iubet;
ipse unum diem ibi rei frumentariae causa moratus Corfinium 30
contendit. Eo cum venisset, cohortes quinque praemissae a
Domitio ex oppido pontem fluminis interrumpebant, qui erat
ab oppido milia passuum circiter iii. Ibi cum antecursoribus

Caesaris proelio commisso celeriter Domitiani a ponte repulsi
se in oppidum receperunt. Caesar legionibus traductis ad
oppidum constitit iuxtaque murum castra posuit.

17. Re cognita Domitius ad Pompeium in Apuliam peritos
5 regionum magno proposito praemio cum litteris mittit, qui
petant atque orent ut sibi subveniat: Caesarem duobus exercitibus et locorum angustiis facile intercludi posse frumento-
que prohiberi. Quod nisi fecerit, se cohortesque amplius
xxx magnumque numerum senatorum atque equitum Ro-
10 manorum in periculum esse venturum. Interim suos cohortatus tormenta in muris disponit certasque cuique partes
ad custodiam urbis attribuit; militibus in contione agros ex
suis possessionibus pollicetur, quaterna in singulos iugera et
pro rata parte centurionibus evocatisque.

15 18. Interim Caesari nuntiatur Sulmonenses, quod oppidum
a Corfinio vii milium intervallo abest, cupere ea facere, quae
vellet, sed a Q. Lucretio senatore et Attio Peligno prohiberi,
qui id oppidum vii cohortium praesidio tenebant. Mittit eo
M. Antonium cum legionis xiii cohortibus quinque. Sulmo-
20 nenses, simulatque signa nostra viderunt, portas aperuerunt
universique, et oppidani et milites, obviam gratulantes Antonio
exierunt. Lucretius et Attius de muro se deiecerunt. Attius
ad Antonium deductus petit, ut ad Caesarem mitteretur.
Antonius cum cohortibus et Attio eodem die, quo profectus
25 erat, revertitur. Caesar eas cohortes cum exercitu suo coniunxit Attiumque incolumem dimisit. Caesar primis diebus
castra magnis operibus munire et ex finitumis municipiis frumentum comportare reliquasque copias exspectare instituit.
Eo triduo legio viii ad eum venit cohortesque ex novis Galliae
30 delectibus xxii equitesque ab rege Norico circiter ccc. Quorum adventu altera castra ad alteram oppidi partem ponit:
his castris Curionem praefecit. Reliquis diebus oppidum
vallo castellisque circumvenire instituit. Cuius operis maxima

parte effęcta eodem fere tempore missi a Pompeio revertuntur.

19. Litteris perlectis Domitius dissimulans in concilio pro-
nuntiat Pompeium celeriter subsidio venturum hortaturque
eos, ne animo deficiant quaeque usui ad defendendum op- 5
pidum sint parent.   Ipse arcano cum paucis familiaribus suis
colloquitur consiliumque fugae capere constituit.   Cum vultus
Domitii cum oratione non consentiret atque omnia trepidan-
tius timidiusque ageret, quam superioribus diebus consuesset,
multumque cum suis consiliandi causa secreto praeter con- 10
suetudinem colloqueretur, concilia conventusque hominum
fugeret, res diutius tegi dissimularique non potuit.   Pompeius
enim rescripserat: sese rem in summum periculum deduc-
turum non esse, neque suo consilio aut voluntate Domitium
se in oppidum Corfinium contulisse: proinde, si qua fuisset 15
facultas, ad se cum omnibus copiis veniret. 'Id ne fieri posset,
obsidione atque oppidi circummunitione fiebat.

20. Divulgato Domitii consilio milites, qui erant Corfinii,
prima vesperi secessionem faciunt atque ita inter se per tribunos militum centurionesque atque honestissimos sui generis 20
colloquuntur: obsideri se a Caesare, opera munitionesque
prope esse perfectas: ducem suum Domitium, cuius spe
atque fiducia permanserint, proiectis omnibus fugae consilium
capere: debere se suae salutis rationem habere.   Ab his
primo Marsi dissentire incipiunt eamque oppidi partem, quae 25
munitissima videretur, occupant, tantaque inter eos dissensio
exsistit, ut manum conserere atque armis dimicare conentur;
post paulo tamen internuntiis ultro citroque missis, quae
ignorabant de L. Domitii fuga cognoscunt.   Itaque omnes
uno consilio Domitium productum in publicum circumsistunt 30
et custodiunt legatosque ex suo numero ad Caesarem mittunt: sese paratos esse portas aperire quaeque imperaverit
facere et L. Domitium vivum eius potestati tradere.

21. Quibus rebus cognitis Caesar etsi magni interesse arbitrabatur quam primum oppido potiri cohortesque ad se in castra traducere, ne qua aut largitionibus aut animi confirmatione aut falsis nuntiis commutatio fieret voluntatis, quod 5 saepe in bello parvis momentis magni casus intercederent, tamen veritus, ne militum introitu et nocturni temporis licentia oppidum diriperetur, eos, qui venerant, collaudat atque in oppidum dimittit, portas murosque asservari iubet. Ipse iis operibus, quae facere instituerat, milites disponit non certis 10 spatiis intermissis, ut erat superiorum dierum consuetudo, sed perpetuis vigiliis stationibusque, ut contingant inter se atque omnem munitionem expleant; tribunos militum et praefectos circummittit atque hortatur, non solum ab eruptionibus caveant, sed etiam singulorum hominum occultos 15 exitus asservent. Neque vero tam remisso ac languido animo quisquam omnium fuit, qui ea nocte conquieverit. Tanta erat summae rerum exspectatio, ut alius in aliam partem mente atque animo traheretur, quid ipsis Corfiniensibus, quid Domitio, quid Lentulo, quid reliquis accideret, qui quosque 20 eventus exciperent.

22. Quarta vigilia circiter Lentulus Spinther de muro cum vigiliis custodibusque nostris colloquitur: velle, si sibi fiat potestas, Caesarem convenire. Facta potestate ex oppido mittitur, neque ab eo prius Domitiani milites discedunt, 25 quam in conspectum Caesaris deducatur. Cum eo de salute sua [agit;] orat atque obsecrat, ut sibi parcat, veteremque amicitiam commemorat Caesarisque in se beneficia exponit; quae erant maxima: quod per eum in collegium pontificum venerat, quod provinciam Hispaniam ex praetura habuerat, 30 quod in petitione consulatus erat sublevatus. Cuius orationem Caesar interpellat: se non maleficii causa ex provincia egressum, sed uti se a contumeliis inimicorum defenderet, ut tribunos plebis iniuria ex civitate expulsos in suam digni-

tatem restitueret, ut se et populum Romanum factione paũ-
corum oppressum in libertatem vindicaret. Cuius oratione
confirmatus Lentulus, ut in oppidum reverti liceat, petit:
quod de sua salute impetraverit, fore etiam reliquis ad suam
spem solatio; adeo esse perterritos nonnullos, ut suae vitae 5
durius consulere conentur. Facta potestate discedit.

23. Caesar, ubi luxit, omnes senatores senatorumque liberos, tribunos militum equitesque Romanos ad se produci iubet.
Erant quinque ordinis senatorii, L. Domitius, P. Lentulus
Spinther, L. Caecilius Rufus, Sex. Quintilius Varus quaestor, 10
L. Rubrius; praeterea filius Domiti aliique complures adulescentes et magnus numerus equitum Romanorum et decurionum, quos ex municipiis Domitius evocaverat. Hos omnes
productos a contumeliis militum conviciisque prohibet; pauca
apud eos loquitur, quod sibi a parte eorum gratia relata non 15
sit pro suis in eos maximis beneficiis: dimittit omnes incolumes. HS. LX, quod advexerat Domitius atque in publico deposuerat, allatum ad se ab duumviris Corfiniensibus
Domitio reddit, ne continentior in vita hominum quam in
pecunia fuisse videatur, etsi eam pecuniam publicam esse 20
constabat datamque a Pompeio in stipendium. Milites
Domitianos sacramentum apud se dicere iubet atque eo die
castra movet iustumque iter conficit VII omnino dies ad Corfinium commoratus, et per fines Marrucinorum, Frentanorum,
Larinatium in Apuliam pervenit. 25

24. Pompeius his rebus cognitis, quae erant ad Corfinium
gestae, Luceria proficiscitur Canusium atque inde Brundisium. Copias undique omnes ex novis delectibus ad se
cogi iubet; servos, pastores armat atque iis equos attribuit:
ex his circiter CCC equites conficit. L. Manlius praetor Alba 30
cum cohortibus sex profugit, Rutilius Lupus praetor Tarra-
cina cum tribus; quae procul equitatum Caesaris conspicatae, cui praeerat Vibius Curius, relicto praetore signa ad

Curium transferunt atque ad eum transeunt. Item reliquis
itineribus nonnullae cohortes in agmen Caesaris, aliae in
equites incidunt. Reducitur ad eum deprensus ex itinere
N. Magius Cremona, praefectus fabrum Cn. Pompei. Quem
5 Caesar ad eum remittit cum mandatis: quoniam ad id tempus facultas colloquendi non fuerit, atque ipse Brundisium
sit venturus, interesse reipublicae et communis salutis, se
cum Pompeio colloqui; neque vero idem profici longo
itineris spatio, cum per alios condiciones ferantur, ac si
10 coram de omnibus condicionibus disceptetur.

25. His datis mandatis Brundisium cum legionibus vi
pervenit, veteranis iii et reliquis, quas ex novo delectu confecerat atque in itinere compleverat; Domitianas enim cohortes protinus a Corfinio in Siciliam miserat. Reperit
15 consules Dyrrhachium profectos cum magna parte exercitus,
Pompeium remanere Brundisii cum cohortibus viginti; neque certum inveniri poterat, obtinendine Brundisii causa ibi
remansisset, quo facilius omne Hadriaticum mare extremis
Italiae partibus regionibusque Graeciae in potestate haberet
20 atque ex utraque parte bellum administrare posset, an inopia
navium ibi restitisset, veritusque, ne ille Italiam dimittendam
non existimaret, exitus administrationesque Brundisini portus
impedire instituit. Quorum operum haec erat ratio. Qua
fauces erant angustissimae portus, moles atque aggerem ab
25 utraque parte litoris iaciebat, quod his locis erat vadosum
mare. Longius progressus, cum agger altiore aqua contineri
non posset, rates duplices quoqueversus pedum xxx e regione molis collocabat. Has quaternis ancoris ex iv angulis
destinabat, ne fluctibus moverentur. His perfectis collo-
30 catisque alias deinceps pari magnitudine rates iungebat.
Has terra atque aggere integebat, ne aditus atque incursus
ad defendendum impediretur; a fronte atque ab utroque
latere cratibus ac pluteis protegebat; in quarta quaque

earum turres binorum tabulatorum excitabat, quo commodius ab impetu navium incendiisque defenderet.

26. Contra haec Pompeius navis magnas onerarias, quas in portu Brundisino deprehenderat, adornabat. Ibi turres cum ternis tabulatis erigebat easque multis tormentis et 5 omni genere telorum completas ad opera Caesaris appellebat, ut rates perrumperet atque opera disturbaret. Sic cotidie utrimque eminus fundis, sagittis reliquisque telis pugnabatur. Atque haec Caesar ita administrabat, ut condiciones pacis dimittendas non existimaret; ac tametsi 10 magnopere admirabatur Magium, quem ad Pompeium cum mandatis miserat, ad se non remitti, atque ea res saepe temptata etsi impetus eius consiliaque tardabat, tamen omnibus rebus in eo perseverandum putabat. Itaque Caninium Rebilum legatum, familiarem necessariumque Scriboni Li- 15 bonis, mittit ad eum colloquii causa; mandat, ut Libonem de concilianda pace hortetur; imprimis, ut ipse cum Pompeio colloqueretur, postulat: magnopere sese confidere demonstrat, si eius rei sit potestas facta, fore, ut aequis condicionibus ab armis discedatur; cuius rei magnam par- 20 tem laudis atque existimationis ad Libonem perventuram, si illo auctore atque agente ab armis sit discessum. Libo a colloquio Canini digressus ad Pompeium proficiscitur. Paulo post renuntiat, quod consules absint, sine illis non posse agi de compositione. Ita saepius rem frustra temptatam Caesar 25 aliquando dimittendam sibi iudicat et de bello agendum.

27. Prope dimidia parte operis a Caesare effecta diebusque in ea re consumptis ix naves a consulibus Dyrrhachio remissae, quae priorem partem exercitus eo deportaverant, Brundisium revertuntur. Pompeius sive operibus Caesaris 30 permotus sive etiam quod ab initio Italia excedere constituerat adventu navium profectionem parare incipit et, quo facilius impetum Caesaris tardaret, ne sub ipsa profectione

milites oppidum irrumperent, portas obstruit, vicos plateas-
que inaedificat, fossas transversas viis praeducit atque ibi
sudes stipitesque praeacutos defigit.   Haec levibus cratibus
terraque inaequat ; aditus autem atque itinera duo, quae
5 extra murum ad portum ferebant, maximis defixis trabibus
atque eis praeacutis praesepit.   His paratis rebus milites
silentio naves conscendere iubet, expeditos autem ex evocatis, sagittariis funditoribusque raros in muro turribusque
disponit.   Hos certo signo revocare constituit, cum omnes
10 milites naves conscendissent, atque iis expedito loco actuaria
navigia relinquit.

28. Brundisini Pompeianorum militum iniuriis atque ipsius
Pompei contumeliis permoti Caesaris rebus favebant.   Itaque
cognita Pompei profectione concursantibus illis atque in ea
15 re occupatis vulgo ex tectis significabant.   Per quos re
cognita Caesar scalas parari militesque armari iubet, ne
quam rei gerendae facultatem dimittat.   Pompeius sub
noctem naves solvit.   Qui erant in muro custodiae causa
collocati, eo signo, quod convenerat, revocantur notisque
20 itineribus ad naves decurrunt.   Milites positis scalis muros
ascendunt, sed moniti a Brundisinis, ut vallum caecum fossasque caveant, subsistunt et longo itinere ab his circumducti
ad portum perveniunt duasque naves cum militibus, quae ad
moles Caesaris adhaeserant, scaphis lintribusque reprehen-
25 dunt, reprehensas excipiunt.

29. Caesar, etsi ad spem conficiendi negotii maxime pro-
babat coactis navibus mare transire et Pompeium sequi,
priusquam ille sese transmarinis auxiliis confirmaret, tamen
eius rei moram temporisque longinquitatem timebat, quod
30 omnibus coactis navibus Pompeius praesentem facultatem
insequendi sui ademerat.   Relinquebatur, ut ex longinqui-
oribus regionibus Galliae Picenique et a freto naves essent
exspectandae.   Id propter anni tempus longum atque im-

peditum videbatur. Interea veterem exercitum, duas Hispanias confirmari, quarum erat altera maximis beneficiis Pompei devincta, auxilia, equitatum parari, Galliam Italiamque temptari se absente nolebat.

30. Itaque in praesentia Pompei sequendi rationem 5 omittit, in Hispaniam proficisci constituit: duumviris municipiorum omnium imperat, ut naves conquirant Brundisiumque deducendas curent. Mittit in Sardiniam cum legione una Valerium legatum, in Siciliam Curionem pro praetore cum legionibus iv; eundem, cum Siciliam recepisset, pro- 10 tinus in Africam traducere exercitum iubet. Sardiniam obtinebat M. Cotta, Siciliam M. Cato, Africam sorte Tubero obtinere debebat. Caralitani, simul ad se Valerium mitti audierunt, nondum profecto ex Italia sua sponte Cottam ex oppido eiciunt./ Ille perterritus, quod omnem provinciam 15 consentire intellegebat, ex Sardinia in Africam profugit. Cato in Sicilia naves longas veteres reficiebat, novas civitatibus imperabat. Haec magno studio agebat. In Lucanis Bruttiisque per legatos suos civium Romanorum delectus habebat, equitum peditumque certum numerum a civitatibus 20 Siciliae exigebat. Quibus rebus paene perfectis adventu Curionis cognito queritur in contione sese proiectum ac proditum a Cn. Pompeio, qui omnibus rebus imparatissimis non necessarium bellum suscepisset et ab se reliquisque in senatu interrogatus omnia sibi esse ad bellum apta ac parata 25 confirmavisset. Haec in contione questus ex provincia fugit.

31. Nacti vacuas ab imperiis Sardiniam Valerius, Curio Siciliam cum exercitibus eo perveniunt. Tubero, cum in Africam venisset, invenit in provincia cum imperio Attium 30 Varum; qui ad Auximum, ut supra demonstravimus, amissis cohortibus protinus ex fuga in Africam pervenerat atque eam sua sponte vacuam occupaverat delectuque habito duas

legiones effecerat, hominum et locorum notitia et usu eius
provinciae nactus aditus ad ea conanda, quod paucis ante
annis ex praetura eam provinciam obtinuerat. Hic venientem
Uticam navibus Tuberonem portu atque oppido prohibet
5 neque affectum valetudine filium exponere in terram patitur,
sed sublatis ancoris excedere eo loco cogit.

32. His rebus confectis Caesar, ut reliquum tempus a
labore intermitteretur, milites in proxima municipia deducit;
ipse ad urbem proficiscitur. Coacto senatu iniurias inimi-
10 corum commemorat. Docet se nullum extraordinarium
honorem appetisse, sed exspectato legitimo tempore consulatus eo fuisse contentum, quod omnibus civibus pateret.
Latum ab x tribunis plebis contradicentibus inimicis, Catone
vero acerrime repugnante et pristina consuetudine dicendi
15 mora dies extrahente, ut sui ratio absentis haberetur, ipso
consule Pompeio; qui si improbasset, cur ferri passus esset?
si probasset, cur se uti populi beneficio prohibuisset?
Patientiam proponit suam, cum de exercitibus dimittendis
ultro postulavisset; in quo iacturam dignitatis atque honoris
20 ipse facturus esset. Acerbitatem inimicorum docet, qui, quod
ab altero postularent, in se recusarent atque omnia permisceri
mallent, quam imperium exercitusque dimittere. Iniuriam
in eripiendis legionibus praedicat, crudelitatem et insolentiam
in circumscribendis tribunis plebis; condiciones a se latas,
25 expetita colloquia et denegata commemorat. Pro quibus
rebus hortatur ac postulat, ut rempublicam suscipiant atque
una secum administrent. Sin timore defugiant, illis se oneri
non futurum et per se rempublicam administraturum. Legatos ad Pompeium de compositione mitti oportere, neque
30 se reformidare, quod in senatu Pompeius paulo ante dixisset,
ad quos legati mitterentur, his auctoritatem attribui timorem-
que eorum, qui mitterent, significari. Tenuis atque infirmi
haec animi videri. Se vero, ut operibus anteire studuerit,
sic iustitia et aequitate velle superare.

33. Probat rem senatus de mittendis legatis; sed, qui mitterentur, non reperiebantur, maximeque timoris causa pro se quisque id munus legationis recusabat. Pompeius enim discedens ab urbe in senatu dixerat, eodem se habiturum loco, qui Romae remansissent et qui in castris Caesaris 5 fuissent. Sic triduum disputationibus excusationibusque extrahitur. Subicitur etiam L. Metellus, tribunus plebis, ab inimicis Caesaris, qui hanc rem distrahat reliquasque res, quascumque agere instituerit, impediat. Cuius cognito consilio Caesar frustra diebus aliquot consumptis, ne reliquum 10 tempus amittat, infectis iis, quae agere destinaverat, ab urbe proficiscitur atque in ulteriorem Galliam pervenit.

34. Quo cum venisset, cognoscit missum in Hispaniam a Pompeio Vibullium Rufum, quem paucis ante diebus Corfinio captum ipse dimiserat; profectum item Domitium 15 ad occupandam Massiliam navibus actuariis septem, quas Igili et in Cosano a privatis coactas servis, libertis, colonis suis compleverat; praemissos etiam legatos Massilienses domum, nobiles adulescentes, quos ab urbe discedens Pompeius erat adhortatus, ne nova Caesaris officia veterum 20 suorum beneficiorum in eos memoriam expellerent. Quibus mandatis acceptis Massilienses portas Caesari clauserant; Albicos, barbaros homines, qui in eorum fide antiquitus erant montesque supra Massiliam incolebant, ad se vocaverant; frumentum ex finitimis regionibus atque ex omnibus 25 castellis in urbem convexerant; armorum officinas in urbe instituerant; muros, portas, classem reficiebant.

35. Evocat ad se Caesar Massilia quindecim primos. Cum his agit, ne initium inferendi belli ab Massiliensibus oriatur: debere eos Italiae totius auctoritatem sequi potius, 30 quam unius hominis voluntati obtemperare. Reliqua, quae ad eorum sanandas mentes pertinere arbitrabatur, commemorat. Cuius orationem legati domum referunt atque

ex auctoritate haec Caesari renuntiant : Intellegere se
divisum esse populum Romanum in duas partes. Neque
sui iudicii neque suarum esse virium discernere, utra pars
iustiorem habeat causam. Principes vero esse earum par-
5 tium Cn. Pompeium et C. Caesarem, patronos civitatis;
quorum alter agros Volcarum Arecomicorum et Helviorum
publice iis concesserit, alter bello victos Sallyas attribuerit
vectigaliaque auxerit. Quare paribus eorum beneficiis parem
se quoque voluntatem tribuere debere et neutrum eorum
10 contra alterum iuvare aut urbe aut portibus recipere.

36. Haec dum inter eos aguntur, Domitius navibus
Massiliam pervenit atque ab iis receptus urbi praeficitur:
summa ei belli administrandi permittitur. Eius imperio
classem quoqueversus dimittunt : onerarias naves, quas
15 ubique possunt, deprehendunt atque in portum deducunt,
parum clavis aut materia atque armamentis instructis ad
reliquas armandas reficiendasque utuntur: frumenti quod
inventum est in publicum conferunt; reliquas merces com-
meatusque ad obsidionem urbis, si accidat, reservant. Quibus
20 iniuriis permotus Caesar legiones tres Massiliam adducit;
turres vineasque ad oppugnationem urbis agere, naves longas
Arelate numero duodecim facere instituit. Quibus effectis
armatisque diebus xxx, a qua die materia caesa est, ad-
ductisque Massiliam, his D. Brutum praeficit, C. Trebonium
25 legatum ad oppugnationem Massiliae relinquit.

37. Dum haec parat atque administrat, C. Fabium legatum
cum legionibus tribus, quas Narbone circumque ea loca
hiemandi causa disposuerat, in Hispaniam praemittit celeriterque saltus Pyrenaeos occupari iubet, qui eo tempore ab
30 L. Afranio legato praesidiis tenebantur. Reliquas legiones,
quae longius hiemabant, subsequi iubet. Fabius, ut erat
imperatum, adhibita celeritate praesidium ex saltu deiecit
magnisque itineribus ad exercitum Afranii contendit.

CATALONIA.

38. Adventu L. Vibullii Rufi, quem a Pompeio missum in Hispaniam demonstratum est, Afranius et Petreius et Varro, legati Pompei, quorum unus Hispaniam citeriorem tribus legionibus, alter ulteriorem a saltu Castulonensi ad Anam duabus legionibus, tertius ab Ana Vettonum agrum 5 Lusitaniamque pari numero legionum obtinebat, officia inter se partiuntur, uti Petreius ex Lusitania per Vettones cum omnibus copiis ad Afranium proficiscatur, Varro cum iis, quas habebat, legionibus omnem ulteriorem Hispaniam tueatur. His rebus constitutis equites auxiliaque toti Lusi- 10 taniae a Petreio, Celtiberiae, Cantabris, barbarisque omnibus, qui ad Oceanum pertinent, ab Afranio imperantur. Quibus coactis celeriter Petreius per Vettones ad Afranium pervenit constituuntque communi consilio bellum ad Ilerdam propter ipsius loci opportunitatem gerere. 15

39. Erant, ut supra demonstratum est, legiones Afranii tres, Petreii duae, praeterea scutatae citerioris provinciae et cetratae ulterioris Hispaniae cohortes circiter LXXX equitum- que utriusque provinciae circiter V milia. Caesar legiones in Hispaniam praemiserat VI, auxilia peditum . . milia, 20 equitum III milia, quae omnibus superioribus bellis habuerat, et parem ex Gallia numerum, quam ipse pacaverat, nomi- natim ex omnibus civitatibus nobilissimo quoque evocato, huc optimi generis hominum ex Aquitanis montanisque, qui Galliam provinciam attingunt. Audierat Pompeium per 25 Mauritaniam cum legionibus iter in Hispaniam facere con- festimque esse venturum. Simul a tribunis militum cen- turionibusque mutuas pecunias sumpsit ; has exercitui distribuit. Quo facto duas res consecutus est, quod pignore animos centurionum devinxit et largitione militum voluntates 30 redemit.

40. Fabius finitimarum civitatum animos litteris nuntiisque temptabat. In Sicori flumine pontes effecerat duos distantes

inter se milia passuum quattuor. His pontibus pabulatum
mittebat, quod ea, quae citra flumen fuerant, superioribus
diebus consumpserat. Hoc idem fere atque eadem de causa
Pompeiani exercitus duces faciebant, crebroque inter se
5 equestribus proeliis contendebant. Huc cum cotidiana
consuetudine egressae pabulatoribus praesidio propiore ponte
legiones Fabianae duae flumen transissent impedimentaque
et omnis equitatus sequeretur, subito vi ventorum et aquae
magnitudine pons est interruptus et reliqua multitudo equitum
10 interclusa. Quo cognito a Petreio et Afranio ex aggere
atque cratibus, quae flumine ferebantur, celeriter suo ponte
Afranius, quem oppido castrisque coniunctum habebat,
legiones III equitatumque omnem traiecit duabusque Fabianis
occurrit legionibus. Cuius adventu nuntiato L. Plancus, qui
15 legionibus praeerat, necessaria re coactus, locum capit
superiorem diversamque aciem in duas partes constituit,
ne ab equitatu circumveniri posset. Ita congressus impari
numero magnos impetus legionum equitatusque sustinet.
Commisso ab equitibus proelio signa legionum duarum procul
20 ab utrisque conspiciuntur, quas C. Fabius ulteriore ponte
subsidio nostris miserat suspicatus fore id, quod accidit, ut
duces adversariorum occasione et beneficio fortunae ad
nostros opprimendos uterentur. Quarum adventu proelium
dirimitur ac suas uterque legiones reducit in castra.
25   41. Eo biduo Caesar cum equitibus DCCCC, quos sibi praesidio reliquerat, in castra pervenit. Pons, qui fuerat tempestate interruptus, paene erat refectus: hunc noctu perfici
iussit. Ipse cognita locorum natura ponti castrisque praesidio sex cohortis reliquit atque omnia impedimenta et postero
30 die omnibus copiis, triplici instructa acie ad Ilerdam proficiscitur et sub castris Afranii constitit et ibi paulisper sub
armis moratus facit aequo loco pugnandi potestatem. Potestate facta Afranius copias educit et in medio colle sub

castris constituit. Caesar ubi cognovit per Afranium stare,
quominus proelio dimicaretur, ab infimis radicibus montis
intermissis circiter passibus cccc castra facere constituit et,
ne in opere faciundo milites repentino hostium incursu
exterrerentur atque opere prohiberentur, vallo muniri vetuit, 5
quod eminere et procul videri necesse erat, sed a fronte
contra hostem pedum quindecim fossam fieri iussit. Prima
et secunda acies in armis, ut ab initio constituta erat, per-
manebat; post hos opus in occulto a tertia acie fiebat. Sic
omne prius est perfectum, quam intellegeretur ab Afranio 10
castra muniri. Sub vesperum Caesar intra hanc fossam
legiones reducit atque ibi sub armis proxima nocte con-
quiescit.

42. Postero die omnem exercitum intra fossam continet
et, quod longius erat agger petendus, in praesentia similem 15
rationem operis instituit singulaque latera castrorum singulis
attribuit legionibus munienda fossasque ad eandem magni-
tudinem perfici iubet; reliquas legiones in armis expeditas
contra hostem constituit. Afranius Petreiusque terrendi causa
atque operis impediendi copias suas ad infimas montis radices 20
producunt et proelio lacessunt, neque idcirco Caesar opus
intermittit, confisus praesidio legionum trium et munitione
fossae. Illi non diu commorati nec longius ab infimo colle
progressi copias in castra reducunt. Tertio die Caesar vallo
castra communit; reliquas cohortes, quas in superioribus 25
castris reliquerat, impedimentaque ad se traduci iubet.

43. Erat inter oppidum Ilerdam et proximum collem, ubi
castra Petreius atque Afranius habebant, planicies circiter
passuum ccc atque in hoc fere medio spatio tumulus erat
paulo editior; quem si occupavisset Caesar et communisset, 30
ab oppido et ponte et commeatu omni, quem in oppidum
contulerant, se interclusurum adversarios confidebat. Hoc
sperans legiones tres ex castris educit acieque in locis idoneis

instructa unius legionis antesignanos procurrere atque eum
tumulum occupare iubet. Qua re cognita celeriter quae in
statione pro castris erant Afranii cohortes breviore itinere ad
eundem occupandum locum mittuntur. Contenditur proelio
5 et, quod prius in tumulum Afraniani venerant, nostri repel-
luntur atque aliis summissis subsidiis terga vertere seque ad
signa legionum recipere coguntur.

44. Genus erat pugnae militum illorum, ut magno impetu
primo procurrerent, audacter locum caperent, ordines suos
10 non magnopere servarent, rari dispersique pugnarent; si premerentur, pedem referre et loco excedere non turpe existimarent, cum Lusitanis reliquisque barbaris genere eodem
pugnae assuefacti; quod fere fit, quibus quisque in locis
miles inveteraverit, ut multum earum regionum consuetudine
15 moveatur. Haec tum ratio nostros perturbavit insuetos huius
generis pugnae; circumiri enim sese ab aperto latere procur-
rentibus singulis arbitrabantur: ipsi autem suos ordines servare neque ab signis discedere neque sine gravi causa eum
locum, quem ceperant, dimitti censuerant oportere. Itaque
20 perturbatis antesignanis legio, quae in eo cornu constiterat,
locum non tenuit atque in proximum collem sese recepit.

45. Caesar paene omni acie perterrita, quod praeter opinionem consuetudinemque acciderat, cohortatus suos legionem nonam subsidio ducit; hostem insolenter atque acriter
25 nostros insequentem supprimit rursusque terga vertere seque
ad oppidum Ilerdam recipere et sub muro consistere cogit.
Sed nonae legionis milites elati studio, dum sarcire acceptum
detrimentum volunt, temere insecuti longius fugientes, in
locum iniquum progrediuntur et sub montem, in quo erat
30 oppidum positum Ilerda, succedunt. Hinc se recipere cum
vellent, rursus illi ex loco superiore nostros premebant.
Praeruptus locus erat, utraque ex parte directus ac tantum
in latitudinem patebat, ut tres instructae cohortes eum locum

explerent, ut neque subsidia a lateribus summitti neque equites laborantibus usui esse possent. Ab oppido autem declivis locus tenui fastigio vergebat in longitudinem passuum circiter cccc. Hac nostris erat receptus, quod eo incitati studio inconsultius processerant; hoc pugnabatur loco et propter 5 angustias iniquo et quod sub ipsis radicibus montis constiterant, ut nullum frustra telum in eos mitteretur. Tamen virtute et patientia nitebantur atque omnia vulnera sustinebant. Augebatur illis copia, atque ex castris cohortes per oppidum crebro summittebantur, ut integri defessis succe- 10 derent. Hoc idem Caesar facere cogebatur, ut summissis in eundem locum cohortibus defessos reciperet.

46. Hoc cum esset modo pugnatum continenter horis quinque nostrique gravius a multitudine premerentur, consumptis omnibus telis gladiis destrictis impetum adversus 15 montem in cohortis faciunt paucisque deiectis reliquos sese convertere cogunt. Summotis sub murum cohortibus ac nonnulla parte propter terrorem in oppidum compulsis facilis est nostris receptus datus. Equitatus autem noster ab utroque latere, etsi deiectis atque inferioribus locis constiterat, 20 tamen summum in iugum virtute connititur atque inter duas acies perequitans commodiorem ac tutiorem nostris receptum dat. Ita vario certamine pugnatum est. Nostri in primo congressu circiter LXX ceciderunt, in his Q. Fulginius ex primo hastato legionis XIV, qui propter eximiam virtutem ex 25 inferioribus ordinibus in eum locum pervenerat; vulnerantur amplius DC. Ex Afranianis interficiuntur T. Caecilius, primi pili centurio, et praeter eum centuriones IV, milites amplius CC.

47. Sed haec eius diei praefertur opinio, ut se utrique 30 superiores discessisse existimarent: Afraniani, quod, cum esse omnium iudicio inferiores viderentur, comminus tam diu stetissent et nostrorum impetum sustinuissent et initio locum

tumulumque tenuissent, quae causa pugnandi fuerat, et nostros
primo congressu terga vertere coëgissent; nostri autem, quod
iniquo loco atque impari congressi numero quinque horis
proelium sustinuissent, quod montem gladiis destrictis as-
5 cendissent, quod ex loco superiore terga vertere adversarios
coëgissent atque in oppidum compulissent. Illi eum tumulum, pro quo pugnatum est, magnis operibus munierunt
praesidiumque ibi posuerunt.

48. Accidit etiam repentinum incommodum biduo, quo
10 haec gesta sunt. Tanta enim tempestas cooritur, ut numquam illis locis maiores aquas fuisse constaret. Tum autem
ex omnibus montibus nives proluit ac summas ripas fluminis
superavit pontisque ambo, quos C. Fabius fecerat, uno die
interrupit. Quae res magnas difficultates exercitui Caesaris
15 attulit. Castra enim, ut supra demonstratum est, cum essent
inter flumina duo, Sicorim et Cingam, spatio milium xxx,
neutrum horum transiri poterat, necessarioque omnes his
angustiis continebantur. Neque civitates, quae ad Caesaris
amicitiam accesserant, frumentum supportare, neque ii, qui
20 pabulatum longius progressi erant, interclusi fluminibus reverti, neque maximi commeatus, qui ex Italia Galliaque
veniebant, in castra pervenire poterant. Tempus erat autem
difficillimum, quo neque frumenta in herbis erant neque
multum a maturitate aberant; ac civitates exinanitae, quod
25 Afranius paene omne frumentum ante Caesaris adventum
Ilerdam convexerat, reliqui si quid fuerat, Caesar superioribus
diebus consumpserat; pecora, quod secundum poterat esse
inopiae subsidium, propter bellum finitimae civitates longius
removerant. Qui erant pabulandi aut frumentandi causa pro-
30 gressi, hos levis armaturae Lusitani peritique earum regionum
cetrati citerioris Hispaniae consectabantur; quibus erat pro-
clive tranare flumen, quod consuetudo eorum omnium est,
ut sine utribus ad exercitum non eant.

49. At exercitus Afranii omnium rerum abundabat copia. Multum erat frumentum provisum et convectum superioribus temporibus, multum ex omni provincia comportabatur; magna copia pabuli suppetebat. Harum omnium rerum facultates sine ullo periculo pons Ilerdae praebebat et loca trans flumen 5 integra, quo omnino Caesar adire non poterat.

50. Hae permanserunt aquae dies complures. Conatus est Caesar reficere pontes; sed nec magnitudo fluminis permittebat neque ad ripam dispositae cohortes adversariorum perfici patiebantur; quod illis prohibere erat facile cum ipsius 10 fluminis natura atque aquae magnitudine, tum quod ex totis ripis in unum atque angustum locum tela iaciebantur; atque erat difficile eodem tempore rapidissimo flumine opera perficere et tela vitare.

51. Nuntiatur Afranio magnos commeatus, qui iter habe- 15 bant ad Caesarem, ad flumen constitisse. Venerant eo sagittarii ex Rutenis, equites ex Gallia cum multis carris magnisque impedimentis, ut fert Gallica consuetudo. Erant praeterea cuiusque generis hominum milia circiter vi cum servis liberisque; sed nullus ordo, nullum imperium certum, cum suo 20 quisque consilio uteretur atque omnes sine timore iter facerent usi superiorum temporum atque itinerum licentia. Erant complures honesti adulescentes, senatorum filii et ordinis equestris; erant legationes civitatum; erant legati Caesaris. Hos omnes flumina continebant. Ad hos opprimendos cum 25 omni equitatu tribusque legionibus Afranius de nocte proficiscitur imprudentesque ante missis equitibus aggreditur. Celeriter sese tamen Galli equites expediunt proeliumque committunt. Ii, dum pari certamine res geri potuit, magnum hostium numerum pauci sustinuere; sed, ubi signa legionum 30 appropinquare coeperunt, paucis amissis sese in proximos montes conferunt. Hoc pugnae tempus magnum attulit nostris ad salutem momentum: nacti enim spatium se in loca superiora receperunt. Desiderati sunt eo die sagittarii circiter cc, equites pauci, calonum atque impedimentorum non magnus numerus.

52. His tamen omnibus annona crevit; quae fere res non
5 solum inopia praesentis, sed etiam futuri temporis timore ingravescere consuevit. Iamque ad denarios L in singulos modios annona pervenerat, et militum vires inopia frumenti deminuerat, atque incommoda in dies augebantur; et tam paucis diebus magna erat rerum facta commutatio ac se
10 fortuna inclinaverat, ut nostri magna inopia necessariarum rerum conflictarentur, illi omnibus abundarent rebus superioresque haberentur. Caesar iis civitatibus, quae ad eius amicitiam accesserant, quod minor erat frumenti copia, pecus imperabat; calones ad longinquiores civitates dimittebat;
15 ipse praesentem inopiam quibus poterat subsidiis tutabatur.

53. Haec Afranius Petreiusque et eorum amici pleniora etiam atque uberiora Romam ad suos perscribebant. Multa rumore affingebant, ut paene bellum confectum videretur. Quibus litteris nuntiisque Romam perlatis magni domum
20 concursus ad Afranium magnaeque gratulationes fiebant; multi ex Italia ad Cn. Pompeium proficiscebantur, alii, ut principes talem nuntium attulisse, alii, ne eventum belli exspectasse aut ex omnibus novissimi venisse viderentur.

54. Cum in his angustiis res esset, atque omnes viae ab
25 Afranianis militibus equitibusque obsiderentur, nec pontes perfici possent, imperat militibus Caesar, ut naves faciant, cuius generis eum superioribus annis usus Britanniae docuerat. Carinae ac prima statumina levi materia fiebant; reliquum corpus navium viminibus contextum coriis intege-
30 batur. Has perfectas carris iunctis devehit noctu milia passuum a castris XXII militesque his navibus flumen transportat continentemque ripae collem improviso occupat. Hunc celeriter, priusquam ab adversariis sentiatur, com-

munit. Huc legionem postea traicit atque ex utraque parte pontem instituit, biduo perficit. Ita commeatus et qui frumenti causa processerant tuto ad se recipit et rem frumentariam expedire incipit.

55. Eodem die equitum magnam partem flumen traiecit. 5 Qui inopinantis pabulatores et sine ullo dissipatos timore aggressi magnum numerum iumentorum atque hominum intercipiunt cohortibusque cetratis subsidio missis scienter in duas partes sese distribuunt, alii ut praedae praesidio sint, alii ut venientibus resistant atque eos propellant, unamque 10 cohortem, quae temere ante ceteras extra aciem procurrerat, seclusam ab reliquis circumveniunt atque interficiunt incolumesque cum magna praeda eodem ponte in castra revertuntur.

56. Dum haec ad Ilerdam geruntur, Massilienses usi L. 15 Domitii consilio navis longas expediunt numero xvii, quarum erant xi tectae. Multa huc minora navigia addunt, ut ipsa multitudine nostra classis terreatur. Magnum numerum sagittariorum, magnum Albicorum, de quibus supra demonstratum est, imponunt atque hos praemiis pollicitationibus- 20 que incitant. Certas sibi deposcit naves Domitius atque has colonis pastoribusque, quos secum adduxerat, complet. Sic omnibus rebus instructa classe magna fiducia ad nostras naves procedunt, quibus praeerat D. Brutus. Hae ad insulam, quae est contra Massiliam, stationes obtinebant.   25

57. Erat multo inferior numero navium Brutus ; sed electos ex omnibus legionibus fortissimos viros, antesignanos, centuriones, Caesar ei classi attribuerat, qui sibi id muneris depoposcerant. Hi manus ferreas atque harpagones paraverant magnoque numero pilorum, tragularum 30 reliquorumque telorum se instruxerant. Ita cognito hostium adventu suas naves ex portu educunt, cum Massiliensibus confligunt. Pugnatum est utrimque fortissime atque acerrime;

neque multum Albici nostris virtute cedebant, homines
asperi et montani et exercitati in armis; atque hi modo
digressi a Massiliensibus recentem eorum pollicitationem
animis continebant, pastoresque Domitii spe libertatis excitati
5 sub oculis domini suam probare operam studebant.

58. Ipsi Massilienses et celeritate navium et scientia
gubernatorum confisi nostros eludebant impetusque eorum
non excipiebant et, quoad licebat latiore uti spatio, producta
longius acie circumvenire nostros aut pluribus navibus ado-
10 riri singulas aut remos transcurrentes detergere, si possent,
contendebant; cum propius erat necessario ventum, ab
scientia gubernatorum atque artificiis ad virtutem montanorum confugiebant. Nostri cum minus exercitatis remigibus minusque peritis gubernatoribus utebantur, qui repente
15 ex onerariis navibus erant producti neque dum etiam voca-
bulis armamentorum cognitis, tum etiam tarditate et gravi-
tate navium impediebantur; factae enim subito ex humida
materia non eundem usum celeritatis habebant. Itaque,
dum locus comminus pugnandi daretur, aequo animo sin-
20 gulas binis navibus obiciebant atque iniecta manu ferrea et
retenta utraque nave diversi pugnabant atque in hostium
naves transcendebant et magno numero Albicorum et pas-
torum interfecto partem navium deprimunt, nonnullas cum
hominibus capiunt, reliquas in portum compellunt. Eo die
25 naves Massiliensium cum iis, quae sunt captae, intereunt
novem.

59. Hoc primum Caesari ad Ilerdam nuntiatur; simul
perfecto ponte celeriter fortuna mutatur. Illi perterriti virtute equitum minus libere, minus audacter vagabantur, alias
30 non longo a castris progressi spatio, ut celerem receptum
haberent, angustius pabulabantur, alias longiore circuitu custodias stationesque equitum vitabant, aut aliquo accepto
detrimento aut procul equitatu viso ex medio itinere pro-

iectis sarcinis fugiebant. Postremo et plures intermittere dies et praeter consuetudinem omnium noctu constituerant pabulari.

60. Interim Oscenses et Calagurritani, qui erant cum Oscensibus contributi, mittunt ad eum legatos seseque im- 5 perata facturos pollicentur. Hos Tarraconenses et Iacetani et Ausetani et paucis post diebus Illurgavonenses, qui flumen Hiberum attingunt, insequuntur. Petit ab his omnibus, ut se frumento iuvent. Pollicentur atque omnibus undique conquisitis iumentis in castra deportant. Transit etiam 10 cohors Illurgavonensis ad eum cognito civitatis consilio et signa ex statione transfert. Magna celeriter commutatio rerum. Perfecto ponte, magnis quinque civitatibus ad amicitiam adiunctis, expedita re frumentaria, exstinctis rumoribus de auxiliis legionum, quae cum Pompeio per Maurita- 15 niam venire dicebantur, multae longinquiores civitates ab Afranio desciscunt et Caesaris amicitiam sequuntur.

61. Quibus rebus perterritis animis adversariorum Caesar, ne semper magno circuitu per pontem equitatus esset mittendus, nactus idoneum locum, fossas pedum triginta in 20 latitudinem complures facere instituit, quibus partem aliquam Sicoris averteret vadumque in eo flumine efficeret. His paene effectis magnum in timorem Afranius Petreiusque perveniunt, ne omnino frumento pabuloque intercluderentur, quod multum Caesar equitatu valebat. Itaque constituunt 25 ipsi locis excedere et in Celtiberiam bellum transferre. Huic consilio suffragabatur etiam illa res, quod ex duobus contrariis generibus quae superiore bello cum Sertorio steterant civitates victae nomen atque imperium absentis Pompeii timebant, quae in amicitia manserant magnis affectae bene- 30 ficiis eum diligebant; Caesaris autem erat in barbaris nomen obscurius. Hic magnos equitatus magnaque auxilia exspectabant et suis locis bellum in hiemem ducere cogitabant.

Hoc inito consilio toto flumine Hibero naves conquirere et
Octogesam adduci iubent.   Id erat oppidum positum ad
Hiberum miliaque passuum a castris aberat xx.   Ad eum
locum fluminis navibus iunctis pontem imperant fieri legio-
5 nesque duas flumen Sicorim traducunt castraque muniunt
vallo pedum xii.

62. Qua re per exploratores cognita summo labore militum Caesar continuato diem noctemque opere in flumine
avertendo huc iam reduxerat rem, ut equites, etsi difficulter
10 atque aegre fiebat, possent tamen atque auderent flumen
transire, pedites vero tantummodo humeris ac summo pec-
tore exstare et cum altitudine aquae tum etiam rapiditate
fluminis ad transeundum impedirentur.   Sed tamen eodem
fere tempore pons in Hibero prope effectus nuntiabatur et
15 in Sicori vadum reperiebatur.

63. Iam vero eo magis illi maturandum iter existimabant.
Itaque duabus auxiliaribus cohortibus Ilerdae praesidio relictis omnibus copiis Sicorim transeunt et cum duabus legionibus, quas superioribus diebus traduxerant, castra iungunt.
20 Relinquebatur Caesari nihil, nisi uti equitatu agmen adversariorum male haberet et carperet.   Pons enim ipsius magnum circuitum habebat, ut multo breviore itinere illi ad
Hiberum pervenire possent.   Equites ab eo missi flumen
transeunt et, cum de tertia vigilia Petreius atque Afranius
25 castra movissent, repente sese ad novissimum agmen ostendunt et magna multitudine circumfusa morari atque iter
impedire incipiunt.

64. Prima luce ex superioribus locis, quae Caesaris castris
erant coniuncta, cernebatur equitatus nostri proelio novis-
30 simos illorum premi vehementer ac nonnumquam sustinere
extremum agmen atque interrumpi, alias inferri signa et
universarum cohortium impetu nostros propelli, dein rursus
conversos insequi.   Totis vero castris milites circulari et

dolere hostem ex manibus dimitti, bellum necessario longius
duci; centuriones tribunosque militum adire atque obsecrare, ut per eos Caesar certior fieret, ne labori suo neu
periculo parceret: paratos esse sese, posse et audere ea
transire flumen, qua traductus esset equitatus. Quorum 5
studio et vocibus excitatus Caesar, etsi timebat tantae mag-
nitudini fluminis exercitum obicere, conandum tamen atque
experiendum iudicat. Itaque infirmiores milites ex omnibus
centuriis deligi iubet, quorum aut animus aut vires videbantur sustinere non posse. Hos cum legione una praesidio 10
castris relinquit; reliquas legiones expeditas educit magnoque numero iumentorum in flumine supra atque infra con-
stituto traducit exercitum. Pauci ex his militibus abrepti vi
fluminis ab equitatu excipiuntur ac sublevantur; interit
tamen nemo. Traducto incolumi exercitu copias instruit 15
triplicemque aciem ducere incipit. Ac tantum fuit in militibus studii, ut milium sex ad iter addito circuitu magnaque
ad vadum fluminis mora interposita eos, qui de tertia vigilia
exissent, ante horam diei nonam consequerentur.

65. Quos ubi Afranius procul visos cum Petreio con- 20
spexit, nova re perterritus locis superioribus constitit aciemque instruit. Caesar in campis exercitum reficit, ne de-
fessum proelio obiciat : rursus conantes progredi insequitur
et moratur. Illi necessario maturius quam constituerant
castra ponunt. Suberant enim montes atque a milibus 25
passuum quinque itinera difficilia atque angusta excipiebant.
Hos montes intrare cupiebant, ut equitatum effugerent Caesaris praesidiisque in angustiis collocatis exercitum itinere
prohiberent, ipsi sine periculo ac timore Hiberum copias
traducerent. Quod fuit illis conandum atque omni ratione 30
efficiendum ; sed totius diei pugna atque itineris labore
defessi rem in posterum diem distulerunt. Caesar quoque
in proximo colle castra ponit.

D

66. Media circiter nocte iis, qui adaquandi causa longius a castris processerant, ab equitibus correptis, fit ab his certior Caesar, duces adversariorum silentio copias castris educere. Quo cognito signum dari iubet et vasa militari
5 more conclamari. Illi exaudito clamore veriti, ne noctu impediti sub onere confligere cogerentur aut ne ab equitatu Caesaris in angustiis tenerentur, iter supprimunt copiasque in castris continent. Postero die Petreius cum paucis equitibus occulte ad exploranda loca proficiscitur. Hoc idem fit
10 ex castris Caesaris. Mittitur L. Decidius Saxa cum paucis, qui loci naturam perspiciat. Uterque idem suis renuntiat: quinque milia passuum proxima intercedere itineris campestris, inde excipere loca aspera et montuosa; qui prior has angustias occupaverit, ab hoc hostem prohiberi nihil
15 esse negotii.

67. Disputatur in consilio ab Petreio atque Afranio et tempus profectionis quaeritur. Plerique censebant, ut noctu iter facerent: posse prius ad angustias veniri, quam sentiretur. Alii, quod pridie noctu conclamatum esset in Cae-
20 saris castris, argumenti sumebant loco non posse clam exiri. Circumfundi noctu equitatum Caesaris atque omnia loca atque itinera obsidere; nocturnaque proelia esse vitanda, quod perterritus miles in civili dissensione timori magis .quam religioni consulere consuerit. At lucem multum per
25 se pudorem omnium oculis, multum etiam tribunorum militum et centurionum praesentiam afferre; quibus rebus coërceri milites et in officio contineri soleant. Quare omni ratione esse interdiu perrumpendum: etsi aliquo accepto detrimento, tamen summa exercitus salva locum, quem
30 petant, capi posse. Haec vincit in consilio sententia, et prima luce postridie constituunt proficisci.

68. Caesar exploratis regionibus albente caelo omnes copias castris educit magnoque circuitu nullo certo itinere

exercitum ducit. Nam quae itinera ad Hiberum atque Octogesam pertinebant, castris hostium oppositis tenebantur.
Ipsi erant transcendendae valles maximae ac difficillimae,
saxa multis locis praerupta iter impediebant, ut arma per
manus necessario traderentur militesque inermi sublevatique 5
alii ab aliis magnam partem itineris conficerent. Sed hunc
laborem recusabat nemo, quod eum omnium laborum finem
fore existimabant, si hostem Hibero intercludere et frumento
prohibere potuissent.

69. Ac primo Afraniani milites visendi causa laeti ex 10
castris procurrebant contumeliosisque vocibus proseque-
bantur : necessarii victus inopia coactos fugere atque ad
Ilerdam reverti. Erat enim iter a proposito diversum, con-
trariamque in partem iri videbatur. Duces vero eorum
consilium suum laudibus ferebant, quod se castris tenuis- 15
sent; multumque eorum opinionem adiuvabat, quod sine
iumentis impedimentisque ad iter profectos videbant, ut non
posse inopiam diutius sustinere confiderent. Sed, ubi paulatim retorqueri agmen ad dextram conspexerunt iamque
primos superare regionem castrorum animum adverterunt, 20
nemo erat adeo tardus aut fugiens laboris, quin statim castris
exeundum atque occurrendum putaret. Conclamatur ad
arma, atque omnes copiae paucis praesidio relictis cohortibus exeunt rectoque ad Hiberum itinere contendunt.

70. Erat in celeritate omne positum certamen, utri prius 25
angustias montesque occuparent : sed exercitum Caesaris
viarum difficultates tardabant, Afranii copias equitatus Caesaris insequens morabatur. Res tamen ab Afranianis huc
erat necessario deducta, ut, si priores montes, quos petebant,
attigissent, ipsi periculum vitarent, impedimenta totius exer- 30
citus cohortesque in castris relictas servare non possent;
quibus interclusis exercitu Caesaris auxilium ferri nulla
ratione poterat. Confecit prior iter Caesar atque ex magnis

rupibus nactus planiciem in hac contra hostem aciem instruit. Afranius, cum ab equitatu novissimum agmen pre-
meretur, ante se hostem videret, collem quendam nactus ibi
constitit. Ex eo loco IV cetratorum cohortis in montem,
5 qui erat in conspectu omnium excelsissimus, mittit. Hunc
magno cursu concitatos iubet occupare, eo consilio, uti ipse
eodem omnibus copiis contenderet et mutato itinere iugis
Octogesam perveniret. Hunc cum obliquo itinere cetrati
peterent, conspicatus equitatus Caesaris in cohortis impetum
10 fecit; nec minimam partem temporis equitum vim cetrati
sustinere potuerunt omnesque ab eis circumventi in conspectu utriusque exercitus interficiuntur.

71. Erat occasio bene gerendae rei. Neque vero id
Caesarem fugiebat, tanto sub oculis accepto detrimento
15 perterritum exercitum sustinere non posse, praesertim cir-
cumdatum undique equitatu, cum in loco aequo atque aperto
confligeretur : idque ex omnibus partibus ab eo flagitabatur.
Concurrebant legati, centuriones tribunique militum : Ne
dubitaret proelium committere. Omnium esse militum
20 paratissimos animos. Afranianos contra multis rebus sui
timoris signa dedisse : quod suis non subvenissent, quod de
colle non decederent, quod vix equitum incursus sustinerent
collatisque in unum locum signis conferti neque ordines
neque signa servarent. Quod si iniquitatem loci timeret,
25 datum iri tamen aliquo loco pugnandi facultatem, quod certe
inde decedendum esset Afranio nec sine aqua permanere
posset.

72. Caesar in eam spem venerat, se sine pugna et sine
vulnere suorum rem conficere posse, quod re frumentaria
30 adversarios interclusisset. Cur etiam secundo proelio ali-
quos ex suis amitteret ? cur vulnerari pateretur optime de se
meritos milites ? cur denique fortunam periclitaretur ? praesertim cum non minus esset imperatoris consilio superare

quam gladio. Movebatur etiam misericordia civium, quos
interficiendos videbat: quibus salvis atque incolumibus rem
obtinere malebat. Hoc consilium Caesaris plerisque non
probabatur; milites vero palam inter se loquebantur, quoniam talis occasio victoriae dimitteretur, etiam cum vellet 5
Caesar, sese non esse pugnaturos. Ille in sua sententia
perseverat et paulum ex eo loco degreditur, ut timorem
adversariis minuat. Petreius atque Afranius oblata facultate
in castra sese referunt. Caesar praesidiis in montibus dispositis omni ad Hiberum intercluso itinere quam proxime 10
potest hostium castris castra communit.

73. Postero die duces adversariorum perturbati, quod
omnem rei frumentariae fluminisque Hiberi spem dimiserant,
de reliquis rebus consultabant. Erat unum iter, Ilerdam si
reverti vellent; alterum, si Tarraconem peterent. Haec 15
consiliantibus eis nuntiantur aquatores ab equitatu premi
nostro. Qua re cognita crebras stationes disponunt equitum
et cohortium alariarum legionariasque intericiunt cohortis
vallumque ex castris ad aquam ducere incipiunt, ut intra
munitionem et sine timore et sine stationibus aquari possent. 20
Id opus inter se Petreius atque Afranius partiuntur ipsique
perficiundi operis causa longius progrediuntur.

74. Quorum discessu liberam nacti milites colloquiorum
facultatem vulgo procedunt, et quem quisque in castris
notum aut municipem habebat conquirit atque evocat. 25
Primum agunt gratias omnes omnibus, quod sibi perterritis
pridie pepercissent: eorum se beneficio vivere. Deinde
de imperatoris fide quaerunt, rectene se illi sint commissuri,
et quod non ab initio fecerint armaque cum hominibus
necessariis et consanguineis contulerint queruntur. His 30
provocati sermonibus fidem ab imperatore de Petreii atque
Afranii vita petunt, ne quod in se scelus concepisse neu suos
prodidisse videantur. Quibus confirmatis rebus se statim

signa translaturos confirmant, legatosque de pace primorum
ordinum centuriones ad Caesarem mittunt. Interim alii suos
in castra invitandi causa adducunt, alii ab suis abducuntur,
adeo ut una castra iam facta ex binis viderentur; complures-
5 que tribuni militum et centuriones ad Caesarem veniunt
seque ei commendant. Idem hoc fit a principibus Hispaniae, quos evocaverant et secum in castris habebant
obsidum loco. Hi suos notos hospitesque quaerebant, per
quem quisque eorum aditum commendationis haberet ad
10 Caesarem. Afranii etiam filius adulescens de sua ac parentis
sui salute cum Caesare per Sulpicium legatum agebat.
Erant plena laetitia et gratulatione omnia eorum, qui tanta
pericula vitasse, et eorum, qui sine vulnere tantas res confecisse videbantur, magnumque fructum suae pristinae leni-
15 tatis omnium iudicio Caesar ferebat, consiliumque eius a
cunctis probabatur.

75. Quibus rebus nuntiatis Afranio ab instituto opere discedit seque in castra recipit, sic paratus, ut videbatur, ut,
quicumque accidisset casus, hunc quieto et aequo animo
20 ferret. Petreius vero non deserit sese. Armat familiam:
cum hac et praetoria cohorte cetratorum barbarisque equitibus paucis beneficiariis suis, quos suae custodiae causa
habere consuerat, improviso ad vallum advolat, colloquia
militum interrumpit, nostros repellit a castris, quos deprendit
25 interficit. Reliqui coëunt inter se et repentino periculo
exterriti sinistras sagis involvunt gladiosque destringunt
atque ita se a cetratis equitibusque defendunt castrorum
propinquitate confisi seque in castra recipiunt et ab iis
cohortibus, quae erant in statione ad portas, defenduntur.

30 **76.** Quibus rebus confectis flens Petreius manipulos cir-
cumit militesque appellat, neu se neu Pompeium, imperatorem suum, adversariis ad supplicium tradant, obsecrat.
Fit celeriter concursus in praetorium. Postulat, ut iurent

omnes se exercitum ducesque non deserturos neque prodituros neque sibi separatim a reliquis consilium capturos. Princeps in haec verba iurat ipse; idem iusiurandum adigit Afranium; subsequuntur tribuni militum centurionesque; centuriatim producti milites idem iurant. Edicunt, penes 5 quem quisque sit Caesaris miles, ut producatur: productos palam in praetorio interficiunt. Sed plerosque ii, qui receperant, celant noctuque per vallum emittunt. Sic terrore oblato a ducibus crudelitas in supplicio, nova religio iurisiurandi spem praesentis deditionis sustulit mentesque mili- 10 tum convertit et rem ad pristinam belli rationem redegit.

77. Caesar, qui milites adversariorum in castra per tempus colloquii venerant, summa diligentia conquiri et remitti iubet. Sed ex numero tribunorum militum centurionumque nonnulli sua voluntate apud eum remanserunt. Quos ille postea 15 magno in honore habuit; centuriones in priores ordines, equites Romanos in tribunicium restituit honorem.

78. Premebantur Afraniani pabulatione, aquabantur aegre. Frumenti copiam legionarii nonnullam habebant, quod dierum XXII ab Ilerda frumentum iussi erant efferre, cetrati 20 auxiliaresque nullam, quorum erant et facultates ad parandum exiguae et corpora insueta ad onera portanda. Itaque magnus eorum cotidie numerus ad Caesarem perfugiebat. In his erat angustiis res. Sed ex propositis consiliis duobus explicitius videbatur Ilerdam reverti, quod ibi paulum 25 frumenti reliquerant. Ibi se reliquum consilium explicaturos confidebant. Tarraco aberat longius; quo spatio plures rem posse casus recipere intellegebant. Hoc probato consilio ex castris proficiscuntur. Caesar equitatu praemisso, qui novissimum agmen carperet atque impediret, 30 ipse cum legionibus subsequitur. Nullum intercedebat tempus, quin extremi cum equitibus proeliarentur.

79. Genus erat hoc pugnae. Expeditae cohortes novis-

simum agmen claudebant pluresque in locis campestribus
subsistebant.   Si mons erat ascendendus, facile ipsa loci
natura periculum repellebat, quod ex locis superioribus, qui
antecesserant, suos ascendentes protegebant; cum vallis aut
5 locus declivis suberat neque ii, qui antecesserant, morantibus
opem ferre poterant, equites vero ex loco superiore in aversos
tela coniciebant, tum magno erat in periculo res.   Relinquebatur, ut, cum eiusmodi locis esset appropinquatum,
legionum signa consistere iuberent magnoque impetu equi-
10 tatum repellerent, eo summoto repente incitati cursu sese
in vallis universi demitterent atque ita transgressi rursus in
locis superioribus consisterent.   Nam tantum ab equitum
suorum auxilio aberant, quorum numerum habebant magnum, ut eos superioribus perterritos proeliis in medium reci-
15 perent agmen ultroque eos tuerentur; quorum nulli ex itinere
excedere licebat, quin ab equitatu Caesaris exciperetur.

     80. Tali dum pugnatur modo, lente atque paulatim pro-
ceditur crebroque, ut sint auxilio suis, subsistunt; ut tum
accidit.   Milia enim progressi IIII vehementiusque peragitati
20 ab equitatu montem excelsum capiunt ibique una fronte
contra hostem castra muniunt neque iumentis onera depo-
nunt.   Ubi Caesaris castra posita tabernaculaque constituta
et dimissos equites pabulandi causa animum adverterunt,
sese subito proripiunt hora circiter sexta eiusdem diei et
25 spem nacti morae discessu nostrorum equitum iter facere
incipiunt.   Qua re animum adversa Caesar relictis impedimentis subsequitur, praesidio paucas cohortis relinquit, hora
decima subsequi pabulatores equitesque revocari iubet.
Celeriter equitatus ad cotidianum itineris officium revertitur.
30 Pugnatur acriter ad novissimum agmen, adeo ut paene terga
convertant, compluresque milites, etiam nonnulli centuriones,
interficiuntur.   Instabat agmen Caesaris atque universum
imminebat.

81. Tum vero neque ad explorandum idoneum locum castris neque ad progrediendum data facultate consistunt necessario et procul ab aqua et natura iniquo loco castra ponunt. Sed isdem de causis Caesar, quae supra sunt demonstratae, proelio non lacessit et eo die tabernacula 5 statui passus non est, quo paratiores essent ad insequendum omnes, sive noctu sive interdiu erumperent. Illi animadverso vitio castrorum tota nocte munitiones proferunt castraque castris convertunt. Hoc idem postero die a prima luce faciunt totumque in ea re diem consumunt. Sed quan- 10 tum opere processerant et castra protulerant, tanto aberant ab aqua longius, et praesenti malo aliis malis remedia dabantur. Prima nocte aquandi causa nemo egreditur ex castris; proximo die praesidio in castris relicto universas ad aquam copias educunt, pabulatum emittitur nemo. His eos 15 suppliciis male haberi Caesar et necessariam subire dedi- tionem quam proelio decertare malebat. Conatur tamen eos vallo fossaque circummunire, ut quam maxime repen- tinas eorum eruptiones demoretur; quo necessario descen- suros existimabat. Illi et inopia pabuli adducti et, quo 20 essent ad id expeditiores, omnia sarcinaria iumenta interfici iubent.

82. In his operibus consiliisque biduum consumitur; tertio die magna iam pars operis Caesaris processerat. Illi impediendae reliquae munitionis causa hora circiter nona 25 signo dato legiones educunt aciemque sub castris instruunt. Caesar ab opere legiones revocat, equitatum omnem con- venire iubet, aciem instruit; contra opinionem enim militum famamque omnium videri proelium defugisse magnum de- trimentum afferebat. Sed eisdem de causis, quae sunt cog- 30 nitae, quo minus dimicare vellet, movebatur, atque hoc etiam magis, quod spatii brevitas etiam in fugam coniectis adversariis non multum ad summam victoriae iuvare poterat.

Non enim amplius pedum milibus duobus ab castris castra
distabant. Hinc duas partes acies occupabant duae: tertia
vacabat ad incursum atque impetum militum relicta. Si
proelium committeretur, propinquitas castrorum celerem
5 superatis ex fuga receptum dabat. Hac de causa constituerat signa inferentibus resistere, prior proelio non
lacessere.

83. Acies erat Afraniana duplex legionum quinque; ter-
tium in subsidiis locum alariae cohortes obtinebant; Caesaris
10 triplex; sed primam aciem quaternae cohortes ex quinque
legionibus tenebant; has subsidiariae ternae et rursus aliae
totidem suae cuiusque legionis subsequebantur; sagittarii
funditoresque media continebantur acie, equitatus latera
cingebat. Tali instructa acie tenere uterque propositum
15 videbatur: Caesar, nisi coactus proelium non committere;
ille, ut opera Caesaris impediret. Producitur tum res, aciesque ad solis occasum continentur: inde utrique in castra
discedunt. Postero die munitiones institutas Caesar parat
perficere; illi vadum fluminis Sicoris temptare, si transire
20 possent. Qua re animadversa Caesar Germanos levis armaturae equitumque partem flumen traicit crebrasque in ripis
custodias disponit.

84. Tandem omnibus rebus obsessi, quartum iam diem
sine pabulo retentis iumentis, aquae, lignorum, frumenti
25 inopia colloquium petunt et id, si fieri possit, semoto a
militibus loco. Ubi id a Caesare negatum et, palam si
colloqui vellent, concessum est, datur obsidis loco Caesari
filius Afranii. Venitur in eum locum, quem Caesar delegit.
Audiente utroque exercitu loquitur Afranius: Non esse aut
30 ipsis aut militibus succensendum, quod fidem erga imperatorem suum Cn. Pompeium conservare voluerint. Sed satis
iam fecisse officio satisque supplicii tulisse. Perpessos
omnium rerum inopiam; nunc vero paene ut feras circum-

munitos prohiberi aqua, prohiberi ingressu, neque corpore
dolorem neque animo ignominiam ferre posse. Itaque se
victos confiteri, orare atque obsecrare, si qui locus miseri-
cordiae relinquatur, ne ad ultimum supplicium progredi
necesse habeat.   Haec quam potest demississime et sub- 5
iectissime exponit.

85. Ad ea Caesar respondit: Nulli omnium has partis
vel querimoniae vel miserationis minus convenisse. Reliquos
enim omnis officium suum praestitisse: se, qui etiam bona
condicione et loco et tempore aequo confligere noluerit, 10
ut quam integerrima essent ad pacem omnia; exercitum
suum, qui iniuria etiam accepta suisque interfectis, quos in
sua potestate habuerit, conservarit et texerit; illius denique
exercitus milites, qui per se de concilianda pace egerint;
qua in re omnium suorum vitae consulendum putarint. Sic 15
omnium ordinum partis in misericordia constitisse: ipsos
duces a pace abhorruisse; eos neque colloquii neque indutiarum iura servasse et homines imperitos et per colloquium
deceptos crudelissime interfecisse.   Accidisse igitur his,
quod plerumque hominum nimia pertinacia atque arro- 20
gantia accidere soleat, uti eo recurrant et id cupidissime
petant, quod paulo ante contempserint. Neque nunc se
illorum humilitate neque aliqua temporis opportunitate postulare, quibus rebus opes augeantur suae ; sed eos exercitus,
quos contra se multos iam annos aluerint, velle dimitti. 25
Neque enim vi legiones alia de causa missas in Hispaniam
septimamque ibi conscriptam, neque tot tantasque classis
paratas, neque summissos duces rei militaris peritos. Nihil
horum ad pacandas Hispanias, nihil ad usum provinciae
provisum, quae propter diuturnitatem pacis nullum auxilium 30
desiderarit. Omnia haec iam pridem contra se parari: in
se novi generis imperia constitui, ut idem ad portas urbanis
praesideat rebus et duas bellicosissimas provincias absens

tot annis obtineat; in se iura magistratuum commutari, ne
ex praetura et consulatu, ut semper, sed per paucos probati
et electi in provincias mittantur; in se etiam aetatis excusationem nihil valere, cum superioribus bellis probati ad
5 obtinendos exercitus evocentur; in se uno non servari, quod
sit omnibus datum semper imperatoribus, ut rebus feliciter
gestis aut cum honore aliquo aut certe sine ignominia domum
revertantur exercitumque dimittant. Quae tamen omnia et
se tulisse patienter et esse laturum: neque nunc id agere,
10 ut ab illis abductum exercitum teneat ipse, quod tamen
sibi difficile non sit, sed ne illi habeant, quo contra se uti
possint. Proinde, ut esset dictum, provinciis excederent
exercitumque dimitterent; si id sit factum, se nociturum
nemini. Hanc unam atque extremam esse pacis condi-
15 cionem.

86. Id vero militibus fuit pergratum et iucundum, ut
ex ipsa significatione cognosci potuit, ut, qui aliquid iusti
incommodi exspectavissent, ultro praemium missionis ferrent.
Nam cum de loco et tempore eius rei controversia inferretur,
20 et voce et manibus universi ex vallo, ubi constiterant, signi-
ficare coeperunt, ut statim dimitterentur, neque omni interposita fide firmum esse posse, si in aliud tempus differretur.
Paucis cum esset in utramque partem verbis disputatum,
res huc deducitur, ut ei, qui habeant domicilium aut pos-
25 sessionem in Hispania, statim, reliqui ad Varum flumen
dimittantur; ne quid eis noceatur, neu quis invitus sacramentum dicere cogatur, a Caesare cavetur.

87. Caesar ex eo tempore, dum ad flumen Varum veni-
atur, se frumentum daturum pollicetur. Addit etiam, ut,
30 quod quisque eorum in bello amiserit, quae sint penes milites
suos, iis, qui amiserant, restituatur; militibus aequa facta
aestimatione pecuniam pro his rebus dissolvit. Quascumque
postea controversias inter se milites habuerunt, sua sponte

ad Caesarem in ius adierunt.   Petreius atque Afranius, cum
stipendium ab legionibus paene seditione facta flagitaretur,
cuius illi diem nondum venisse dicerent, Caesar ut cognosceret, postularunt, eoque utrique, quod statuit, contenti
fuerunt.   Parte circiter tertia exercitus eo biduo dimissa 5
ii legiones suas antecedere, reliquas subsequi iussit, ut non
longo inter se spatio castra facerent, eique negotio Q. Fufium
Calenum legatum praeficit.   Hoc eius praescripto ex Hispania ad Varum flumen est iter factum atque ibi reliqua
pars exercitus dimissa est.

C. IULII CAESARIS

DE BELLO CIVILI

COMMENTARIUS SECUNDUS.

A.C. 49. / A.U.C. 705.

1. Dum haec in Hispania geruntur, C. Trebonius legatus, qui ad oppugnationem Massiliae relictus erat, duabus ex partibus aggerem vineas turresque ad oppidum agere instituit. Una erat proxima portui navalibusque, altera ad
5 partem qua est aditus ex Gallia atque Hispania ad id mare, quod adigitur ad ostium Rhodani. Massilia enim fere ex tribus oppidi partibus mari adluitur ; reliqua quarta est, quae aditum habeat ab terra. Huius quoque spatii pars ea quae ad arcem pertinet, loci natura et valle altissima munita
10 longam et difficilem habet oppugnationem. Ad ea perficienda opera C. Trebonius magnam iumentorum atque hominum multitudinem ex omni provincia vocat; vimina materiamque comportari iubet. Quibus comparatis rebus aggerem in altitudinem pedum LXXX exstruit.
15 2. Sed tanti erant antiquitus in oppido omnium rerum ad bellum apparatus tantaque multitudo tormentorum, ut eorum vim nullae contextae viminibus vineae sustinere possent. Asseres enim pedum XII cuspidibus praefixi atque hi maximis ballistis missi per IV ordines cratium in terra defigebantur.

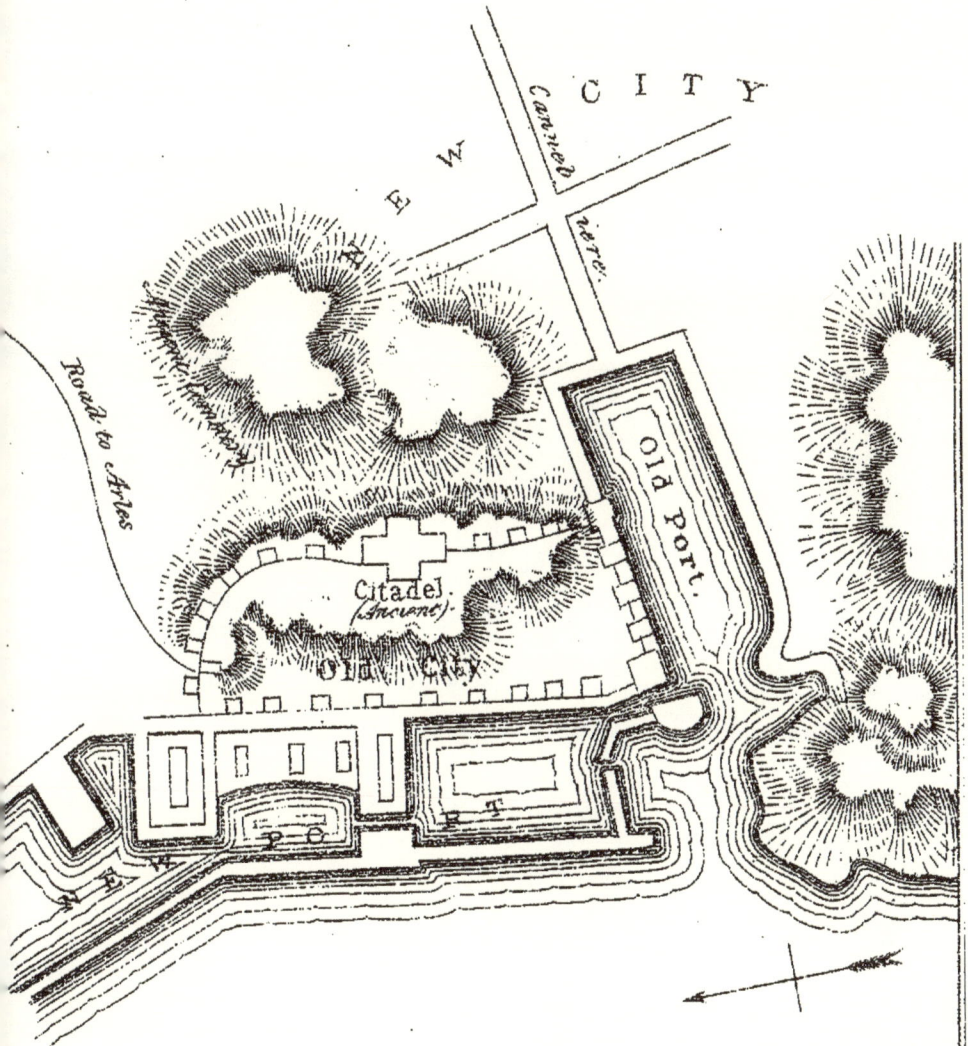

MASSILIA.
III.

NEW CITY

Canned here.

Old Port.

Road to Arles

Citadel
(Ancient)

OLD CITY

NEW PORT

Itaque pedalibus lignis coniunctis inter se porticus intege-
bantur, atque hac agger inter manus proferebatur. Antecedebat testudo pedum LX aequandi loci causa facta item ex
fortissimis lignis, convoluta omnibus rebus, quibus ignis
iactus et lapides defendi possent. Sed magnitudo operum, 5
altitudo muri atque turrium, multitudo tormentorum omnem
administrationem tardabat. Crebrae etiam per Albicos
eruptiones fiebant ex oppido ignesque aggeri et turribus
inferebantur; quae facile nostri milites repellebant, magnisque ultro illatis detrimentis eos, qui eruptionem fecerant, in 10
oppidum reiciebant.

3. Interim L. Nasidius, ab Cn. Pompeio cum classe
navium XVI, in quibus paucae erant aeratae, L. Domitio
Massiliensibusque subsidio missus, freto Siciliae imprudente
atque inopinante Curione pervehitur appulsisque Messanam 15
navibus atque inde propter repentinum terrorem principum
ac senatus fuga facta navem ex navalibus eorum deducit.
Hac adiuncta ad reliquas naves cursum Massiliam versus
perficit praemissaque clam navicula Domitium Massiliensis-
que de suo adventu certiores facit eosque magnopere hor- 20
tatur, ut rursus cum Bruti classe additis suis auxiliis con-
fligant.

4. Massilienses post superius incommodum veteres ad
eundem numerum ex navalibus productas navis refecerant
summaque industria armaverant (remigum, gubernatorum 25
magna copia suppetebat) piscatoriasque adiecerant atque
contexerant, ut essent ab ictu telorum remiges tuti; has
sagittariis tormentisque compleverunt. Tali modo instructa
classe, omnium seniorum, matrum familiae, virginum precibus
et fletu excitati, extremo tempore civitati subvenirent, non 30
minore animo ac fiducia, quam ante dimicaverant, naves
conscendunt. Communi enim fit vitio naturae, ut improvisis
atque incognitis rebus magis confidamus vehementiusque

exterreamur; ut tum accidit. Adventus enim L. Nasidii summa spe et voluntate civitatem compleverat. Nacti idoneum ventum ex portu exeunt et Tauroenta, quod est castellum Massiliensium, ad Nasidium perveniunt ibique
5 naves expediunt rursusque se ad confligendum animo confirmant et consilia communicant. Dextra pars attribuitur Massiliensibus, sinistra Nasidio.

5. Eodem Brutus contendit aucto navium numero. Nam ad eas, quae factae erant Arelate per Caesarem, captivae
10 Massiliensium accesserant vi. Has superioribus diebus refecerat atque omnibus rebus instruxerat. Itaque suos cohortatus, quos integros superavissent, ut victos contemnerent, plenus spei bonae atque animi adversus eos proficiscitur. Facile erat ex castris C. Treboni atque omnibus superioribus
15 locis prospicere in urbem, ut omnis iuventus, quae in oppido remanserat, omnesque superioris aetatis cum liberis atque uxoribus e speculis custodiisque aut in muro ad caelum manus tenderent, aut templa deorum immortalium adirent et ante simulacra proiecti victoriam ab dis exposcerent. Neque
20 erat quisquam omnium, quin in eius diei casu suarum omnium fortunarum eventum consistere existimaret. Nam et honesti ex iuventute et cuiusque aetatis amplissimi nominatim evocati atque obsecrati navis conscenderant, ut, si quid adversi accidisset, ne ad conandum quidem sibi quic-
25 quam reliqui fore viderent; si superavissent, vel domesticis opibus vel externis auxiliis de salute urbis confiderent.

6. Commisso proelio Massiliensibus res nulla ad virtutem defuit; sed memores eorum praeceptorum, quae paulo ante ab suis acceperant, hoc animo decertabant, ut nullum aliud
30 tempus ad conandum habituri viderentur, et quibus in pugna vitae periculum accideret non ita multo se reliquorum civium fatum antecedere existimarent, quibus urbe capta eadem esset belli fortuna patienda. Diductisque nostris paulatim navibus

et artificio gubernatorum et mobilitati navium locus dabatur et, si quando nostri facultatem nacti ferreis manibus iniectis navem religaverant, undique suis laborantibus succurrebant. Neque vero coniuncti Albicis comminus pugnando deficiebant neque multum cedebant virtute nostris. Simul ex 5 minoribus navibus magna vis eminus missa telorum multa nostris de improviso imprudentibus atque impeditis vulnera inferebant. Conspicataeque naves triremes ii navem D. Bruti, quae ex insigni facile agnosci poterat, duabus ex partibus sese in eam incitaverant. Sed tantum re provisa 10 Brutus celeritate navis enisus est, ut parvo momento antecederet. Illae adeo graviter inter se incitatae conflixerunt, ut vehementissime utraque ex concursu laborarent, altera vero praefracto rostro tota collabefieret. Qua re animadversa quae proximae ei loco ex Bruti classe naves erant, 15 in eas impeditas impetum faciunt celeriterque ambas deprimunt.

7. Sed Nasidianae naves nullo usui fuerunt celeriterque pugna excesserunt: non enim has aut conspectus patriae aut propinquorum praecepta ad extremum vitae periculum adire 20 cogebant. Itaque ex eo numero navium nulla desiderata est: ex Massiliensium classe v sunt depressae, iv captae, una cum Nasidianis profugit; quae omnes citeriorem Hispaniam petiverunt. At ex reliquis una praemissa Massiliam huius nuntii perferendi gratia cum iam appropinquaret urbi, 25 omnis sese multitudo effudit, et re cognita tantus luctus excepit, ut urbs ab hostibus capta eodem vestigio videretur. Massilienses tamen nihilo secius ad defensionem urbis reliqua apparare coeperunt.

8. Est animadversum ab legionariis, qui dextram partem 30 operis administrabant, ex crebris hostium eruptionibus magno sibi esse praesidio posse, si ibi pro castello ac receptaculo turrim ex latere sub muro fecissent. Quam primo ad

E

repentinos incursus humilem parvamque fecerunt. Huc se
referebant; hinc, si qua maior oppresserat vis, propugna-
bant; hinc ad repellendum et prosequendum hostem procurrebant. Patebat haec quoque versus pedes xxx, sed
5 parietum crassitudo pedes v. Postea vero, ut est rerum
omnium magister usus, hominum adhibita solertia inventum
est magno esse usui posse, si haec esset in altitudinem turris
elata. Id hac ratione perfectum est.

9. Ubi turris altitudo perducta est ad contabulationem,
10 eam in parietes instruxerunt ita, ut capita tignorum extrema
parietum structura tegerentur, ne quid emineret, ubi ignis
hostium adhaeresceret. Hanc super contignationem, quantum tectum plutei ac vinearum passum est, laterculo adstrux-
erunt supraque eum locum II tigna transversa iniecerunt non
15 longe ab extremis parietibus, quibus suspenderent eam contignationem, quae turri tegimento esset futura, supraque ea
tigna directo transversas trabes iniecerunt easque axibus
religaverunt (has paulo longiores atque eminentiores, quam
extremi parietes erant, effecerunt, ut esset, ubi tegimenta prae-
20 pendere possent ad defendendos ictus ac repellendos, cum
inter eam contignationem parietes exstruerentur) eamque
contabulationem summam lateribus lutoque constraverunt,
ne quid ignis hostium nocere posset, centonesque insuper
iniecerunt, ne aut tela tormentis immissa tabulationem per-
25 fringerent, aut saxa ex catapultis latericium discuterent.
Storias autem ex funibus ancorariis III in longitudinem parietum turris latas IV pedes fecerunt easque ex tribus partibus,
quae ad hostes vergebant, eminentibus trabibus circum
turrim praependentes religaverunt; quod unum genus tegi-
30 menti aliis locis erant experti nullo telo neque tormento
traici posse. Ubi vero ea pars turris, quae erat perfecta,
tecta atque munita est ab omni ictu hostium, pluteos ad alia
opera abduxerunt; turris tectum per se ipsum pressionibus

ex contignatione prima suspendere ac tollere coeperunt.
Ubi, quantum storiarum demissio patiebatur, tantum eleva-
rant, intra haec tegimenta abditi atque muniti parietes
lateribus exstruebant rursusque alia pressione ad aedefican-
dum sibi locum expediebant. Ubi tempus alterius con- 5
tabulationis videbatur, tigna item ut primo tecta extremis
lateribus instruebant exque ea contignatione rursus summam
contabulationem storiasque elevabant. Ita tuto ac sine
ullo vulnere ac periculo VI tabulata exstruxerunt fenestrasque,
quibus in locis visum est, ad tormenta mittenda in struendo 10
reliquerunt.

10. Ubi ex ea turri quae circum essent opera tueri se
posse confisi sunt, musculum pedes LX longum ex materia
bipedali, quem a turri latericia ad hostium turrim murum-
que perducerent, facere instituerunt; cuius musculi haec erat 15
forma. Duae primum trabes in solo aeque longae, distantes
inter se pedes IV collocantur inque eis columellae pedum in
altitudinem V defiguntur. Has inter se capreolis molli
fastigio coniungunt, ubi tigna, quae musculi tegendi causa
ponant, collocentur. Eo super tigna bipedalia iniciunt 20
eaque laminis clavisque religant. Ad extremum musculi
tectum trabesque extremas quadratas regulas IV patentis
digitos defigunt, quae lateres, qui superstruantur, contineant.
Ita fastigate atque ordinatim structae trabes, quae erant in
capreolis collocatae, lateribus lutoque, musculus ut ab igni, 25
qui ex muro iaceretur, tutus esset, conteguntur. Super
lateres coria inducuntur, ne canalibus aqua immissa lateres
diluere posset. Coria autem, ne rursus igni ac lapidibus
corrumpantur, centonibus conteguntur. Hoc opus omne
tectum vineis ad ipsam turrim perficiunt subitoque inopi- 30
nantibus hostibus machinatione navali, phalangis subiectis,
ad turrim hostium admovent, ut aedificio iungatur.

11. Quo malo perterriti subito oppidani saxa quam

maxima possunt vectibus promovent praecipitataque muro in
musculum devolvunt.   Ictum firmitas materiae sustinet et
quidquid incidit fastigio musculi elabitur.   Id ubi vident,
mutant consilium: cupas taeda ac pice refertas incendunt
5 easque de muro in musculum devolvunt.   Involutae labuntur, delapsae a lateribus longuriis furcisque ab opere remo-
ventur.   Interim sub musculo milites vectibus infima saxa
turris hostium, quibus fundamenta continebantur, convellunt.
Musculus ex turri latericia a nostris telis tormentisque de-
10 fenditur; hostes ex muro ac turribus summoventur; non
datur libera muri defendendi facultas.   Compluribus iam
lapidibus ex ea, quae suberat, turri subductis repentina ruina
pars eius turris concidit, pars reliqua consequens procumbebat; cum hostes de urbis direptione perterriti inermes cum
15 infulis se porta foras universi proripiunt, ad legatos atque
exercitum supplices manus tendunt.

   12. Qua nova re oblata omnis administratio belli consistit
militesque aversi a proelio ad studium audiendi et cognos-
cendi feruntur.   Ubi hostes ad legatos exercitumque per-
20 venerunt, universi se ad pedes proiciunt; orant, ut adventus
Caesaris exspectetur.   Captam suam urbem videre, opera
perfecta, turrim subrutam; itaque ab defensione desistere.
Nullam exoriri moram posse, quominus, cum venisset, si
imperata non facerent ad nutum, e vestigio diriperentur.
25 Docent, si omnino turris concidisset, non posse milites
contineri, quin spe praedae in urbem irrumperent urbemque
delerent.   Haec atque eiusdem generis complura ut ab
hominibus doctis magna cum misericordia fletuque pro-
nuntiantur.

30   **13.** Quibus rebus commoti legati milites ex opere dedu-
cunt, oppugnatione desistunt, operibus custodias relinquunt.
Indutiarum quodam genere misericordia facto adventus
Caesaris exspectatur.   Nullum ex muro, nullum a nostris

mittitur telum; ut re confecta, omnes curam et diligentiam remittunt. Caesar enim per litteras Trebonio magnopere mandaverat, ne per vim oppidum expugnari pateretur, ne gravius permoti milites et defectionis odio et contemptione sui et diutino labore omnes puberes interficerent; quod se 5 facturos minabantur, aegreque tunc sunt retenti, quin oppidum irrumperent, graviterque eam rem tulerunt, quod stetisse per Trebonium, quo minus oppido potirentur, videbatur.

14. At hostes sine fide tempus atque occasionem fraudis 10 ac doli quaerunt interiectisque aliquot diebus, nostris languentibus atque animo remissis subito meridiano tempore, cum alius discessisset, alius ex diutino labore in ipsis operibus quieti se dedisset, arma vero omnia reposita contectaque essent, portis se foras erumpunt, secundo magnoque vento 15 ignem operibus inferunt. Hunc sic distulit ventus, uti uno tempore agger, plutei, testudo, turris, tormenta flammam conciperent et prius haec omnia consumerentur, quam, quemadmodum accidisset, animadverti posset. Nostri repentina fortuna permoti arma, quae possunt, arripiunt; alii ex castris 20 sese incitant. Fit in hostis impetus [eorum]; sed e muro sagittis tormentisque fugientes persequi prohibentur. Illi sub murum se recipiunt ibique musculum turrimque latericiam libere incendunt. Ita multorum mensium labor hostium perfidia et vi tempestatis puncto temporis interiit. Tempta- 25 verunt hoc idem Massilienses postero die. Eandem nacti tempestatem maiore cum fiducia ad alteram turrim aggeremque eruptione pugnaverunt multumque ignem intulerunt. Sed ut superioris temporis contentionem nostri omnem remiserant, ita proximi diei casu admoniti omnia ad de- 30 fensionem paraverant. Itaque multis interfectis reliquos infecta re in oppidum repulerunt.

15. Trebonius ea, quae sunt amissa, multo maiore militum

studio administrare et reficere instituit. Nam ubi tantos
suos labores et apparatus male cecidisse viderunt indutiisque
per scelus violatis suam virtutem irrisui fore perdoluerunt:
quod, unde agger omnino comportari posset, nihil erat
5 reliquum, omnibus arboribus longe lateque in finibus Massiliensium excisis et convectis, aggerem novi generis atque
inauditum ex latericiis duobus muris senum pedum crassitudine atque eorum murorum contignatione facere instituerunt aequa fere altitudine, atque ille congesticius ex materia
10 fuerat agger. Ubi aut spatium inter muros aut imbecillitas
materiae postulare videretur, pilae interponuntur, traversaria
tigna iniciuntur, quae firmamento esse possint, et quidquid
est contignatum cratibus consternitur, crates luto integuntur.
Sub tecto miles, dextra ac sinistra muro tectus, adversus
15 plutei obiectu, operi quaecumque sunt usui sine periculo
supportat. Celeriter res administratur: diuturni laboris detrimentum sollertia et virtute militum brevi reconciliatur. Portae
quibus locis videtur eruptionis causa in muro relinquuntur.

16. Quod ubi hostes viderunt, ea, quae diu longoque
20 spatio refici non posse sperassent, paucorum dierum opera
et labore ita refecta, ut nullus perfidiae neque eruptioni locus
esset nec quicquam omnino relinqueretur, qua aut telis
militibus aut igni operibus noceri posset, eodemque exemplo
sentiunt totam urbem, qua sit aditus ab terra, muro turri-
25 busque circumiri posse, sic ut ipsis consistendi in suis
munitionibus locus non esset, cum paene inaedificata in
muris ab exercitu nostro moenia viderentur ac telum manu
coniceretur, suorumque tormentorum usum, quibus ipsi
magna speravissent, spatii propinquitate interire parique
30 condicione ex muro ac turribus bellandi data se virtute
nostris adaequare non posse intellegunt, ad easdem deditionis condiciones recurrunt.

17. M. Varro in ulteriore Hispania initio cognitis iis

rebus, quae sunt in Italia gestae, diffidens Pompeianis rebus, amicissime de Caesare loquebatur : praeoccupatum sese legatione ab Cn. Pompeio teneri obstrictum fide, necessitudinem quidem sibi nihilo minorem cum Caesare intercedere ; neque se ignorare, quod esset officium legati, qui fiduciariam 5 operam obtineret, quae vires suae, quae voluntas erga Caesarem totius provinciae. Haec omnibus ferebat sermonibus neque se in ullam partem movebat. Postea vero, cum Caesarem ad Massiliam detineri cognovit, copias Petreii cum exercitu Afranii esse coniunctas, magna auxilia convenisse, 10 magna esse in spe atque exspectari et consentire omnem citeriorem provinciam, quaeque postea acciderant, de angustiis ad Ilerdam rei frumentariae, accepit, atque haec ad eum latius atque inflatius Afranius perscribebat, se quoque ad motus fortunae movere coepit. 15

18. Delectum habuit tota provincia, legionibus completis duabus cohortes circiter xxx alarias addidit.· Frumenti magnum numerum coëgit, quod Massiliensibus, item quod Afranio Petreioque mitteret. Naves longas x Gaditanis ut facerent imperavit, complures praeterea Hispali faciendas 20 curavit. Pecuniam omnem omniaque ornamenta ex fano Herculis in oppidum Gadis contulit ; eo vi cohortes praesidii causa ex provincia misit Gaiumque Gallonium, equitem Romanum, familiarem Domitii, qui eo procurandae hereditatis causa venerat missus a Domitio, oppido Gadibus 25 praefecit; arma omnia privata ac publica in domum Gallonii contulit. Ipse habuit graves in Caesarem contiones. Saepe ex tribunali praedicavit adversa Caesarem proelia fecisse, magnum numerum ab eo militum ad Afranium perfugisse: haec se certis nuntiis, certis auctoribus comperisse. Quibus 30 rebus perterritos civis Romanos eius provinciae sibi ad rempublicam administrandam HS clxxx et argenti pondo xx milia, tritici modios cxx milia polliceri coëgit. Quas Caesari

esse amicas civitates arbitrabatur, his graviora onera in-
iungebat praesidiaque eo deducebat et iudicia in privatos
reddebat, qui verba atque orationem adversus rempublicam
habuissent; eorum bona in publicum addicebat. Provin-
5 ciam omnem in sua et Pompei verba iusiurandum adigebat.
Cognitis iis rebus, quae sunt gestae in citeriore Hispania,
bellum parabat. Ratio autem haec erat belli, ut se cum II
legionibus Gadis conferret, naves frumentumque omne ibi
contineret; provinciam enim omnem Caesaris rebus favere
10 cognoverat. In insula frumento navibusque comparatis
bellum duci non difficile existimabat. Caesar, etsi multis
necessariisque rebus in Italiam revocabatur, tamen constituerat nullam partem belli in Hispaniis relinquere, quod
magna esse Pompei beneficia et magnas clientelas in
15 citeriore provincia sciebat.

19. Itaque II legionibus missis in ulteriorem Hispaniam
cum Q. Cassio, tribuno plebis, ipse cum DC equitibus magnis
itineribus praegreditur edictumque praemittit, ad quam diem
magistratus principesque omnium civitatum sibi esse praesto
20 Cordubae vellet. Quo edicto tota provincia pervulgato nulla
fuit civitas, quin ad id tempus partem senatus Cordubam
mitteret, non civis Romanus paulo notior, quin ad diem con-
veniret. Simul ipse Cordubae conventus per se portas
Varroni clausit, custodias vigiliasque in turribus muroque
25 disposuit, cohortes II, quae colonicae appellabantur, cum eo
casu venissent, tuendi oppidi causa apud se retinuit. Isdem
diebus Carmonenses, quae est longe firmissima totius provinciae civitas, deductis III in arcem oppidi cohortibus a
Varrone praesidio, per se cohortes eiecit portasque praeclusit.
30   20. Hoc vero magis properare Varro, ut cum legionibus
quam primum Gadis contenderet, ne itinere aut traiectu
intercluderetur : tanta ac tam secunda in Caesarem voluntas
provinciae reperiebatur. Progresso ei paullo longius litterae

Gadibus redduntur, simul atque sit cognitum de edicto
Caesaris, consensisse Gaditanos principes cum tribunis
cohortium, quae essent ibi in praesidio, ut Gallonium ex
oppido expellerent, urbem insulamque Caesari servarent.
Hoc inito consilio denuntiavisse Gallonio, ut sua sponte, 5
dum sine periculo liceret, excederet Gadibus; si id non
fecisset, sibi consilium capturos. Hoc timore adductum
Gallonium Gadibus excessisse. His cognitis rebus altera
ex duabus legionibus, quae vernacula appellabatur, ex castris
Varronis adstante et inspectante ipso signa sustulit seseque 10
Hispalim recepit atque in foro et porticibus sine maleficio
consedit. Quod factum adeo eius conventus cives Romani
comprobaverunt, ut domum ad se quisque hospitio cupidissime reciperet. Quibus rebus perterritus Varro, cum
itinere converso sese Italicam venturum praemisisset, certior 15
ab suis factus est praeclusas esse portas. Tum vero omni
interclusus itinere ad Caesarem mittit, paratum se esse
legionem, cui iusserit, tradere. Ille ad eum Sextum Caesarem
mittit atque huic tradi iubet. Tradita legione Varro Cordubam ad Caesarem venit; relatis ad eum publicis cum fide 20
rationibus quod penes eum est pecuniae tradit et quid ubique
habeat frumenti et navium ostendit.

21. Caesar contione habita Cordubae omnibus generatim
gratias agit: civibus Romanis, quod oppidum in sua
potestate studuissent habere, Hispanis, quod praesidia ex- 25
pulissent, Gaditanis, quod conatus adversariorum infregissent
seseque in libertatem vindicassent, tribunis militum cen-
turionibusque, qui eo praesidii causa venerant, quod eorum
consilia sua virtute confirmassent. Pecunias, quas erant in
publicum Varroni cives Romani polliciti, remittit; bona 30
restituit eis, quos liberius locutos hanc poenam tulisse cognoverat. Tributis quibusdam publicis privatisque praemiis
reliquos in posterum bona spe complet biduumque Cordubae

commoratus Gadis proficiscitur. Pecunias monimentaque,
quae ex fano Herculis collata erant in privatam domum,
referri in templum iubet. Provinciae Q. Cassium praeficit:
huic iv legiones attribuit. Ipse eis navibus, quas M. Varro
5 quasque Gaditani iussu Varronis fecerant, Tarraconem paucis
diebus pervenit. Ibi totius fere citerioris provinciae legationes Caesaris adventum exspectabant. Eadem ratione
privatim ac publice quibusdam civitatibus habitis honoribus
Tarracone discedit pedibusque Narbonem atque inde Mas-
10 siliam pervenit. Ibi legem de dictatore latam seseque
dictatorem dictum a M. Lepido praetore cognoscit.

　22. Massilienses omnibus defessi malis, rei frumentariae
ad summam inopiam adducti, bis navali proelio superati,
crebris eruptionibus fusi, gravi etiam pestilentia conflictati
15 ex diutina conclusione et mutatione victus (panico enim
vetere atque ordeo corrupto omnes alebantur, quod ad
huiusmodi casus antiquitus paratum in publicum contulerant), deiecta turri, labefacta magna parte muri, auxiliis
provinciarum et exercituum desperatis, quos in Caesaris
20 potestatem venisse cognoverant, sese dedere sine fraude
constituunt. Sed paucis ante diebus L. Domitius cognita
Massiliensium voluntate navibus iii comparatis, ex quibus
ii familiaribus suis attribuerat, unam ipse conscenderat,
nactus turbidam tempestatem profectus est. Hunc con-
25 spicatae naves, quae missu Bruti consuetudine cotidiana ad
portum excubabant, sublatis ancoris sequi coeperunt. Ex
his unum ipsius navigium contendit et fugere perseveravit
auxilioque tempestatis ex conspectu abiit, duo perterrita
concursu nostrarum navium sese in portum receperunt.
30 Massilienses arma tormentaque ex oppido, ut est imperatum,
proferunt, navis ex portu navalibusque educunt, pecuniam
ex publico tradunt. Quibus rebus confectis Caesar magis
eos pro nomine et vetustate quam pro meritis in se civitatis

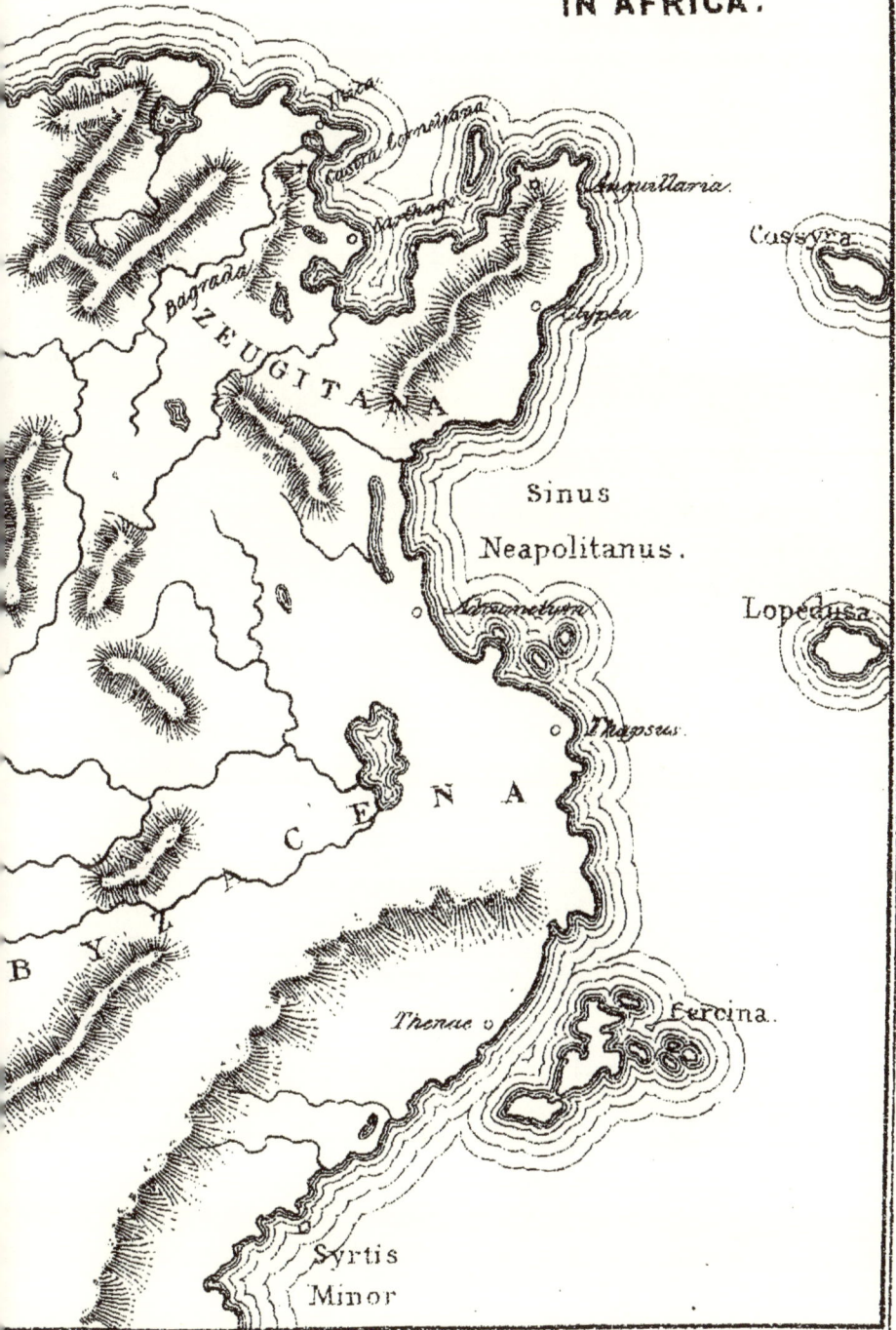

CURIO'S CAMPAIGN
IN AFRICA.

Cossura

Cusru Cornelia

Carthage

Anguillaria

Clypea

Bagrada

ZEUGITANA

Sinus

Neapolitanus.

Lopedusa

Adrumetum

Thapsus

C E N A

B Y

Thenae

Fercina

Syrtis
Minor

conservans duas ibi legiones praesidio reliquit, ceteras in Italiam mittit; ipse ad urbem proficiscitur.

23. Isdem temporibus C. Curio in Africam profectus ex Sicilia et iam ab initio copias P. Atti Vari despiciens II legiones ex IV, quas acceperat a Caesare, D equites trans- 5 portabat biduoque et noctibus tribus navigatione consumptis appellit ad eum locum, qui appellatur Anquillaria. Hic locus abest a Clupeis passuum XXII milia habetque non incommodam aestate stationem et duobus eminentibus promontoriis continetur. Huius adventum L. Caesar filius 10 cum X longis navibus ad Clupeam praestolans, quas naves Uticae ex praedonum bello subductas P. Attius reficiendas huius belli causa curaverat, veritus navium multitudinem ex alto refugerat, appulsaque ad proximum litus trireme constrata et in litore relicta pedibus Adrumetum perfugerat. 15 Id oppidum C. Considius Longus unius legionis praesidio tuebatur. Reliquae Caesaris naves eius fuga se Adrumetum receperunt. Hunc secutus Marcius Rufus quaestor navibus XII, quas praesidio onerariis navibus Curio ex Sicilia eduxerat, postquam in litore relictam navem conspexit, hanc 20 remulco abstraxit; ipse ad Curionem cum classe redit.

24. Curio Marcium Uticam navibus praemittit; ipse eodem cum exercitu proficiscitur biduique iter progressus ad flumen Bagradam pervenit. Ibi C. Caninium Rebilum legatum cum legionibus reliquit: ipse cum equitatu antecedit 25 ad castra exploranda Corneliana, quod is locus peridoneus castris habebatur. Id autem est iugum directum eminens in mare, utraque ex parte praeruptum atque asperum, sed tamen paulo leniore fastigio ab ea parte, quae ad Uticam vergit. Abest directo itinere ab Utica paulo amplius passus 30 mille. Sed hoc itinere est fons, quo mare succedit longius, lateque is locus restagnat: quem si qui vitare voluerunt, VI milium circuitu in oppidum perveniunt.

25. Hoc explorato loco Curio castra Vari conspicit muro oppidoque coniuncta ad portam, quae appellatur bellica, admodum munita natura loci, una ex parte ipso oppido Utica, altera a theatro, quod est ante oppidum, sub-
5 structionibus eius operis maximis, aditu ad castra difficili et angusto. Simul animadvertit multa undique portari atque agi plenissimis viis, quae repentini tumultus timore ex agris in urbem conferantur. Huc equitatum mittit, ut diriperet atque haberet loco praedae ; eodemque tempore
10 his rebus subsidio DC equites Numidae ex oppido peditesque CCCC mittuntur a Varo, quos auxilii causa rex Iuba paucis diebus ante Uticam miserat. Huic et paternum hospitium cum Pompeio et simultas cum Curione intercedebat, quod tribunus plebis legem promulgaverat, qua lege regnum Iubae
15 publicaverat. Concurrunt equites inter se ; neque vero primum impetum nostrorum Numidae ferre potuerunt, sed interfectis circiter CXX reliqui se in castra ad oppidum receperunt. Interim adventu longarum navium Curio pro-nuntiare onerariis navibus iubet, quae stabant ad Uticam
20 numero circiter CC, se in hostium habiturum loco, qui non e vestigio ad castra Corneliana vela direxisset. Qua pro-nuntiatione facta, temporis puncto sublatis ancoris omnes Uticam relinquunt et quo imperatum est transeunt. Quae res omnium rerum copia complevit exercitum.
25 **26.** His rebus gestis Curio se in castra ad Bagradam recipit atque universi exercitus conclamatione imperator appellatur posteroque die exercitum Uticam ducit et prope oppidum castra ponit. Nondum opere castrorum perfecto equites ex statione nuntiant magna auxilia equitum peditumque ab rege
30 missa Uticam venire ; eodemque tempore vis magna pulveris cernebatur, et vestigio temporis primum agmen erat in con-spectu. Novitate rei Curio permotus praemittit equites, qui primum impetum sustineant ac morentur ; ipse celeriter ab

opere deductis legionibus aciem instruit.   Equitesque committunt proelium et, priusquam plane legiones explicari et consistere possent, tota auxilia regis impedita ac perturbata, quod
nullo ordine et sine timore iter fecerant, in fugam coniciunt
equitatuque omni fere incolumi, quod se per litora celeriter 5
in oppidum recepit, magnum peditum numerum interficiunt.

27.   Proxima nocte centuriones Marsi duo ex castris
Curionis cum manipularibus suis xxii ad Attium Varum
perfugiunt.   Hi, sive vere quam habuerant opinionem ad
eum perferunt, sive etiam auribus Vari serviunt (nam quae 10
volumus, et credimus libenter, et quae sentimus ipsi,
reliquos sentire speramus), confirmant quidem certe totius
exercitus animos alienos esse a Curione maximeque opus
esse in conspectum exercitum venire et colloquendi dare
facultatem.   Qua opinione adductus Varus postero die 15
mane legiones ex castris educit.   Facit idem Curio, atque
una valle non magna interiecta suas uterque copias instruit.

28.   Erat in exercitu Vari Sextus Quintilius Varus, quem
fuisse Corfini supra demonstratum est.   Hic dimissus a
Caesare in Africam venerat, legionesque eas traduxerat 20
Curio, quas superioribus temporibus Corfinio receperat
Caesar, adeo ut paucis mutatis centurionibus idem ordines
manipulique constarent.   Hanc nactus appellationis causam
Quintilius circuire aciem Curionis atque obsecrare milites
coepit, ne primam sacramenti, quod apud Domitium atque 25
apud se quaestorem dixissent, memoriam deponerent neu
contra eos arma ferrent, qui eadem essent usi fortuna
eademque in obsidione perpessi, neu pro his pugnarent, a
quibus contumelia perfugae appellarentur.   Huc pauca ad
spem largitionis addidit, quae ab sua liberalitate, si se 30
atque Attium secuti essent, exspectare deberent.   Hac
habita oratione nullam in partem ab exercitu Curionis fit
significatio, atque ita suas uterque copias reducit.

29. At in castris Curionis magnus omnium incessit timor animis. Is variis hominum sermonibus celeriter augetur. Unusquisque enim opiniones fingebat et ad id, quod ab alio audierat, sui aliquid timoris addebat. Hoc ubi uno auctore
5 ad plures permanaverat atque alius alii tradiderat, plures auctores eius rei videbantur. . . civile bellum; genus hominum, cui liceret libere facere et sequi quod vellet; legiones eae, quae paulo ante apud adversarios fuerant (nam etiam Caesaris beneficium mutaverat consuetudo, qua
10 offerrentur . . . . . .); municipia etiam adversis partibus coniuncta (neque enim ex Marsis Pelignisque veniebant, ut qui superiore nocte . . . . . . in contuberniis commilitesque nonnulli graviora . . . . . . sermones militum dubii durius accipiebantur, nonnulli etiam ab iis, qui diligentiores videri
15 volebant, fingebantur).

30. Quibus de causis consilio convocato de summa rerum deliberare incipit. Erant sententiae, quae conandum omnibus modis castraque Vari oppugnanda censerent, quod in huiusmodi militum consiliis otium maxime contrarium
20 esse arbitrarentur; postremo praestare dicebant, per virtutem in pugna belli fortunam experiri, quam desertos et circumventos ab suis gravissimum supplicium perpeti. Erant, qui censerent de tertia vigilia in castra Cornelia recedendum, ut maiore spatio temporis interiecto militum
25 mentes sanarentur, simul, si quid gravius accidisset, magna multitudine navium et tutius et facilius in Siciliam receptus daretur.

31. Curio utrumque improbans consilium, quantum alteri sententiae deesset animi, tantum alteri superesse dicebat:
30 hos turpissimae fugae rationem habere, illos etiam iniquo loco dimicandum putare. Qua enim, inquit, fiducia et opere et natura loci munitissima castra expugnari posse confidimus? At vero quid proficimus, si accepto magno detri-

mento ab oppugnatione castrorum discedimus? Quasi non
et felicitas rerum gestarum exercitus benevolentiam imperatoribus et res adversae odia colligant! Castrorum autem
mutatio quid habet nisi turpem fugam et desperationem
omnium et alienationem exercitus? Nam neque puden- 5
tes suspicari oportet sibi parum credi, neque improbos scire
sese timeri, quod illis licentiam timor augeat noster, his
studia deminuat. 'Quod si iam,' inquit, 'haec explorata
habeamus, quae de exercitus alienatione dicuntur, quae
quidem ego aut omnino falsa aut certe minora opinione 10
esse confido, quanto haec dissimulari et occultari, quam
per nos confirmari praestet? An non, uti corporis vulnera,
ita exercitus incommoda sunt tegenda, ne spem adversariis
augeamus? At etiam, ut media nocte proficiscamur, addunt, quo maiorem, credo, licentiam habeant, qui peccare 15
conentur. Namque huiusmodi res aut pudore aut metu
tenentur, quibus rebus nox maxime adversaria est. Quare
neque tanti sum animi, ut sine spe castra oppugnanda
censeam, neque tanti timoris, ut ipse deficiam, atque omnia
prius experienda arbitror magnaque ex parte iam me una 20
vobiscum de re iudicium facturum confido.'

32. Dimisso consilio contionem advocat militum. Commemorat, quo sit eorum usus studio ad Corfinium Caesar,
et magnam partem Italiae beneficio atque auctoritate eorum
suam fecerit. 'Vos enim vestrumque factum omnia,' in- 25
quit, 'deinceps municipia sunt secuta, neque sine causa et
Caesar amicissime de vobis et illi gravissime iudicaverunt.
Pompeius enim nullo proelio pulsus vestri facti praeiudicio
demotus Italia excessit; Caesar me, quem sibi carissimum
habuit, provinciam Siciliam atque Africam, sine quibus 30
urbem atque Italiam tueri non potest, vestrae fidei commisit.
Adsunt, qui vos hortentur, ut a nobis desciscatis. Quid
enim est illis optatius, quam uno tempore et nos circum-

,venire et vos nefario scelere obstringere? aut quid irati
gravius de vobis sentire possunt, quam ut eos prodatis,
qui se vobis omnia debere iudicant, in eorum potestatem
veniatis, qui se per vos perisse existimant? An vero in
5 Hispania res gestas Caesaris non audistis? duos pulsos
exercitus, duos superatos duces, duas receptas provincias?
haec acta diebus XL, quibus in conspectum adversariorum
venerit Caesar? An, qui incolumes resistere non potuerunt,
perditi resistant? vos autem incerta victoria Caesarem secuti
10 diiudicata iam belli fortuna victum sequamini, cum vestri
officii praemia percipere debeatis? Desertos enim se ac
proditos a vobis dicunt et prioris sacramenti mentionem
faciunt. Vosne vero L. Domitium, an vos Domitius dese-
ruit? Nonne extremam pati fortunam paratos proiecit ille?
15 nonne sibi clam vobis salutem fuga petivit? nonne proditi
per illum Caesaris beneficio estis conservati? Sacramento
quidem vos tenere qui potuit, cum proiectis fascibus et
deposito imperio privatus et captus ipse in alienam venisset
potestatem? Relinquitur nova religio, ut eo neglecto sacra-
20 mento, quo tenemini, respiciatis illud, quod deditione ducis
et capitis deminutione sublatum est. At, credo, si Caesarem
probatis, in me offenditis. Qui de meis in vos meritis
praedicaturus non sum, quae sunt adhuc et mea voluntate
et vestra exspectatione leviora; sed tamen sui laboris milites
25 semper eventu belli praemia petiverunt, qui qualis sit futurus,
ne vos quidem dubitatis: diligentiam quidem nostram, aut,
quem ad finem adhuc res processit, fortunam cur praeter-
eam? An paenitet vos, quod salvum atque incolumem
exercitum nulla omnino nave desiderata traduxerim? quod
30 classem hostium primo impetu adveniens profligaverim?
quod bis per biduum equestri proelio superaverim? quod
ex portu sinuque adversariorum ducentas naves oneratas
abduxerim eoque illos compulerim, ut neque pedestri itinere

neque navibus commeatu iuvari possint? Hac vos fortuna
atque his ducibus repudiatis Corfiniensem ignominiam,
Italiae fugam, Hispaniarum deditionem—Africi belli praeiudicia—sequimini! Equidem me Caesaris militem dici
volui, vos me imperatoris nomine appellavistis. Cuius si 5
vos paenitet, vestrum vobis beneficium remitto, mihi meum
nomen restituite, ne ad contumeliam honorem dedisse
videamini.'

33. Qua oratione permoti milites crebro etiam inter-
pellabant, ut magno cum dolore infidelitatis suspicionem 10
sustinere viderentur, discedentem vero ex contione universi
cohortantur, magno sit animo, necubi dubitet proelium committere et suam fidem virtutemque experiri. Quo facto
commutata omnium et voluntate et opinione consensu
summo constituit Curio, cum primum sit data potestas, 15
proelio rem committere, posteroque die productos eodem
loco, quo superioribus diebus constiterat, in acie collocat.
Ne Varus quidem Attius dubitat copias producere, sive
sollicitandi milites sive aequo loco dimicandi detur occasio,
ne facultatem praetermittat. 20

34. Erat vallis inter duas acies, ut supra demonstratum
est, non ita magna, at difficili et arduo ascensu. Hanc
uterque si adversariorum copiae transire conarentur exspectabat, quo aequiore loco proelium committeret. Simul ab
sinistro cornu P. Attii equitatus omnis et una levis arma- 25
turae interiecti complures, cum se in vallem demitterent,
cernebantur. Ad eos Curio equitatum et II Marrucinorum
cohortis mittit; quorum primum impetum equites hostium
non tulerunt, sed admissis equis ad suos refugerunt; relicti
ab his qui una procurrerant levis armaturae circumvenie- 30
bantur atque interficiebantur ab nostris. Huc tota Vari
conversa acies suos fugere et concidi videbat. Tunc Re-
bilus, legatus Caesaris, quem Curio secum ex Sicilia duxerat,

F

quod magnum habere usum in re militari sciebat, 'Perterritum,' inquit, 'hostem vides, Curio: quid dubitas uti temporis opportunitate?' Ille unum elocutus, ut memoria tenerent milites ea, quae pridie sibi confirmassent, sequi sese
5 iubet et praecurrit ante omnes. Adeo erat impedita vallis,
ut in ascensu nisi sublevati a suis primi non facile enite-
rentur. Sed praeoccupatus animus Attianorum militum
timore et fuga et caede suorum nihil de resistendo cogitabat,
omnesque se iam ab equitatu circumveniri arbitrabantur.
10 Itaque priusquam telum abici posset aut nostri propius
accederent, omnis Vari acies terga vertit seque in castra
recepit.

35. Qua in fuga Fabius Pelignus quidam ex infimis ordinibus de exercitu Curionis primum agmen fugientium
15 consecutus magna voce Varum nomine appellans requirebat,
uti unus esse ex eius militibus et monere velle aliquid ac
dicere videretur. Ubi ille saepius appellatus aspexit ac
restitit et, quis esset aut quid vellet, quaesivit, humerum
apertum gladio appetit paulumque afuit, quin Varum inter-
20 ficeret; quod ille periculum sublato ad eius conatum scuto
vitavit. Fabius a proximis militibus circumventus interficitur. Hac fugientium multitudine ac turba portae castrorum
occupantur atque iter impeditur, pluresque in eo loco sine
vulnere quam in proelio aut fuga intereunt, neque multum
25 afuit, quin etiam castris expellerentur, ac nonnulli protinus
eodem cursu in oppidum contenderunt. Sed cum loci natura
et munitio castrorum aditum prohibebant, tum quod ad proelium egressi Curionis milites iis rebus indigebant, quae ad
oppugnationem castrorum erant usui. Itaque Curio exer-
30 citum in castra reducit, suis omnibus praeter Fabium incolumibus, ex numero adversariorum circiter DC interfectis
ac mille vulneratis; qui omnes discessu Curionis multique
praeterea per simulationem vulnerum ex castris in oppidum

propter timorem sese recipiunt. Qua re animadversa Varus
et terrore exercitus cognito, bucinatore in castris et paucis
ad speciem tabernaculis relictis, de tertia vigilia silentio exercitum in oppidum reducit.

36. Postero die Curio obsidere Uticam et vallo circum- 5
munire instituit. Erat in oppido multitudo insolens belli
diuturnitate otii, Uticenses pro quibusdam Caesaris in se
beneficiis illi amicissimi, conventus is, qui ex variis generibus
constaret, terror ex superioribus proeliis magnus. Itaque
de deditione omnes palam loquebantur et cum P. Attio 10
agebant, ne sua pertinacia omnium fortunas perturbari vellet.
Haec cum agerentur, nuntii praemissi ab rege Iuba venerunt, qui illum adesse cum magnis copiis dicerent et de
custodia ac defensione urbis hortarentur. Quae res eorum
perterritos animos confirmavit.   15

37. Nuntiabantur haec eadem Curioni, sed aliquamdiu
fides fieri non poterat: tantam habebat suarum rerum fiduciam. Iamque Caesaris in Hispania res secundae in Africam
nuntiis et litteris perferebantur. Quibus rebus omnibus sublatus nihil contra se regem ausurum existimabat. Sed ubi 20
certis auctoribus comperit minus xxv milibus longe ab Utica
eius copias abesse, relictis munitionibus sese in castra Cornelia recepit. Huc frumentum comportare, castra munire,
materiam conferre coepit statimque in Siciliam misit, uti
duae legiones reliquusque equitatus ad se mitteretur. Castra 25
erant ad bellum ducendum aptissima natura loci et munitione et maris propinquitate et aquae et salis copia, cuius
magna vis iam ex proximis erat salinis eo congesta. Non
materia multitudine arborum, non frumentum, cuius erant
plenissimi agri, deficere poterat. Itaque omnium suorum 30
consensu Curio reliquas copias exspectare et bellum ducere
parabat.

38. His constitutis rebus probatisque consiliis ex perfugis

quibusdam oppidanis audit Iubam revocatum finitimo bello
et controversiis Leptitanorum restitisse in regno, Saburram,
eius praefectum, cum mediocribus copiis missum Uticae
appropinquare. His auctoribus temere credens consilium
5 commutat et proelio rem committere constituit. Multum
ad hanc rem probandam adiuvat adulescentia, magnitudo
animi, superioris temporis proventus, fiducia rei bene gerendae. His rebus impulsus equitatum omnem prima nocte
ad castra hostium mittit ad flumen Bagradam; quibus prae-
10 erat Saburra, de quo ante erat auditum; sed rex omnibus
copiis insequebatur et vi milium passuum intervallo a Saburra
consederat. Equites missi nocte iter conficiunt, imprudentis
atque inopinantis hostis aggrediuntur. Numidae enim quadam barbara consuetudine nullis ordinibus passim conse-
15 derant. Hos oppressos somno et dispersos adorti magnum
eorum numerum interficiunt; multi perterriti profugiunt.
Quo facto ad Curionem equites revertuntur captivosque ad
eum reducunt.

39. Curio cum omnibus copiis quarta vigilia exierat
20 cohortibus v castris praesidio relictis. Progressus milia
passuum vi equites convenit, rem gestam cognovit, e captivis quaerit, quis castris ad Bagradam praesit: respondent
Saburram. Reliqua studio itineris conficiendi quaerere praetermittit proximaque respiciens signa, 'Videtisne,' inquit,
25 'milites, captivorum orationem cum perfugis convenire?
abesse regem, exiguas esse copias missas, quae paucis equitibus pares esse non potuerint? Proinde ad praedam, ad
gloriam properate, ut iam de praemiis vestris et de referenda
gratia cogitare incipiamus.' Erant per se magna, quae
30 gesserant equites, praesertim cum eorum exiguus numerus
cum tanta multitudine Numidarum conferretur. Haec tamen
ab ipsis inflatius commemorabantur, ut de suis homines
laudibus libenter praedicant. Multa praeterea spolia prae-

ferebantur, capti homines equique producebantur, ut, quidquid intercederet temporis, hoc omne victoriam morari videretur. Ita spei Curionis militum studia non deerant. Equites'
sequi iubet sese iterque accelerat, ut quam maxime ex fuga
perterritos adoriri posset. At illi itinere totius noctis confecti 5
subsequi non poterant, atque alii alio loco resistebant. Ne
haec quidem res Curionem ad spem morabatur.

40. Iuba certior factus a Saburra de nocturno proelio
II milia Hispanorum et Gallorum equitum, quos suae custodiae causa circum se habere consuerat, et peditum eam 10
partem, cui maxime confidebat, Saburrae summisit; ipse
cum reliquis copiis elephantisque LX lentius subsequitur.
Suspicatus praemissis equitibus ipsum adfore Curionem
Saburra copias equitum peditumque instruit atque his imperat, ut simulatione timoris paulatim cedant ac pedem 15
referant: sese, cum opus esset, signum proelii daturum et
quod rem postulare cognovisset imperaturum. Curio ad
superiorem spem addita praesentis temporis opinione, hostes
fugere arbitratus, copias ex locis superioribus in campum
ducit. 20

41. Quibus ex locis cum longius esset progressus confecto
iam labore exercitu XVI milium spatio constitit. Dat suis
signum Saburra, aciem constituit et circumire ordines atque
hortari incipit; sed peditatu dumtaxat procul ad speciem
utitur, equites in aciem mittit. Non deest negotio Curio 25
suosque hortatur, ut spem omnem in virtute reponant. Ne
militibus quidem, ut defessis, neque equitibus, ut paucis et
labore confectis, studium ad pugnandum virtusque deerat; ·
sed hi erant numero CC, reliqui in itinere substiterant. Hi,
quamcumque in partem impetum fecerant, hostes loco 30
cedere cogebant, sed neque longius fugientes prosequi nec
vehementius equos incitare poterant. At equitatus hostium
ab utroque cornu circuire aciem nostram et aversos proterere

incipit. Cum cohortes ex acie procucurrissent, Numidae
integri celeritate impetum nostrorum effugiebant, rursusque
ad ordines suos se recipientes circuibant et ab acie exclude-
bant. Sic neque in loco manere ordinesque servare neque
5 procurrere et casum subire tutum videbatur. Hostium
copiae summissis ab rege auxiliis crebro augebantur; nostros
vires lassitudine deficiebant, simul ii, qui vulnera acceperant,
neque acie excedere neque in locum tutum referri poterant,
quod tota acies equitatu hostium circumdata tenebatur. Hi
10 de sua salute desperantes, ut extremo vitae tempore homines
facere consuerunt, aut suam mortem miserabantur aut
parentes suos commendabant, si quos ex eo periculo fortuna
servare potuisset. Plena erant omnia timoris et luctus.

42. Curio, ubi perterritis omnibus neque cohortationes
15 suas neque preces audiri intellegit, unam, ut in miseris rebus,
spem reliquam salutis esse arbitratus, proximos colles capere
universos atque eo signa inferri iubet. Hos quoque prae-
occupat missus a Saburra equitatus. Tum vero ad summam
desperationem nostri perveniunt et partim fugientes ab equi-
20 tatu interficiuntur, partim integri procumbunt. Hortatur
Curionem Cn. Domitius, praefectus equitum, cum paucis
equitibus circumsistens, ut fuga salutem petat atque in
castra contendat, et se ab eo non discessurum pollicetur.
At Curio numquam se amisso exercitu, quem a Caesare fidei
25 commissum acceperit, in eius conspectum reversurum confirmat atque ita proelians interficitur. Equites ex proelio
perpauci se recipiunt; sed ii, quos ad novissimum agmen
equorum reficiendorum causa substitisse demonstratum est,
fuga totius exercitus procul animadversa sese incolumes in
30 castra conferunt. Milites ad unum omnes interficiuntur.

43. His rebus cognitis Marcius Rufus quaestor in castris
relictus a Curione cohortatur suos, ne animo deficiant. Illi
orant atque obsecrant, ut in Siciliam navibus reportentur.

Pollicetur magistrisque imperat navium, ut primo vespere omnes scaphas ad litus appulsas habeant. Sed tantus fuit omnium terror, ut alii adesse copias Iubae dicerent, alii cum legionibus instare Varum iamque se pulverem venientium cernere (quarum rerum nihil omnino acciderat), alii classem 5 hostium celeriter advolaturam suspicarentur. Itaque perterritis omnibus sibi quisque consulebat. Qui in classe erant, proficisci properabant. Horum fuga navium onerariarum magistros incitabat; pauci lenunculi ad officium imperiumque conveniebant. Sed tanta erat completis litoribus 1c contentio, qui potissimum ex magno numero conscenderent, ut multitudine atque onere nonnulli deprimerentur, reliqui hoc timore propius adire tardarentur.

44. Quibus rebus accidit, ut pauci milites patresque familiae, qui aut gratia aut misericordia valerent aut naves 15 adnare possent, recepti in Siciliam incolumes pervenirent. Reliquae copiae missis ad Varum noctu legatorum numero centurionibus sese ei dediderunt. Quarum cohortium milites postero die ante oppidum Iuba conspicatus suam esse praedicans praedam magnam partem eorum interfici iussit, 20 paucos electos in regnum remisit, cum Varus suam fidem ab eo laedi quereretur neque resistere auderet. Ipse equo in oppidum vectus prosequentibus compluribus senatoribus, quo in numero erat Ser. Sulpicius et Licinius Damasippus, quae fieri vellet, Uticae constituit atque imperavit diebusque 25 post paucis se in regnum cum omnibus copiis recepit.

C. IULII CAESARIS

DE BELLO CIVILI

COMMENTARIUS TERTIUS.

A.C. 49. A.U.C. 705.

1. DICTATORE habente comitia Caesare consules creantur
Iulius Caesar et P. Servilius; is enim erat annus, quo per
leges ei consulem fieri liceret. His rebus confectis, cum
fides tota Italia esset angustior neque creditae pecuniae
5 solverentur, constituit, ut arbitri darentur; per eos fierent
aestimationes possessionum et rerum, quanti quaeque earum
ante bellum fuisset, atque hae creditoribus traderentur. Hoc
et ad timorem novarum tabularum tollendum minuendumque,
qui fere bella et civiles dissensiones sequi consuevit, et ad
10 debitorum tuendam existimationem esse aptissimum existimavit. Itemque praetoribus tribunisque plebis rogationes
ad populum ferentibus nonnullos ambitus Pompeia lege
damnatos illis temporibus, quibus in urbe praesidia legionum
Pompeius habuerat, quae iudicia aliis audientibus iudicibus,
15 aliis sententiam ferentibus singulis diebus erant perfecta, in
integrum restituit, qui se illi initio civilis belli obtulerant, si
sua opera in bello uti vellet, proinde aestimans ac si usus
esset, quoniam sui fecissent potestatem. Statuerat enim
prius hos iudicio populi debere restitui, quam suo beneficio

videri receptos, ne aut ingratus in referenda gratia aut arro-
gans in praeripiendo populi beneficio videretur.

2. His rebus et feriis Latinis comitiisque omnibus perfi-
ciendis xi dies tribuit dictaturaque se abdicat et ab urbe
proficiscitur Brundisiumque pervenit. Eo legiones xii, equi- 5
tatum omnem venire iusserat. Sed tantum navium reperit, ut
anguste xv milia legionariorum militum, DC equites transpor-
tare possent. Hoc unum Caesari ad celeritatem conficiendi
belli defuit. Atque hae ipsae copiae hoc infrequentiores
imponuntur, quod multi Gallicis tot bellis defecerant long- 10
umque iter ex Hispania magnum numerum deminuerat et
gravis autumnus in Apulia circumque Brundisium ex salu-
berrimis Galliae et Hispaniae regionibus omnem exercitum
valetudine temptaverat.

3. Pompeius annuum spatium ad comparandas copias 15
nactus, quod vacuum a bello atque ab hoste otiosum fuerat,
magnam ex Asia Cycladibusque insulis, Corcyra, Athenis,
Ponto, Bithynia, Syria, Cilicia, Phoenice, Aegypto classem
coëgerat, magnam omnibus locis aedificandam curaverat;
magnam imperatam Asiae, Syriae regibusque omnibus et 20
dynastis et tetrarchis et liberis Achaiae populis pecuniam
exegerat, magnam societates earum provinciarum, quas ipse
obtinebat, sibi numerare coëgerat.

4. Legiones effecerat civium Romanorum ix: v ex Italia,
quas traduxerat; unam ex Cilicia veteranam, quam factam 25
ex duabus gemellam appellabat; unam ex Creta et Macedonia ex veteranis militibus, qui dimissi a superioribus
imperatoribus in his provinciis consederant; ii ex Asia, quas
Lentulus consul conscribendas curaverat. Praeterea magnum numerum ex Thessalia, Boeotia, Achaia Epiroque 30
supplementi nomine in legiones distribuerat: his Antonianos
milites admiscuerat. Praeter has exspectabat cum Scipione
ex Syria legiones ii. Sagittarios Creta, Lacedaemone, ex

Ponto atque Syria reliquisque civitatibus iii milia numero habebat, funditorum cohortes sexcenarias ii, equitum vii milia. Ex quibus dc Gallos Deiotarus adduxerat, d Ariobarzanes ex Cappadocia; ad eundem numerum Cotys ex 5 Thracia dederat et Sadalam filium miserat; ex Macedonia cc erant, quibus Rhascypolis praeerat, excellenti virtute; d ex Gabinianis Alexandria, Gallos Germanosque, quos ibi A. Gabinius praesidii causa apud regem Ptolemaeum reliquerat, Pompeius filius cum classe adduxerat; dccc ex servis pastori-10 busque suis amicorumque suorum coëgerat; ccc Tarcondarius Castor et Donilaus ex Gallograecia dederant (horum alter una venerat, alter filium miserat); cc ex Syria a Commageno Antiocho, cui magna Pompeius praemia tribuit, missi erant, in his plerique hippotoxotae. Huc Dardanos, 15 Bessos partim mercenarios, partim imperio aut gratia comparatos, item Macedones, Thessalos ac reliquarum gentium et civitatum adiecerat atque eum, quem supra demonstravimus, numerum expleverat.

5. Frumenti vim maximam ex Thessalia, Asia, Aegypto, 20 Creta, Cyrenis reliquisque regionibus comparaverat. Hiemare Dyrrhachii, Apolloniae omnibusque oppidis maritimis constituerat, ut mare transire Caesarem prohiberet, eiusque rei causa omni ora maritima classem disposuerat. Praeerat Aegyptiis navibus Pompeius filius, Asiaticis D. Laelius et C. 25 Triarius, Syriacis C. Cassius, Rhodiis C. Marcellus cum C. Coponio, Liburnicae atque Achaicae classi Scribonius Libo et M. Octavius. Toti tamen officio maritimo M. Bibulus praepositus cuncta administrabat: ad hunc summa imperii respiciebat.

30 6. Caesar, ut Brundisium venit, contionatus apud milites, quoniam prope ad finem laborum ac periculorum esset perventum, aequo animo mancipia atque impedimenta in Italia relinquerent, ipsi expediti naves conscenderent, quo maior

numerus militum posset imponi, omniaque ex victoria et ex
sua liberalitate sperarent, conclamantibus omnibus, imperaret,
quod vellet, quodcumque imperavisset, se aequo animo esse
facturos, ii Non. Ian. naves solvit. Impositae, ut supra
demonstratum est, legiones vii. Postridie terram attigit 5
Germiniorum. Saxa inter et alia loca periculosa quietam
nactus stationem et portus omnes timens, quod teneri ab
adversariis arbitrabantur, ad eum locum, qui appellabatur
Palaeste, omnibus navibus ad unam incolumibus milites
exposuit.   10

7. Erat Orici Lucretius Vespillo et Minucius Rufus cum
Asiaticis navibus xviii, quibus iussu D. Laelii praeerant,
M. Bibulus cum navibus cx Corcyrae. Sed neque illi sibi
confisi ex portu prodire sunt ausi, cum Caesar omnino xii
naves longas praesidio duxisset, in quibus erant constratae 15
iv neque Bibulus impeditis navibus dispersisque remigibus
satis mature occurrit, quod prius ad continentem visus est
Caesar, quam de eius adventu fama omnino in eas regiones
perferretur.

8. Expositis militibus naves eadem nocte Brundisium 20
a Caesare remittuntur, ut reliquae legiones equitatusque
transportari possent. Huic officio praepositus erat Fufius
Calenus legatus, qui celeritatem in transportandis legionibus
adhiberet. Sed serius a terra provectae naves neque usae
nocturna aura in redeundo offenderunt. Bibulus enim Cor- 25
cyrae certior factus de adventu Caesaris sperans alicui se
parti onustarum navium occurrere posse inanibus occurrit
et nactus circiter xxx in eas indiligentiae suae ac doloris
iracundiam erupit omnesque incendit eodemque igne nautas
dominosque navium interfecit magnitudine poenae reliquos 30
terreri sperans. Hoc confecto negotio a Salonis ad Oricum
portus, stationes litoraque omnia longe lateque classibus
occupavit custodiisque diligentius dispositis ipse gravissima

hieme in navibus excubans neque ullum laborem aut munus despiciens, ne quod subsidium expectanti Caesari in conspectum venire posset. . . . .

9. Discessu Liburnarum ex Illyrico M. Octavius cum iis,
5 quas habebat, navibus Salonas pervenit. Ibi concitatis Dalmatis reliquisque barbaris Issam a Caesaris amicitia avertit; conventum Salonis cum neque pollicitationibus neque denuntiatione periculi permovere posset, oppidum oppugnare instituit. Est autem oppidum et loci natura et
10 colle munitum. Sed celeriter cives Romani ligneis effectis turribus his sese munierunt et, cum essent infirmi ad resistendum propter paucitatem hominum crebris confecti vulneribus, ad extremum auxilium descenderunt servosque omnes puberes liberaverunt et praesectis omnium mulie-
15 rum crinibus tormenta effecerunt. Quorum cognita sententia Octavius quinis castris oppidum circumdedit atque uno tempore obsidione et oppugnationibus eos premere coepit. Illi omnia perpeti parati maxime a re frumentaria laborabant. Cui rei missis ad Caesarem legatis auxilium ab eo petebant;
20 reliqua, ut poterant, incommoda per se sustinebant. Et longo interposito spatio cum diuturnitas oppugnationis neglegentiores Octavianos effecisset, nacti occasionem meridiani temporis discessu eorum pueris mulieribusque in muro dispositis, ne quid cotidianae consuetudinis desideraretur, ipsi
25 manu facta cum iis, quos nuper liberaverant, in proxima Octavi castra irruperunt. His expugnatis eodem impetu altera sunt adorti, inde tertia et quarta et deinceps reliqua omnibusque eos castris expulerunt et magno numero interfecto reliquos atque ipsum Octavium in naves confugere
30 coëgerunt. [Hic fuit oppugnationis exitus.] Iamque hiems appropinquabat, et tantis detrimentis receptis Octavius desperata oppugnatione oppidi Dyrrhachium sese ad Pompeium recepit.

10. Demonstravimus L. Vibullium Rufum, Pompei praefectum, bis in potestatem pervenisse Caesaris atque ab eo
esse dimissum, semel ad Corfinium, iterum in Hispania.
Hunc pro suis beneficiis Caesar idoneum iudicaverat, quem
cum mandatis ad Cn. Pompeium mitteret, eundemque apud 5
Cn. Pompeium auctoritatem habere intellegebat. Erat autem
haec summa mandatorum: debere utrumque pertinaciae
finem facere et ab armis discedere neque amplius fortunam
periclitari. Satis esse magna utrimque incommoda accepta,
quae pro disciplina et praeceptis habere possent, ut reliquos 10
casus timerent: illum Italia expulsum, amissa Sicilia et
Sardinia duabusque Hispaniis et cohortibus in Italia atque
Hispania civium Romanorum cxxx; se morte Curionis et
detrimento Africani exercitus tanto militumque deditione ad
Curictam. Proinde sibi ac reipublicae parcerent, cum, quan- 15
tum in bello fortuna posset, iam ipsi incommodis suis satis
essent documento. Hoc unum esse tempus de pace agendi,
dum sibi uterque confideret et pares ambo viderentur; si
vero alteri paulum modo tribuisset fortuna, non esse usurum
condicionibus pacis eum, qui superior videretur, neque fore 20
aequa parte contentum, qui se omnia habiturum confideret.
Condiciones pacis, quoniam antea convenire non potuissent,
Romae ab senatu et a populo peti debere. Id interesse
reipublicae et ipsis placere oportere. Si uterque in contione
statim iuravisset se triduo proximo exercitum dimissurum, 25
depositis armis auxiliisque, quibus nunc confiderent, necessario populi senatusque iudicio fore utrumque contentum.
[Haec quo facilius Pompeio probari possent, omnes suas
terrestres urbiumque copias dimissurum.]

11. Vibullius his expositis Corcyrae non minus necessa- 30
rium esse existimavit de repentino adventu Caesaris Pompeium fieri certiorem, uti ad id consilium capere posset,
antequam de mandatis agi inciperetur, atque ideo continuato

nocte ac die itinere atque omnibus oppidis mutatis ad celeritatem iumentis ad Pompeium contendit, ut adesse Caesarem
nuntiaret. Pompeius erat eo tempore in Candavia iterque
ex Macedonia in hiberna Apolloniam Dyrrhachiumque
5 habebat. Sed re nova perturbatus maioribus itineribus
Apolloniam petere coepit, ne Caesar orae maritimae civitates occuparet. At ille expositis militibus eodem die
Oricum proficiscitur. Quo cum venisset, L. Torquatus,
qui iussu Pompei oppido praeerat praesidiumque ibi Par-
10 thinorum habebat, conatus portis clausis oppidum defendere, cum Graecos murum ascendere atque arma capere
iuberet, illi autem se contra imperium populi Romani pugnaturos esse negarent, oppidani autem etiam sua sponte
Caesarem recipere conarentur, desperatis omnibus auxiliis
15 portas aperuit et se atque oppidum Caesari dedidit in-
columisque ab eo conservatus est.

12. Recepto Caesar Orico nulla interposita mora Apolloniam proficiscitur. Cuius adventu audito L. Staberius,
qui ibi praeerat, aquam comportare in arcem atque eam
20 munire obsidesque ab Apolloniatibus exigere coepit. Illi
vero daturos se negare neque portas consuli praeclusuros
neque sibi iudicium sumpturos contra atque omnis Italia
populusque Romanus iudicavisset. Quorum cognita voluntate clam profugit Apollonia Staberius. Illi ad Caesarem
25 legatos mittunt oppidoque recipiunt. Hos sequuntur Bulli-
denses, Amantini et reliquae finitimae civitates totaque
Epiros et legatis ad Caesarem missis, quae imperaret facturos pollicentur.

13. At Pompeius cognitis his rebus, quae erant Orici
30 atque Apolloniae gestae, Dyrrhachio timens, diurnis eo noc-
turnisque itineribus contendit. Simul Caesar appropinquare
dicebatur, tantusque terror incidit eius exercitui, quod pro-
perans noctem diei coniunxerat neque iter intermiserat, ut

paene omnes ex Epiro finitimisque regionibus signa relinquerent, complures arma proicerent ac fugae simile iter
videretur. Sed cum prope Dyrrhachium Pompeius con-
stitisset castraque metari iussisset, perterrito etiam tum
exercitu princeps Labienus procedit iuratque se eum non 5
deserturum eundemque casum subiturum, quemcumque ei
fortuna tribuisset. Hoc idem reliqui iurant legati; tribuni
militum centurionesque sequuntur, atque idem omnis exercitus iurat. Caesar praeoccupato itinere ad Dyrrhachium
finem properandi facit castraque ad flumen Apsum ponit 10
in finibus Apolloniatium, ut castellis vigiliisque bene meritae
civitates tutae essent, ibique reliquarum ex Italia legionum
adventum exspectare et sub pellibus hiemare constituit. Hoc
idem Pompeius fecit et trans flumen Apsum positis castris
eo copias omnes auxiliaque conduxit.   15

14. Calenus legionibus equitibusque Brundisi in naves
impositis, ut erat praeceptum a Caesare, quantum navium
facultatem habebat, naves solvit paulumque a portu progressus litteras a Caesare accipit, quibus est certior factus,
portus litoraque omnia classibus adversariorum teneri. Quo 20
cognito se in portum recipit navesque omnes revocat.
Una ex his, quae perseveravit neque imperio Caleni obtem-
peravit, quod erat sine militibus privatoque consilio adminis-
trabatur, delata Oricum atque a Bibulo expugnata est;
qui de servis liberisque omnibus ad impuberes supplicium 25
sumit et ad unum interficit. Ita exiguo tempore magnoque
casu totius exercitus salus constitit.

15. Bibulus, ut supra demonstratum est, erat cum classe
ad Oricum et, sicuti mari portibusque Caesarem prohibebat,
ita ipse omni terra earum regionum prohibebatur; praesidiis 30
enim dispositis omnia litora a Caesare tenebantur, neque
lignandi atque aquandi neque naves ad terram religandi
potestas fiebat. Erat res in magna difficultate, summisque

angustiis rerum necessariarum premebantur, adeo ut cogerentur sicuti reliquum commeatum ita ligna atque aquam
Corcyra navibus onerariis supportare, atque etiam uno tempore accidit, ut difficilioribus usi tempestatibus ex pellibus,
5 quibus erant tectae naves, nocturnum excipere rorem cogerentur; quas tamen difficultates patienter atque aequo animo
ferebant neque sibi nudanda litora et relinquendos portus
existimabant. Sed cum essent in quibus demonstravi angustiis ac se Libo cum Bibulo coniunxisset, loquuntur ambo
10 ex navibus cum M'. Acilio et Statio Murco legatis; quorum
alter oppidi muris, alter praesidiis terrestribus praeerat: velle
se de maximis rebus cum Caesare loqui, si sibi facultas
detur. Huc addunt pauca rei confirmandae causa, ut de
compositione acturi viderentur. Interim postulant ut sint
15 indutiae, atque ab iis impetrant. Magnum enim, quod
afferebant, videbatur, et Caesarem id summe sciebant cupere,
et profectum aliquid Vibullii mandatis existimabatur.

16. Caesar eo tempore cum legione una profectus ad
recipiendas ulteriores civitates et rem frumentariam expe-
20 diendam, qua anguste utebatur, erat ad Buthrotum, oppidum
oppositum Corcyrae. Ibi certior ab Acilio et Murco per
litteras factus de postulatis Libonis et Bibuli legionem relinquit; ipse Oricum revertitur. Eo cum venisset, evocantur
illi ad colloquium. Prodit Libo atque excusat Bibulum,
25 quod is iracundia summa erat inimicitiasque habebat etiam
privatas cum Caesare ex aedilitate et consulatu concep-
tas: ob eam causam colloquium vitasse, ne res maximae
spei maximaeque utilitatis eius iracundia impedirentur.
Summam suam esse ac fuisse semper voluntatem, ut com-
30 poneretur atque ab armis discederetur, sed potestatem eius
rei nullam habere, propterea quod de consilii sententia
summam belli rerumque omnium Pompeio permiserint. Sed
postulatis Caesaris cognitis missuros ad Pompeium, atque

illum reliqua per se acturum hortantibus ipsis. Interea manerent indutiae, dum ab illo rediri posset, neve alter alteri noceret. Huc addit pauca de causa et de copiis auxiliisque suis.

17. Quibus rebus neque tum respondendum Caesar ex- 5 istimavit, neque nunc, ut memoriae prodantur, satis causae putamus. Postulabat Caesar, ut legatos sibi ad Pompeium sine periculo mittere liceret, idque ipsi fore reciperent aut acceptos per se ad eum perducerent. Quod ad indutias pertineret, sic belli rationem esse divisam, ut illi classe naves 10 auxiliaque sua impedirent, ipse ut aqua terraque eos prohiberet. Si hoc sibi remitti vellent, remitterent ipsi de maritimis custodiis; si illud tenerent, se quoque id retenturum. Nihilo minus tamen agi posse de compositione, ut haec non remitterentur, neque hanc rem esse impedi- 15 mento. Libo neque legatos Caesaris recipere neque periculum praestare eorum, sed totam rem ad Pompeium reicere: unum instare de indutiis vehementissimeque contendere. Quem ubi Caesar intellexit praesentis periculi atque inopiae vitandae causa omnem orationem instituisse neque ullam 20 spem aut condicionem pacis afferre, ad reliquam cogitationem belli sese recepit.

18. Bibulus multos dies terra prohibitus et graviore morbo ex frigore ac labore implicitus cum neque curari posset neque susceptum officium deserere vellet, vim morbi 25 sustinere non potuit. Eo mortuo ad neminem unum summa imperii redit, sed separatim suam quisque classem ad arbitrium suum administrabat. Vibullius sedato tumultu, quem repentinus Caesaris adventus concitaverat, ubi primum e re visum est, adhibito Libone et L. Lucceio et Theophane, 30 quibuscum communicare de maximis rebus Pompeius consueverat, de mandatis Caesaris agere instituit. Quem ingressum in sermonem Pompeius interpellavit et loqui

plura prohibuit. 'Quid mihi,' inquit, 'aut vita aut civitate opus est, quam beneficio Caesaris habere videbor? cuius rei opinio tolli non poterit, cum in Italiam, ex qua profectus sum, reductus existimabor.' Bello perfecto ab iis Caesar haec
5 facta cognovit qui sermoni interfuerunt. Conatus tamen nihilo minus est aliis rationibus [per colloquia] de pace agere.

19. Inter bina castra Pompei atque Caesaris unum flumen [tantum] intererat Apsus, crebraque inter se colloquia milites habebant, neque ullum interim telum per pactiones
10 loquentium traiciebatur. Mittit P. Vatinium legatum ad ripam ipsam fluminis, qui ea, quae maxime ad pacem pertinere viderentur, ageret et crebro magna voce pronuntiaret, liceretne civibus ad cives de pace tuto legatos mittere, quod etiam fugitivis ab saltu Pyrenaeo praedoni-
15 busque licuisset, praesertim cum id agerent, ne cives cum civibus armis decertarent? Multa suppliciter locutus est, ut de sua atque omnium salute debebat, silentioque ab utrisque militibus auditus. Responsum est ab altera parte Aulum Varronem profiteri se altera die ad colloquium
20 venturum atque eundem visurum, quemadmodum tuto legati venire et quae vellent exponere possent, certumque ei rei tempus constituitur. Quo cum esset postero die ventum, magna utrimque multitudo convenit, magnaque erat exspectatio eius rei, atque omnium animi intenti esse ad
25 pacem videbantur. Qua ex frequentia Titus Labienus prodit, summissa oratione de pace loqui atque altercari cum Vatinio incipit. Quorum mediam orationem interrumpunt subito undique tela immissa; quae ille obtectus armis militum vitavit; vulnerantur tamen complures, in his
30 Cornelius Balbus, M. Plotius, L. Tiburtius, centuriones militesque nonnulli. Tum Labienus: 'Desinite ergo de compositione loqui; nam nobis nisi Caesaris capite relato pax esse nulla potest.'

20. Isdem temporibus M. Caelius Rufus praetor causa debitorum suscepta initio magistratus tribunal suum iuxta C. Treboni, praetoris urbani, sellam collocavit et, si quis appellavisset de aestimatione et de solutionibus, quae per arbitrum fierent, ut Caesar praesens constituerat, fore 5 auxilio pollicebatur. Sed fiebat aequitate decreti et humanitate Treboni, qui his temporibus clementer et moderate ius dicendum existimabat, ut reperiri non possent, a quibus initium appellandi nasceretur. Nam fortasse inopiam excusare et calamitatem aut propriam suam aut temporum 10 queri et difficultates auctionandi proponere etiam mediocris est animi ; integras vero tenere possessiones, qui se debere fateantur, cuius animi aut cuius impudentiae est? Itaque, hoc qui postularet, reperiebatur nemo. Atque ipsis, ad quorum commodum pertinebat, durior inventus est Caelius 15 et ab hoc profectus initio, ne frustra ingressus turpem causam videretur, legem promulgavit, ut sexenni die sine usuris creditae pecuniae solvantur.

21. Cum resisteret Servilius consul reliquique magistratus, et minus opinione sua efficeret, ad hominum excitanda studia 20 sublata priore lege duas promulgavit; unam, qua mercedes habitationum annuas conductoribus donavit, aliam tabularum novarum, impetuque multitudinis in C. Trebonium facto et nonnullis vulneratis eum de tribunali deturbavit. De quibus rebus Servilius consul ad senatum retulit, sena- 25 tusque Caelium ab republica removendum censuit. Hoc decreto eum consul senatu prohibuit et contionari conantem de rostris deduxit. Ille ignominia et dolore permotus palam se proficisci ad Caesarem simulavit; clam nuntiis ad Milonem missis, qui Clodio interfecto eo nomine erat 30 damnatus, atque eo in Italiam evocato, quod magnis muneribus datis gladiatoriae familiae reliquias habebat, sibi coniunxit atque eum in Thurinum ad sollicitandos

pastores praemisit. Ipse cum Casilinum venisset, unoque
tempore signa eius militaria atque arma Capuae essent
comprensa et familia Neapoli missa, quae proditionem oppidi
appararet, patefactis consiliis exclusus Capua et periculum
5 veritus, quod conventus arma ceperat atque eum hostis loco
habendum existimabat, consilio destitit atque eo itinere sese
avertit.

22. Interim Milo dimissis circum municipia litteris, ea,
quae faceret, iussu atque imperio facere Pompei, quae
10 mandata ad se per Vibullium delata essent, quos ex aere
alieno laborare arbitrabatur, sollicitabat. Apud quos cum
proficere nihil posset, quibusdam solutis ergastulis Cosam
in agro Thurino oppugnare coepit. Eo cum a Q. Pedio
praetore cum legione . . ., lapide ictus ex muro periit. Et
15 Caelius profectus, ut dictitabat, ad Caesarem pervenit
Thurios. Ubi cum quosdam eius municipii sollicitaret
equitibusque Caesaris Gallis atque Hispanis, qui eo praesidii causa missi erant, pecuniam polliceretur, ab his est
interfectus. Ita magnarum initia rerum, quae occupatione
20 magistratuum et temporum sollicitam Italiam habebant,
celerem et facilem exitum habuerunt.

23. Libo profectus ab Orico cum classe, cui praeerat,
navium L, Brundisium venit insulamque, quae contra portum
Brundisinum est, occupavit, quod praestare arbitrabatur
25 unum locum, qua necessarius nostris erat egressus, quam
omnia litora ac portus custodia clausos teneri. Hic repentino adventu naves onerarias quasdam nactus incendit et
unam frumento onustam abduxit magnumque nostris terrorem
iniecit et noctu militibus ac sagittariis in terram expositis
30 praesidium equitum deiecit et adeo loci opportunitate
profecit, uti ad Pompeium litteras mitteret, naves reliquas,
si vellet, subduci et refici iuberet: sua classe auxilia sese
Caesaris prohibiturum.

24. Erat eo tempore Antonius Brundisii; is virtute militum confisus scaphas navium magnarum circiter LX cratibus
pluteisque contexit eoque milites delectos imposuit atque
eas in litore pluribus locis separatim disposuit navesque
triremes duas, quas Brundisi faciendas curaverat, per causam 5
exercendorum remigum ad fauces portus prodire iussit.
Has cum audacius progressas Libo vidisset, sperans intercipi
posse quadriremes v ad eas misit. Quae cum navibus
nostris appropinquassent, nostri veterani in portum refugi-
ebant: illi studio incitati incautius sequebantur. Iam ex 10
omnibus partibus subito Antonianae scaphae signo dato
se in hostes incitaverunt primoque impetu unam ex his
quadriremem cum remigibus defensoribusque suis ceperunt,
reliquas turpiter refugere coëgerunt. Ad hoc detrimentum
accessit, ut equitibus per oram maritimam ab Antonio 15
dispositis aquari prohiberentur. Qua necessitate et ignominia permotus Libo discessit a Brundisio obsessionemque
nostrorum omisit.

25. Multi iam menses erant et hiems praecipitaverat,
neque Brundisio naves legionesque ad Caesarem veniebant. 20
Ac nonnullae eius rei praetermissae occasiones Caesari
videbantur, quod cercii saepe flaverant venti, quibus necessario committendum existimabat. Quantoque eius amplius processerat temporis, tanto erant alacriores ad custodias,
qui classibus praeerant, maioremque fiduciam prohibendi 25
habebant, et crebris Pompei litteris castigabantur, quoniam
primo venientem Caesarem non prohibuissent, ut reliquos
eius exercitus impedirent, duriusque cotidie tempus ad
transportandum lenioribus ventis exspectabant. Quibus
rebus permotus Caesar Brundisium ad suos severius scripsit, 30
nacti idoneum ventum ne occasionem navigandi dimitterent,
sive ad litora Apolloniatium sive ad Labeatium cursum
dirigere atque eo naves eicere possent. Haec a custodiis

classium loca maxime vacabant, quod se longius a portibus committere non auderent.

26. Illi adhibita audacia et virtute, administrantibus M. Antonio et Fufio Caleno, multujn ipsis militibus hortantibus neque ullum periculum pro salute Caesaris recusantibus, nacti austrum naves solvunt atque altero die Apolloniam praetervehuntur. Qui cum essent ex continenti visi, Coponius, qui Dyrrhachi classi Ehodiae praeerat, naves ex portu educit, et cum jam nostris remissiore vento aggropinquasset, idem auster increbuit nostrisque praesidio fuit. Neque vero lle ob eam causam conatu desistebat, sed labore et perseverantia nautarum et vim tempestatis superari posse sperabat, praetervectosque Dyrrhachium magna vi venti nihilo secius sequebatur. Nostri usi fortunae beneficio tamen impetum classis timebant, si forte ventus remisisset. Nacti portum qui appellatur Nymphaeum, ultra Lissum milia passuum III, eo naves introduxerunt (qui portus ab Africo tege- batur, ab austro non erat tutus), leviusque tempestatis quam classis periculum aestimaverunt. Quo simul atque intro est itum, incredibili felicitate auster, qui per biduum flaverat, in Africum se vertit.

27. Hic subifcam cgjnmutationem fortunae videre licuit. Qui modo sibi timuerant, hos tutissimus portus recipiebat ; qui nostris navibus periculum inttderant, de suo timere eogebantnr. Itaque tempore commutato tempestas et nostros texit et naves Rhodias afflixit, ita ut ad unam omnes constratae numero xvi eliderentur et naufragio interirent, et ex magno renugum propugnatorum- que numero pars ad scopulos allisa interficeretur, pars ab nostris detraheretur ; quos omnes conservatos Caesar domum remisit.

28. Nostrae naves duae tardius cursu confecto in noctem conjectae, cum ignorarent quem locum reliquae cepissent, contra Lissum in ancorik constiterunt. Has scaphis minoribusque navigiis compluribus summissis Otacilius Crassus, qui Lissi praeerat, expugnare parabat; simul

de deditione eorum agebat et incolumitatem deditis
pollicebatur. Harum altera navis ccxx e legione tironum
sustulerat, altera ex veterana paulo minus cc. Hic cognosci
licuit quantum esset hominibus praesidii in animi firmitudine.
Tirones enim multitudine navium perterriti et salo nauseaque 5
confecti, jurejurando accepto nihil iis nocituros hostes, se
Otacilio dediderunt; qui omnes ad eum perducti coniara
religionem jurisjurandi in ejus conspectu crudelissime
interficiuntur. At veteranae legionis milites, item conflictati et
tempestatis et sentinae vitiis, neque ex pristina virtute 10
remittendum aliquid putaverunt, et tractandis condicionibus et
simulatione deditionis extracto primo noctis tempore
gubematorem in terram navem ejicere cogunt, ipsi idoneum
locum nacti reliquam noctis partem ibi confecerunt et luce
prima missis ad eos ab Otacilio equitibus qui eam partem orae 15
maritimae asservabant, circiter cccc, quique eos armati ex
praesidio secuti sunt, se defenderunt et nonnullis eorum
interfectis incolumes se ad nostros receperunt.
29. Quo facto conventus civium Romanorum qui Lissum
obtinebant, quod oppidum iis antea Caesar attribuerat 20
muniendumque curaverat, Antonium recipit omnibusque rebus
juvit. Otacilius sibi timens ex oppido fugit et ad Pompeium
pervenit. Expositis omnibus copiis Antonius, quarum erat
summa veteranarum trium legionum uniusque tironum et
equituxn dccc, plerasque naves in Italiam remittit ad reliquos 25
milites equitesque transportandos, pontones, quod est genus
navium Gallicarum, Lissi relinquit, hoc consilio, ut, si forte
Pompeius vacuam existimans Italiam eo trajecisset exercitum,
quae opinio erat edita in Tulgus, aliquam Caesar ad
insequendum facultatem haberet, nuntiosque ad eum celeriter 30
mittit, quibus regionibus exercitum exposuisset et quid militum
transvexisset.

30. Haec eodem fere tempore Caesar atque Pompeius cognoscunt. Nam praetervectas Apolloniam Dyrrhachiumque naves viderant, ipsi iter secundum eas terra direxerant, sed quo essent eae delatae primis diebus ignorabant. Cognitaque re diversa sibi ambo
5   consilia capiunt: Cacsar, ut quam primum se cum Antonio conjungeret; Pompeius, ut venientibus in itinere se opponeret, si imprudentcs ex insidiis adoriri posset, eodemque die uterque eorum ex castris stativis a flumine Apso exercitum educunt: Pompeius clam et noctu; Caesar palam atque interdiu. Sed Caesari
10 circuitu majore iter erat longius adverso flumine, ut vado transire posset; Pompeius, quia expedito itinere flumen ei transeundum non erat, magnis itineribus ad Antonium contendit, atque eum ubi appropinquare cognovit, idoneum locum nactus, ibi copias collocavit suosque omnes in castris continuit ignesque fieri
15 prohibuit, quo occultior esset ejus adventus. Haec ad Antonium statim per Graecos deferuntur. Ille missis ad Caesarem nuntiis unum diem sese castris tenuit ; altero die ad eum pervenit Caesar. Cujus adventu cognito Pompeius, ne duobus circumcluderetur exercitibus, ex eo loco discedit omnibusquje   copiis ad
20 Asparagium Dyrrhachinorum pervenit atque ibi   idoneo loco castra ponit.

31. His temporibus Scipio detrimentis quibusdam circa montem Amanum acceptis imperatorem se appellaverat. Quo facto civitatibus tyrannisque magnas imperaverat pecunias, item ab
25 publicanis suae provinciae debitam biennii pecuniam exegerat et ab iisdem insequentis anni mutuam praeceperat equitesque toti provinciae imperaverat. Quibus coactis, finitimis hostibus Parthis post se relictis, qui paulo ante M. Crassum imperatorem interfecerant et M. Bibulum in obsidione habuerant, legiones
30 equitesque ex Syria deduxerat. Summamque in sollicitudinem ac timorem Parthici belli provincia cum venisset, ac nonnullae militum voces cum audirentur, sese, contra hostem si ducerentur, ituros, contra civem et consulem arma non laturos,   deductis Pergamum atque in locupletissimas urbes in

hibema   legionibus   maximas   largitiones   fecit   et
confirmandorum militum causa diripiendas his civitates dedit.

32. Interim acerbissime imperatae pecuniae tota provincia
exigebantur. Multa   praeterea   generatim   ad   avaritiam
excogitabantur. In   capita singula servorum ac liberorum 5
tributum imponebatur; columnaria, ostiaria, frumentum, milites,
arma, remiges, tormenta, vecturae imperabantur; cujus modo
rei nomen reperiri poterat, hoc satis esse ad cogendas pecunias
videbatur. Non solum urbibus, sed paene vicis castellisque
singulis cum imperio praeficiebantur. Qui horum quid
acerbissime crudelissimeque feoerat, is et vir et civis optimus 10
habebatur. Erat plena lictorum et imperiorum provincia,
differta praefectis atque exactoribus, qui praeter imperatas
pecunias suo etiam privato compendio serviebant; dictitabant
enim se domo patriaque expulsos omnibus necessariis egere
rebus, ut honesta praescriptione rem turpissimam tegerent. 15
Accedebant ad haec gravissimae usurae, quod in bello
plerumqjie accidere consuevit universis imperatis pecuniis;
quibus in rebus prolationem diei donationem esse dicebant.
Itaque aes alienum provinciae eo biennio multiplicatum est.
Neque minus ob eam causam civibus Eomanis ejus provinciae,
sed in singulos conventus singulasque civitates certae pecuniae 20
imperabantur, mutuasque illas ex senatusconsulto exigi
dictitabant; publicanis, ut in Syria fecerant, insequentis anni
vectigal promutuum.

33. Praeterea Ephesi a fano Dianae depositas antiquitus
pecunias Scipio tolli jubebat. Certaque ejus rei die constituta 25
cum in fanum ventum esset adhibitis compluribus senatorii
ordinis, quos advocaverat Scipio, litterae ei redduntur a
Pompeio, mare transisse

properaret ad se cum exercitu venire omniaque posthaberet. His litteris acceptis, quos advocaverat, dimittit; ipse iter in Macedoniam parare incipit paucisque post diebus est profectus. Haec res Ephesiae pecuniae salutem attulit.

5 **34.** Caesar Antoni exercitu coniuncto deducta Orico legione, quam tuendae orae maritimae causa posuerat, temptandas sibi provincias longiusque procedendum existimabat et, cum ad eum ex Thessalia Aetoliaque legati venissent, qui praesidio misso pollicerentur earum gentium civitates im-
10 perata facturas, L. Cassium Longinum cum legione tironum, quae appellabatur vicesima septima, atque equitibus cc in Thessaliam, C. Calvisium Sabinum cum cohortibus v paucisque equitibus in Aetoliam misit; maxime eos, quod erant propinquae regiones, de re frumentaria ut providerent
15 hortatus est. Cn. Domitium Calvinum cum legionibus duabus, xi et xii, et equitibus d in Macedoniam proficisci iussit; cuius provinciae ab ea parte, quae libera appellabatur, Menedemus, princeps earum regionum, missus legatus, omnium suorum excellens studium profitebatur.

20 **35.** Ex his Calvisius primo adventu summa omnium Aetolorum receptus voluntate, a, praesidiis adversariorum Calydone et Naupacto relictis, omni Aetolia potitus est. Cassius in Thessaliam cum legione pervenit. Hic cum essent factiones duae, varia voluntate civitatum utebatur:
25 Hegesaretos, veteris homo potentiae, Pompeianis rebus studebat; Petraeus, summae nobilitatis adolescens, suis ac suorum opibus Caesarem enixe iuvabat.

36. Eodemque tempore Domitius in Macedoniam venit, et cum ad eum frequentes civitatum legationes convenire
30 coepissent, nuntiatum est adesse Scipionem cum legionibus, magna opinione et fama omnium; nam plerumque in novitate rem fama antecellit. Hic nullo in loco Macedoniae moratus magno impetu tetendit ad Domitium et, cum ab eo

milia passuum xx afuisset, subito se ad Cassium Longinum
in Thessaliam convertit. Hoc adeo celeriter fecit, ut simul
adesse et venire nuntiaretur, et quo iter expeditius faceret,
M. Favonium ad flumen Aliacmonem, quod Macedoniam a
Thessalia dividit, cum cohortibus viii praesidio impedimentis 5
legionum reliquit castellumque ibi muniri iussit. Eodem
tempore equitatus regis Cotyis ad castra Cassi advolavit, qui
circum Thessaliam esse consuerat. Tum timore perterritus
Cassius cognito Scipionis adventu visisque equitibus, quos
Scipionis esse arbitrabatur, ad montes se convertit, qui 10
Thessaliam cingunt, atque ex his locis Ambraciam versus
iter facere coepit. At Scipionem properantem sequi litterae
sunt consecutae a M. Favonio, Domitium cum legionibus
adesse neque se praesidium, ubi constitutus esset, sine
auxilio Scipionis tenere posse. Quibus litteris acceptis con- 15
silium Scipio iterque commutat; Cassium sequi desistit,
Favonio auxilium ferre contendit. Itaque die ac nocte
continuato itinere ad eum pervenit, tam opportuno tempore,
ut simul Domitiani exercitus pulvis cerneretur et primi ante-
cursores Scipionis viderentur. Ita Cassio industria Domitii, 20
Favonio Scipionis celeritas salutem attulit.

37. Scipio biduum in castris stativis moratus ad flumen,
quod inter eum et Domitii castra fluebat, Aliacmonem, tertio
die prima luce exercitum vado traducit et castris positis
postero die mane copias ante frontem castrorum instruit. 25
Domitius tum quoque sibi dubitandum non putavit, quin
productis legionibus proelio decertaret; sed, cum esset inter
bina castra campus circiter milium passuum vi, Domitius
castris Scipionis aciem suam subiecit; ille a vallo non discedere perseveravit. Ac tamen aegre retentis Domitianis 30
militibus est factum, ne proelio contenderetur, et maxime,
quod rivus difficilibus ripis subiectus castris Scipionis progressus nostrorum impediebat. Quorum studium alacrita-

temque pugnandi cum cognovisset Scipio, suspicatus fore, ut
postero die aut invitus dimicare cogeretur aut magna cum
infamia castris se contineret, qui magna exspectatione venisset, temere progressus turpem habuit exitum et noctu ne
5 conclamatis quidem vasis flumen transit atque in eandem
partem, ex qua venerat, redit ibique prope flumen edito
natura loco castra posuit.　Paucis diebus interpositis noctu
insidias equitum collocavit, quo in loco superioribus fere
diebus nostri pabulari consuerant; et cum cotidiana con-
10 suetudine Q. Varus, praefectus equitum Domitii, venisset,
subito illi ex insidiis consurrexerunt.　Sed nostri fortiter
impetum eorum tulerunt celeriterque ad suos quisque ordines
redit, atque ultro universi in hostes impetum fecerunt.　Ex
his circiter lxxx interfectis, reliquis in fugam coniectis,
15 duobus amissis in castra se receperunt.

38. His rebus gestis Domitius sperans Scipionem ad
pugnam elici posse simulavit sese angustiis rei frumentariae
adductum castra movere vasisque militari more conclamatis
progressus milia passuum iii loco idoneo et occulto omnem
20 exercitum equitatumque collocavit.　Scipio ad sequendum
paratus equitum magnam partem ad explorandum iter Domitii et cognoscendum praemisit.　Qui cum essent progressi primaeque turmae insidias intravissent, ex fremitu
equorum illata suspicione ad suos se recipere coeperunt,
25 quique hos sequebantur celerem eorum receptum conspicati
restiterunt.　Nostri cognitis insidiis, ne frustra reliquos
exspectarent, duas nacti turmas exceperunt, *quarum perpauci
fuga se ad suos receperunt;* in his fuit M. Opimius, praefectus equitum.　Reliquos omnes earum turmarum aut in-
30 terfecerunt aut captos ad Domitium deduxerunt.

39. Deductis orae maritimae praesidiis Caesar, ut supra
demonstratum est, iii cohortes Orici oppidi tuendi causa
reliquit isdemque custodiam navium longarum tradidit, quas

ex Italia traduxerat.   Huic officio oppidoque Manius Acilius
legatus praeerat.   Is naves nostras interiorem in portum
post oppidum reduxit et ad terram deligavit faucibusque
portus navem onerariam submersam obiecit et huic alteram
coniunxit; super quam turrim effectam ad ipsum introitum 5
portus opposuit et militibus complevit tuendamque ad omnes
repentinos casus tradidit.

40. Quibus cognitis rebus Cn. Pompeius filius, qui classi
Aegyptiae praeerat, ad Oricum venit submersamque navim
remulco multisque contendens funibus adduxit atque alteram 10
navem, quae erat ad custodiam ab Acilio posita, pluribus
aggressus navibus, in quibus ad libram fecerat turres, ut ex
superiore pugnans loco integrosque semper defatigatis sum-
mittens et reliquis partibus simul ex terra scalis et classe
moenia oppidi temptans, uti adversariorum manus diduceret, 15
labore et multitudine telorum nostros vicit, deiectisque
defensoribus, qui omnes scaphis excepti refugerant, eam
navem expugnavit eodemque tempore ex altera parte mole
tenui natura obiecta quae paeninsulam oppidum effecerat,
quattuor biremes subiectis scutulis impulsas vectibus in 20
interiorem portum traduxit.   Ita ex utraque parte naves
longas aggressus, quae erant deligatae ad terram atque
inanes, IV ex his abduxit, reliquas incendit.   Hoc confecto
negotio D. Laelium ab Asiatica classe abductum reliquit, qui
commeatus Bullide atque Amantia importari in oppidum 25
prohibebat.   Ipse Lissum profectus naves onerarias XXX a
M. Antonio relictas intra portum aggressus omnes incendit;
Lissum expugnare conatus defendentibus civibus Romanis,
qui eius conventus erant, militibusque, quos praesidii causa
miserat Caesar, triduum moratus paucis in oppugnatione 30
amissis re infecta inde discessit.

41. Caesar, postquam Pompeium ad Asparagium esse
cognovit, eodem cum exercitu profectus expugnato in itinere

oppido Parthinorum, in quo Pompeius praesidium habebat
tertio die ad Pompeium pervenit iuxtaque eum castra posuit
et postridie eductis omnibus copiis acie instructa decernendi
potestatem Pompeio fecit.   Ubi illum suis locis se tenere
5 animum advertit, reducto in castra exercitu, aliud sibi consilium capiendum existimavit.   Itaque postero die omnibus
copiis magno circuitu difficili angustoque itinere Dyrrhachium profectus est sperans Pompeium aut Dyrrhachium
compelli aut ab eo intercludi posse, quod omnem com-
10 meatum totiusque belli apparatum eo contulisset; ut accidit
Pompeius enim primo ignorans eius consilium, quod diverso
ab ea regione itinere profectum videbat, angustiis rei frumentariae compulsum discessisse existimabat; postea per
exploratores certior factus postero die castra movit breviore
15 itinere se occurrere ei posse sperans.   Quod fore suspicatus
Caesar militesque adhortatus, ut aequo animo laborem ferrent, parva parte noctis itinere intermisso mane Dyrrhachium
venit, cum primum agmen Pompei procul cerneretur, atque
ibi castra posuit.

20 **42.** Pompeius interclusus Dyrrhachio, ubi propositum
tenere non potuit, secundo usus consilio edito loco, qui
appellatur Petra aditumque habet navibus mediocrem atque
eas a quibusdam protegit ventis, castra communit.   Eo
partem navium longarum convenire, frumentum commea-
25 tumque ab Asia atque omnibus regionibus, quas tenebat,
comportari imperat.   Caesar longius bellum ductum iri
existimans et de Italicis commeatibus desperans, quod tanta
diligentia omnia litora a Pompeianis tenebantur, classesque
ipsius, quas hieme in Sicilia, Gallia, Italia fecerat, mora-
30 bantur, in Epirum rei frumentariae causa Q. Tillium et L.
Canuleium legatum misit, quodque hae regiones aberant
longius, locis certis horrea constituit vecturasque frumenti
finitimis civitatibus descripsit.   Item Lisso Parthinisque et

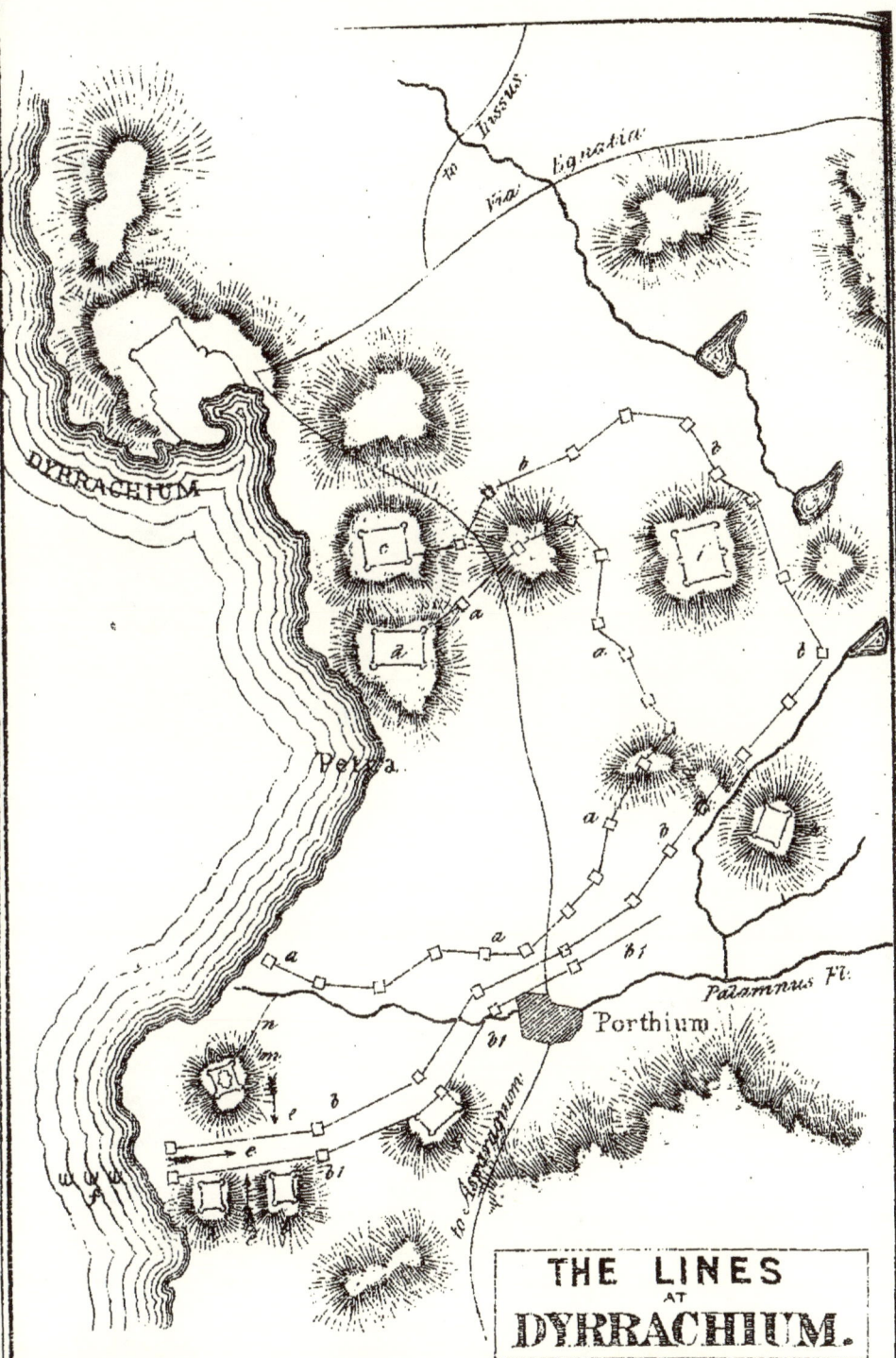

THE LINES
AT
DYRRACHIUM.

a.	Pompeius' Lines.
b.	Cæsar's do.
*b*1.	„ 2nd Line turned outwards
c.	First Camp of Cæsar.
d.	„ Pompeius.
e.	Directions of Pompeius' great attack.
f.	Pompeius' Fleet landing soldiers for the attack.
g.	Camp of Marcellinus.
h.	„ M. Antonius.
i.	Second Camp of Pompeius.
k.	Pompeius' Camp outside the Lines.
l.	Cæsar's do.
m.	Old Camp of 9th Legion.
n.	Wall connecting it with the River.

omnibus castellis quod esset frumenti conquiri iussit. Id erat perexiguum cum ipsius agri natura, quod sunt loca aspera ac montuosa ac plerumque frumento utuntur importato, tum quod Pompeius haec providerat et superioribus diebus praedae loco Parthinos habuerat frumentumque omne 5 conquisitum spoliatis effossisque eorum domibus per equites comportarat.

43. Quibus rebus cognitis Caesar consilium capit ex loci natura. Erant enim circum castra Pompei permulti editi atque asperi colles. Hos primum praesidiis tenuit 10 castellaque ibi communit. Inde, ut loci cuiusque natura ferebat, ex castello in castellum perducta munitione circumvallare Pompeium instituit, haec spectans, quod angusta re frumentaria utebatur, quodque Pompeius multitudine equitum valebat, quo minore periculo undique frumentum 15 commeatumque exercitui supportare posset, simul, uti pabulatione Pompeium prohiberet equitatumque eius ad rem gerendam inutilem efficeret, tertio, ut auctoritatem, qua ille maxime apud exteras nationes niti videbatur, minueret, cum fama per orbem terrarum percrebuisset illum a Caesare 20 obsideri neque audere proelio dimicare.

44. Pompeius neque a mari Dyrrhachioque discedere volebat, quod omnem apparatum belli, tela, arma, tormenta ibi collocaverat frumentumque exercitui navibus supportabat, neque munitiones Caesaris prohibere poterat, nisi 25 proelio decertare vellet; quod eo tempore statuerat non esse faciendum. Relinquebatur, ut extremam rationem belli sequens quam plurimos colles occuparet et quam latissimas regiones praesidiis teneret Caesarisque copias, quam maxime posset, distineret; idque accidit. Castellis enim xxiv effectis 30 xv milia passuum circuitu amplexus hoc spatio pabulabatur; multaque erant intra eum locum manu sata, quibus interim iumenta pasceret. Atque ut nostri perpetuas munitiones

habebant, perductas ex castellis in proxima castella, ne
quo loco erumperent Pompeiani ac nostros post tergum
adorirentur, ita illi interiore spatio perpetuas munitiones
efficiebant, ne quem locum nostri intrare atque ipsos a ter-
5 go circumvenire possent. Sed illi operibus vincebant, quod
et numero militum praestabant et interiore spatio minorem
circuitum habebant. Quare cum erant loca Caesari ca-
pienda, etsi prohibere Pompeius totis ' copiis et dimicare
non constituerat, tamen suis locis sagittarios funditoresque
10 mittebat, quorum magnum habebat numerum, multique
ex nostris vulnerabantur, magnusque incesserat timor sagittarum, atque omnes fere milites aut ex coactis aut ex centonibus aut ex coriis tunicas aut tegimenta fecerant, quibus
tela vitarent.

15   **45.** In occupandis praesidiis magna vi uterque nitebatur;
Caesar, ut quam angustissime Pompeium contineret; Pompeius, ut quam plurimos colles quam maximo circuitu occuparet, crebraque ob eam causam proelia fiebant. In his
cum legio Caesaris nona praesidium quoddam occupavisset
20 et munire coepisset, huic loco propinquum et contrarium
collem Pompeius occupavit nostrosque opere prohibere
coepit et, cum una ex parte prope aequum aditum haberet,
primum sagittariis funditoribusque circumiectis, postea levis
armaturae magna multitudine missa tormentisque prolatis
25 munitiones impediebat; neque erat facile nostris uno tempore propugnare et munire. Caesar cum suos ex omnibus
partibus vulnerari videret, recipere se iussit et loco excedere.
Erat per declive receptus. Illi autem hoc acrius instabant
neque regredi nostros patiebantur, quod timore adducti
30 locum relinquere videbantur. Dicitur eo tempore glorians
apud suos Pompeius dixisse: non recusare se, quin nullius usus
imperator existimaretur, si sine maximo detrimento legiones
Caesaris sese recepissent inde, quo temere essent progressae.

46. Caesar receptui suorum timens crates ad extremum
tumulum contra hostem proferri et adversas locari, intra
has mediocri latitudine fossam tectis militibus obduci iussit
locumque in omnes partes quam maxime impediri. Ipse
idoneis locis funditores instruxit, ut praesidio nostris se re- 5
cipientibus essent. His rebus confectis legionem reduci
iussit. Pompeiani hoc insolentius atque audacius nostros
premere et instare coeperunt cratesque pro munitione obiectas propulerunt, ut fossas transcenderent. Quod cum
animadvertisset Caesar, veritus, ne non reducti, sed deiecti 10
viderentur, maiusque detrimentum caperetur, a medio fere
spatio suos per Antonium, qui ei legioni praeerat, cohortatus tuba signum dari atque in hostes impetum fieri iussit.
Milites legionis ix subito conspirati pila coniecerunt et ex
inferiore loco adversus clivum incitati cursu praecipites Pom- 15
peianos egerunt et terga vertere coëgerunt; quibus ad recipiendum crates disiectae longuriique obiecti et institutae
fossae magno impedimento fuerunt. Nostri vero, qui satis
habebant sine detrimento discedere, compluribus interfectis
v omnino suorum amissis quietissime se receperunt pauloque 20
citra eum locum morati aliis comprehensis collibus munitiones perfecerunt.

47. Erat nova et inusitata belli ratio cum tot castellorum
numero tantoque spatio et tantis munitionibus et toto obsidionis genere, tum etiam reliquis rebus. Nam quicumque 25
alterum obsidere conati sunt, perculsos atque infirmos hostes
adorti aut proelio superatos aut aliqua offensione permotos
continuerunt, cum ipsi numero equitum militumque praestarent; causa autem obsidionis haec fere esse consuevit,
ut frumento hostes prohiberent. At tum integras atque 30
incolumes copias Caesar inferiore militum numero con-
tinebat, cum illi omnium rerum copia abundarent; cotidie
enim magnus undique navium numerus conveniebat, quae

commeatum supportarent, neque ullus flare ventus poterat, quin aliqua ex parte secundum cursum haberent. Ipse autem consumptis omnibus longe lateque frumentis summis erat in angustiis. Sed tamen haec singulari patientia milites 5 ferebant. Recordabantur enim eadem se superiore anno in Hispania perpessos labore et patientia maximum bellum confecisse, meminerant ad Alesiam magnam se inopiam perpessos, multo etiam maiorem ad Avaricum maximarum se gentium victores discessisse. Non, illis ordeum cum 10 daretur, non legumina recusabant; pecus vero, cuius rei summa erat ex Epiro copia, magno in honore habebant.

48. Est etiam genus radicis inventum ab iis, qui vacabant ab operibus, quod appellatur chara, quod admixtum lacte multum inopiam levabat. Id ad similitudinem panis 15 efficiebant. Eius erat magna copia. Ex hoc effectos panes, cum in colloquiis Pompeiani famem nostris obiectarent, vulgo in eos iaciebant, ut spem eorum minuerent.

49. Iamque frumenta maturescere incipiebant, atque ipsa spes inopiam sustentabat, quod celeriter se habituros copiam 20 confidebant; crebraeque voces militum in vigiliis colloquiisque audiebantur, prius se cortice ex arboribus victuros, quam Pompeium e manibus dimissuros. Libenter etiam ex perfugis cognoscebant equos eorum tolerari, reliqua vero iumenta interisse; uti autem ipsos valetudine non bona, 25 cum angustiis loci et odore taetro ex multitudine cadaverum et cotidianis laboribus insuetos operum, tum aquae summa inopia affectos. Omnia enim flumina atque omnes rivos, qui ad mare pertinebant, Caesar aut averterat aut magnis operibus obstruxerat, atque ut erant loca montuosa et ad 30 specus angustiae vallium, has sublicis in terram demissis praesepserat terramque adiecerat, ut aquam contineret. Ita illi necessario loca sequi demissa ac palustria et puteos fodere cogebantur atque hunc laborem ad cotidiana opera

addebant; qui tamen fontes a quibusdam praesidiis aberant longius et celeriter aestibus exarescebant.   At Caesaris exercitus optima valetudine summaque aquae copia utebatur, tum commeatus omni genere praeter frumentum abundabat, cuius cotidie melius succedere tempus maioremque spem 5 maturitate frumentorum proponi videbant.

50. In novo genere belli novae ab utrisque bellandi rationes reperiebantur.   Illi, cum animadvertissent ex ignibus nocte cohortes nostras ad munitiones excubare, silentio aggressi universi intra multitudinem sagittas coniciebant et 10 se confestim ad suos recipiebant.   Quibus rebus nostri usu docti haec reperiebant remedia, ut alio loco ignes facerent. . . . .

51. Interim certior factus P. Sulla, quem discedens castris praefecerat Caesar, auxilio cohorti venit cum legionibus 15 duabus; cuius adventu facile sunt repulsi Pompeiani.   Neque vero conspectum aut impetum nostrorum tulerunt, primisque deiectis reliqui se verterunt et loco cesserunt.   Sed insequentes nostros, ne longius prosequerentur, Sulla revocavit. At plerique existimant, si acrius insequi voluisset, bellum 20 eo die potuisse finire.   Cuius consilium reprehendendum non videtur.   Aliae enim sunt legati partes atque imperatoris: alter omnia agere ad praescriptum, alter libere ad summam rerum consulere debet.   Sulla a Caesare castris praefectus liberatis suis hoc fuit contentus neque proelio 25 decertare voluit, quae res tamen fortasse aliquem reciperet casum, ne imperatorias sibi partes sumpsisse videretur.   Pompeianis magnam res ad receptum difficultatem afferebat. Nam ex iniquo progressi loco in summo constiterant: si per declive sese reciperent, nostros ex superiore insequentes 30 loco verebantur; neque multum ad solis occasum temporis supererat; spe enim conficiendi negotii prope in noctem rem duxerant.   Ita necessario atque ex tempore ̦capto

consilio Pompeius tumulum quendam occupavit, qui tantum
aberat a nostro castello, ut telum tormentumve missum adigi
non posset. Hoc consedit loco atque eum communivit
omnesque ibi copias continuit.

5   **52.** Eodem tempore duobus praeterea locis pugnatum
est : nam plura castella Pompeius pariter distinendae manus
causa temptaverat, ne ex proximis praesidiis succurri posset.
Uno loco Volcatius Tullus impetum legionis sustinuit cohortibus III atque eam loco depulit; altero Germani muni-
10 tiones nostras egressi compluribus interfectis sese ad suos
incolumes receperunt.

      53. Ita uno die VI proeliis factis, tribus ad Dyrrhachium,
tribus ad munitiones, cum horum omnium ratio haberetur,
ad duorum milium numero ex Pompeianis cecidisse reperie-
15 bamus, evocatos centurionesque complures (in eo fuit numero
Valerius Flaccus, L. filius, eius, qui praetor Asiam obtinuerat); signaque sunt militaria VI relata. Nostri non amplius XX omnibus sunt proeliis desiderati. Sed in castello
nemo fuit omnino militum, quin vulneraretur, quattuorque
20 ex una cohorte centuriones oculos amiserunt. Et cum
laboris sui periculique testimonium afferre vellent, milia
sagittarum circiter XXX in castellum coniecta Caesari renuntiaverunt, scutoque ad eum relato Scaevae centurionis in-
venta sunt in eo foramina CXX. Quem Caesar, ut erat de
25 se meritus et de republica, donatum milibus CC . . . atque
ab octavis ordinibus ad primipilum se traducere pronuntiavit
(eius enim ope castellum magna ex parte conservatum esse
constabat) cohortemque postea duplici stipendio, frumento,
veste, congiariis militaribusque donis amplissime donavit.

30   **54.** Pompeius noctu magnis additis munitionibus reliquis
diebus turres exstruxit et in altitudinem pedum XV effectis
operibus vineis eam partem castrorum obtexit et V intermissis
diebus alteram noctem subnubilam nactus obstructis omnibus

castrorum portis et ad impediendum obiectis tertia inita
vigilia silentio exercitum educit et se in antiquas munitiones
recepit.

55. Aetolia, Acarnania, Amphilochis per Cassium Longinum et Calvisium Sabinum, ut demonstravimus, receptis 5
temptandam sibi Achaiam ac paulo longius progrediendum
existimabat Caesar. Itaque eo Calenum misit eique Sabinum
et Cassium cum cohortibus adiungit. Quorum cognito
adventu Rutilius Lupus, qui Achaiam missus a Pompeio
obtinebat, Isthmum praemunire instituit, ut Achaia Fufium 10
prohiberet. Calenus Delphos, Thebas, Orchomenum voluntate ipsarum civitatum recepit, nonnullas urbes per
vim expugnavit, reliquas civitates circummissis legationibus
amicitia Caesari conciliare studebat. In his rebus fere erat
Fufius occupatus. 15

56. Omnibus deinceps diebus Caesar exercitum in aciem
aequum in locum produxit, si Pompeius proelio decertare
vellet, ut paene castris Pompei legiones subiceret; tantumque
a vallo eius prima acies aberat, uti ne telo tormentove adici
posset. Pompeius autem ut famam opinionemque hominum 20
teneret, sic pro castris exercitum constituebat, ut tertia acies
vallum contingeret, omnis quidem instructus exercitus telis
ex vallo abiectis protegi posset.

57. Haec cum in Achaia atque apud Dyrrhachium gererentur ·Scipionemque in Macedoniam venisse constaret, 25
non oblitus pristini instituti Caesar mittit ad eum Clodium,
suum atque illius familiarem, quem ab illo traditum initio
et commendatum in suorum necessariorum numero habere
instituerat. Huic dat litteras mandataque ad eum; quorum
haec erat summa: sese omnia de pace expertum nihil adhuc 30
effecisse; id arbitrari vitio factum eorum, quos esse auctores
eius rei voluisset, quod sua mandata perferre non opportuno
tempore ad Pompeium vererentur. Scipionem ea esse

auctoritate, ut non solum libere quae probasset exponere, sed etiam ex magna parte compellere atque errantem regere posset; praeesse autem suo nomine exercitui, ut praeter auctoritatem vires quoque ad coërcendum haberet. Quod
5 si fecisset, quietem Italiae, pacem provinciarum, salutem imperii uni omnes acceptam relaturos. Haec ad eum mandata Clodius refert ac primis diebus, ut videbatur, libenter auditus reliquis ad colloquium non admittitur castigato Scipione a Favonio, ut postea confecto bello repe-
10 riebamus, infectaque re sese ad Caesarem recepit.

58. Caesar, quo facilius equitatum Pompeianum ad Dyrrhachium contineret et pabulatione prohiberet, aditus duos, quos esse angustos demonstravimus, magnis operibus praemunivit castellaque his locis posuit. Pompeius, ubi
15 nihil profici equitatu cognovit, paucis intermissis diebus rursum eum navibus ad se intra munitiones recipit. Erat summa inopia pabuli, adeo ut foliis ex arboribus strictis et teneris harundinum radicibus contusis equos alerent (frumenta enim, quae fuerant intra munitiones sata, con-
20 sumpserant); cogebantur Corcyra atque Acarnania longo interiecto navigationis spatio pabulum supportare, quodque erat eius rei minor copia, hordeo adaugere atque his rationibus equitatum tolerare. Sed postquam non modo hordeum pabulumque omnibus locis herbaeque desectae,
25 sed etiam frons ex arboribus deficiebat, corruptis equis macie conandum sibi aliquid Pompeius de eruptione existimavit.

59. Erant apud Caesarem ex equitum numero Allobroges duo fratres, Raucillus et Egus, Abducilli filii, qui principatum
30 in civitate multis annis obtinuerat, singulari virtute homines, quorum opera Caesar omnibus Gallicis bellis optima fortissimaque erat usus. His domi ob has causas amplissimos magistratus mandaverat atque eos extra ordinem in senatum

legendos curaverat agrosque in Gallia ex hostibus captos
praemiaque rei pecuniariae magna tribuerat locupletesque ex
egentibus fecerat.   Hi propter virtutem non solum apud
Caesarem in honore erant, sed etiam apud exercitum cari
habebantur: sed freti amicitia Caesaris et stulta ac barbara 5
arrogantia elati despiciebant suos stipendiumque equitum
fraudabant et praedam omnem domum avertebant.   Quibus
illi rebus permoti universi Caesarem adierunt palamque de
eorum iniuriis sunt questi et ad cetera addiderunt falsum ab
his equitum numerum deferri, quorum stipendium averterent. 10

60. Caesar neque tempus illud animadversionis esse
existimans et multa virtuti eorum concedens. rem totam
distulit; illos secreto castigavit, quod quaestui equites
haberent, monuitque, ut ex sua amicitia omnia exspectarent
et ex praeteritis suis officiis reliqua sperarent.   Magnam 15
tamen haec res illis offensionem et contemptionem ad omnes
attulit, idque ita esse cum ex aliorum obiectationibus
tum etiam ex domestico iudicio atque animi conscientia
intellegebant.   Quo pudore adducti et fortasse non se
liberari, sed in aliud tempus reservari arbitrati discedere 20
a nobis et novam temptare fortunam novasque amicitias
experiri constituerunt.   Et cum paucis collocuti clientibus
suis, quibus tantum facinus committere audebant, primum
conati sunt praefectum equitum C. Volusenum interficere,
ut postea bello confecto cognitum est, ut cum munere 25
aliquo perfugisse ad Pompeium viderentur; postquam id
difficilius visum est neque facultas perficiendi dabatur, quam
maximas potuerunt pecunias mutuati, proinde ac suis
satisfacere et fraudata restituere vellent, multis coëmptis
equis ad Pompeium transierunt cum iis, quos sui consilii 30
participes habebant.

61. Quos Pompeius, quod erant honesto loco nati et
instructi liberaliter magnoque comitatu et multis iumentis

venerant virique fortes habebantur et in honore apud Caesarem fuerant, quodque novum et praeter consuetudinem
acciderat, omnia sua praesidia circumduxit atque ostentavit.
Nam ante id tempus nemo aut miles aut eques a Caesare
5 ad Pompeium transierat, cum paene cotidie a Pompeio ad
Caesarem perfugerent, vulgo vero universi in Epiro atque
Aetolia conscripti milites earumque regionum omnium,
quae a Caesare tenebantur. Sed hi cognitis omnibus rebus,
seu quid in munitionibus perfectum non erat, seu quid a
10 peritioribus rei militaris desiderari videbatur, temporibusque
rerum et spatiis locorum et custodiarum varia diligentia
animadversa, prout cuiusque eorum, qui negotiis praeerant,
aut natura aut studium ferebat, haec ad Pompeium omnia
detulerunt.

15 **62.** Quibus ille cognitis eruptionisque iam ante capto
consilio, ut demonstratum est, tegimenta galeis milites ex
viminibus facere atque aggerem iubet comportare. His
paratis rebus magnum numerum levis armaturae et sagittariorum aggeremque omnem noctu in scaphas et naves
20 actuarias imponit et de media nocte cohortes LX ex maximis
castris praesidiisque deductas ad eam partem munitionum
ducit, quae pertinebant ad mare longissimeque a maximis
castris Caesaris aberant. Eodem naves, quas demonstravimus aggere et levis armaturae militibus completas, quasque
25 ad Dyrrhachium naves longas habebat, mittit et, quid a
quoque fieri velit, praecipit. Ad eas munitiones Caesar
Lentulum Marcellinum quaestorem cum legione nona positum
habebat. Huic, quod valetudine minus commoda utebatur,
Fulvium Postumum adiutorem summiserat.

30 **63.** Erat eo loco fossa pedum XV et vallum contra hostem
in altitudinem pedum X, tantundemque eius valli agger in
latitudinem patebat: ab eo intermisso spatio pedum DC alter
conversus in contrariam partem erat vallus humiliore paulo

munitione. Hoc enim superioribus diebus timens Caesar, ne navibus nostri circumvenirentur, duplicem eo loco fecerat vallum, ut, si ancipiti proelio dimicaretur, posset resisti. Sed operum magnitudo et continens omnium dierum labor, quod milia passuum in circuitu xvii erat complexus, per- 5 ficiendi spatium non dabat. Itaque contra mare transversum vallum, qui has duas munitiones coniungeret, nondum perfecerat. Quae res nota erat Pompeio delata per Allobrogas perfugas, magnumque nostris attulerat incommodum. Nam ut ad mare ii cohortes nonae legionis 10 excubuerant, accessere subito prima luce Pompeiani; simul navibus circumvecti milites in exteriorem vallum tela iaciebant, fossaeque aggere complebantur, et legionarii interioris munitionis defensores scalis admotis tormentis cuiusque generis telisque terrebant, magnaque multitudo sagittariorum 15 ab utraque parte circumfundebatur. Multum autem ab ictu lapidum, quod unum nostris erat telum, viminea tegimenta galeis imposita defendebant. Itaque cum omnibus rebus nostri premerentur atque aegre resisterent, animadversum est vitium munitionis, quod supra demonstratum est, atque 20 inter duos vallos, qua perfectum opus non erat, per mare [navibus expositi] in aversos nostros impetum fecerunt atque ex utraque munitione deiectos terga vertere coëgerunt.

64. Hoc tumultu nuntiato Marcellinus .. cohortes subsidio nostris laborantibus summittit ex castris; quae fugientes 25 conspicatae neque illos suo adventu confirmare potuerunt neque ipsae hostium impetum tulerunt. .Itaque quodcumque addebatur subsidio, id correptum timore fugientium terrorem et periculum augebat; hominum enim multitudine receptus impediebatur. In eo proelio cum gravi vulnere 30 esset affectus aquilifer et a viribus deficeretur, conspicatus equites nostros, 'Hanc ego,' inquit, 'et vivus multos per annos magna diligentia defendi et nunc moriens eadem fide

Caesari restituo. Nolite, obsecro, committere, quod ante
in exercitu Caesaris non accidit, ut rei militaris dedecus admittatur, incolumemque ad eum deferte.' Hoc casu aquila
conservatur omnibus primae cohortis centurionibus interfectis
5 praeter principem priorem.

65. Iamque Pompeiani magna caede nostrorum castris
Marcellini appropinquabant non mediocri terrore illato
reliquis cohortibus, et M. Antonius, qui proximum locum
praesidiorum tenebat, ea re nuntiata cum cohortibus xɪɪ
10 descendens ex loco superiore cernebatur. Cuius adventus
Pompeianos compressit nostrosque firmavit, ut se ex maximo
timore colligerent. Neque multo post Caesar significatione
per castella fumo facta, ut erat superioris temporis consuetudo,
deductis quibusdam cohortibus ex praesidiis eodem venit.
15 Qui cognito detrimento cum animadvertisset Pompeium
extra munitiones egressum secundum mare, ut libere
pabulari posset nec minus aditum navibus haberet, commutata ratione belli, quoniam propositum non tenuerat,
castra iuxta Pompeium munire iussit.

20 **66.** Qua perfecta munitione animadversum est a specu-
latoribus Caesaris cohortes quasdam, quod instar legionis
videretur, esse post silvam et in vetera castra duci.
Castrorum hic situs erat. Superioribus diebus nona Caesaris legio · cum se obiecisset Pompeianis copiis atque
25 opere, ut demonstravimus, circummuniret, castra eo loco
posuit. Haec silvam quandam contingebant neque longius
a mari passibus ccc aberant. Post mutato consilio quibusdam de causis Caesar paulo ultra eum locum castra
transtulit, paucisque intermissis diebus eadem Pompeius
30 occupaverat et, quod eo loco plures erat legiones habiturus,
relicto interiore vallo maiorem adiecerat munitionem. Ita
minora castra inclusa maioribus castelli atque ·arcis locum
obtinebant. Item ab angulo castrorum sinistro munitionem

ad flumen perduxerat, circiter passus cccc, quo liberius a
periculo milites aquarentur. Sed is quoque mutato consilio
quibusdam de causis, quas commemorari necesse non est,
eo loco excesserat. Ita complures dies inania manserant
castra; munitiones quidem omnes integrae erant.　　5

67. Eo signo legionis illato speculatores Caesari renuntia-
runt. Hoc idem visum ex superioribus quibusdam castellis
confirmaverunt. Is locus aberat a novis Pompei castris
circiter passus D. Hanc legionem sperans Caesar se
opprimere posse et cupiens eius diei detrimentum sarcire, 10
reliquit in opere cohortes duas, quae speciem munitionis
praeberent; ipse diverso itinere quam potuit occultissime
reliquas cohortes, numero XXXIII, in quibus erat legio nona
multis amissis centurionibus deminutoque militum numero,
ad legionem Pompei castraque minora duplici acie eduxit. 15
Neque eum prima opinio fefellit. Nam et pervenit prius,
quam Pompeius sentire posset, et tametsi erant munitiones
castrorum magnae, tamen sinistro cornu, ubi erat ipse,
celeriter aggressus Pompeianos ex vallo deturbavit. Erat
obiectus portis ericius. Hic paulisper est pugnatum, cum 20
irrumpere nostri conarentur, illi castra defenderent, fortissime T. Pulione, cuius opera proditum exercitum C.
Antoni demonstravimus, e loco propugnante. Sed tamen
nostri virtute vicerunt excisoque ericio primo in maiora
castra, post etiam in castellum, quod erat inclusum maioribus 25
castris, irruperunt et, quod eo pulsa legio sese receperat,
nonnullos ibi repugnantes interfecerunt.

68. Sed fortuna, quae plurimum potest cum in reliquis
rebus tum praecipue in bello, parvis momentis magnas
rerum commutationes efficit; ut tum accidit. Munitionem, 30
quam pertinere a castris ad flumen supra demonstravimus,
dextri Caesaris cornus cohortes ignorantia loci sunt secutae,
cum portam quaererent castrorumque eam munitionem esse

arbitrarentur. Quod cum esset animadversum, coniunctam
esse flumini, prorutis munitionibus defendente nullo trans-
cenderunt, omnisque noster equitatus eas cohortes est
secutus.

5　**69.** Interim Pompeius hac satis longa interiecta mora
et re nuntiata v legiones ab opere deductas subsidio suis
duxit, eodemque tempore equitatus eius nostris equitibus
appropinquabat, et acies instructa a nostris, qui castra
occupaverant, cernebatur, omniaque sunt subito mutata.
10 Legio Pompeiana celeris spe subsidii confirmata ab decumana porta resistere conabatur atque ultro in nostros
impetum faciebat. Equitatus Caesaris, quod angusto itinere per aggeres ascendebat, receptui suo timens initium
fugae faciebat. Dextrum cornu, quod erat a sinistro
15 seclusum, terrore equitum animadverso, ne intra munitionem opprimeretur, ea parte, quam proruerat, sese recipiebat, ac plerique ex his, ne in angustias inciderent, ex
x pedum munitione se in fossas praecipitabant, primisque
oppressis reliqui per horum corpora salutem sibi atque
20 exitum pariebant. Sinistro cornu milites, cum ex vallo
Pompeium adesse et suos fugere cernerent, veriti, ne angustiis intercluderentur, cum extra et intus hostem haberent,
eodem, quo venerant, receptu sibi consulebant, omniaque
erant tumultus, timoris, fugae plena, adeo ut, cum Caesar
25 signa fugientium manu prenderet et consistere iuberet, alii
demissis signis eundem cursum conficerent, alii ex metu
etiam signa dimitterent, neque quisquam omnino consisteret.

70. His tantis malis haec subsidia succurrebant, quo
30 minus omnis deleretur exercitus, quod Pompeius insidias
timens, credo, quod haec praeter spem acciderant eius, qui
paulo ante ex castris fugientes suos conspexerat, munitionibus appropinquare aliquamdiu non audebat, equitesque eius

angustiis atque his ab Caesaris militibus occupatis ad insequendum tardabantur. Ita parvae res magnum in utramque
partem momentum habuerunt. Munitiones enim a castris
ad flumen perductae expugnatis iam castris Pompei propriam
expeditamque Caesaris victoriam interpellaverunt, eadem res 5
celeritate insequentium tardata nostris salutem attulit.

71. Duobus his unius diei proeliis Caesar desideravit
milites DCCCCLX et notos equites Romanos Fleginatem Tuti-
canum Gallum, senatoris filium, C. Fleginatem Placentia, A.
Granium Puteolis, M. Sacrativirum Capua, tribunos militum, 10
et centuriones XXXII; sed horum omnium pars magna in
fossis munitionibusque et fluminis ripis oppressa suorum
in terrore ac fuga sine ullo vulnere interiit: signaque sunt
militaria amissa XXXII. Pompeius eo proelio imperator est
appellatus. Hoc nomen obtinuit atque ita se postea salutari 15
passus est; sed in litteris nunquam scribere est solitus,
neque in fascibus insignia laurea praetulit. At Labienus,
cum ab eo impetravisset, ut sibi captivos tradi iuberet, omnes
productos ostentationis, ut videbatur, causa, quo maior perfugae fides haberetur, commilitones appellans et magna 20
verborum contumelia interrogans, solerentne veterani milites
fugere, in omnium conspectu interfecit.

72. His rebus tantum fiduciae ac spiritus Pompeianis accessit, ut non de ratione belli cogitarent, sed vicisse iam
viderentur. Non illi paucitatem nostrorum militum, non 25
iniquitatem loci atque angustias praeoccupatis castris et
ancipitem terrorem intra extraque munitiones, non abscisum
in duas partes exercitum, cum altera alteri auxilium ferre
non posset, causae fuisse cogitabant. Non ad haec addebant, non concursu acri facto, non proelio dimicatum, sibique 30
ipsos multitudine atque angustiis maius attulisse detrimentum, quam ab hoste accepissent, non denique communis
belli casus recordabantur, quam parvulae saepe causae vel

falsae suspicionis vel terroris repentini vel obiectae religionis
magna detrimenta intulissent, quotiens vel ducis vitio vel
culpa tribuni in exercitu esset offensum ; sed proinde ac si
virtute vicissent neque ulla commutatio rerum posset accidere,
5 per orbem terrarum fama ac litteris victoriam eius diei con-
celebrabant.

73. Caesar a superioribus consiliis depulsus omnem sibi
commutandam belli rationem existimavit. Itaque uno tempore praesidiis omnibus deductis et oppugnatione dimissa
10 coactoque in unum locum exercitu contionem apud milites
habuit hortatusque est, ne ea, quae accidissent, graviter
ferrent, neve his rebus terrerentur multisque secundis proeliis
unum adversum et id mediocre opponerent. Habendam
fortunae gratiam, quod Italiam sine aliquo vulnere cepissent,
15 quod duas Hispanias bellicosissimorum hominum peritissimis
atque exercitatissimis ducibus pacavissent, quod finitimas
frumentariasque provincias in potestatem redegissent ; denique recordari debere, qua felicitate inter medias hostium
classes oppletis non solum portibus sed etiam litoribus
20 omnes incolumes essent transportati. Si non omnia cade-
rent secunda, fortunam esse industria sublevandam. Quod
esset acceptum detrimenti, cuiusvis potius quam suae culpae
debere tribui. Locum se aequum ad dimicandum dedisse,
potitum esse hostium castris, expulisse ac superasse pug-
25 nantes. Sed sive ipsorum perturbatio sive error aliquis sive
etiam fortuna partam iam praesentemque victoriam inter-
pellavisset, dandam omnibus operam, ut acceptum incommodum virtute sarciretur ; quod si esset factum, detrimentum
in bonum verteret, uti ad Gergoviam accidisset, atque ei, qui
30 ante dimicare timuissent, ultro se proelio offerrent.

74. Hac habita contione nonnullos signiferos ignominia
notavit ac loco movit. Exercitui quidem omni tantus incessit
ex incommodo dolor tantumque studium infamiae sarciendae,

ut nemo aut tribuni aut centurionis imperium desideraret, et
sibi quisque etiam poenae loco graviores imponeret labores
simulque omnes arderent cupiditate pugnandi. Cum superioris etiam ordinis nonnulli oratione permoti manendum eo
loco et rem proelio committendam existimarent, contra ea 5
Caesar neque satis militibus perterritis confidebat spatiumque
interponendum ad recreandos animos putabat, et relictis
munitionibus magnopere rei frumentariae timebat.

75. Itaque nulla interposita mora, sauciorum modo et
aegrorum habita ratione, impedimenta omnia silentio prima 10
nocte ex castris Apolloniam praemisit. Haec conquiescere
ante iter confectum vetuit. His una legio missa praesidio
est. ˙ His explicitis rebus duas in castris legiones retinuit,
reliquas de quarta vigilia compluribus portis eductas eodem
itinere praemisit parvoque spatio intermisso, ut et militare 15
institutum servaretur et quam serissime eius profectio cog-
nosceretur, conclamari iussit statimque egressus et novissimum agmen consecutus celeriter ex conspectu castrorum
discessit. Neque vero Pompeius cognito consilio eius moram
ullam ad insequendum intulit, sed eo spectans, si itinere 20
impeditos perterritos deprehendere posset, exercitum e
castris eduxit equitatumque praemisit ad novissimum agmen
demorandum, neque consequi potuit, quod multum expedito
itinere antecesserat Caesar. Sed cum ventum esset ad
flumen Genusum, quod ripis erat impeditis, consecutus 25
equitatus novissimos proelio, detinebat. Huic suos Caesar
equites opposuit expeditosque antesignanos admiscuit cccc;
qui tantum profecerunt, ut equestri proelio commisso pellerent omnes compluresque interficerent ipsique incolumes se
ad agmen reciperent.   30

76. Confecto iusto itinere eius diei, quod proposuerat
Caesar, traductoque exercitu flumen Genusum veteribus suis
in castris contra Asparagium consedit militesque omnes

intra vallum castrorum continuit equitatumque per causam
pabulandi emissum confestim decumana porta in castra se
recipere iussit. Simili ratione Pompeius confecto eiusdem
diei itinere in suis veteiibus castris ad Asparagium consedit.
5 Eius milites, quod ab opere integris munitionibus vacabant,
alii lignandi pabulandique causa longius progrediebantur,
alii, quod subito consilium profectionis ceperant, magna
parte impedimentorum et sarcinarum relicta, ad haec repe-
tenda invitati propinquitate superiorum castrorum depositis
10 in contubernio armis vallum relinquebant. Quibus ad sequendum impeditis Caesar, quod fore providerat, meridiano
fere tempore signo profectionis dato exercitum educit du-
plitatoque eius diei itinere VIII milia passuum ex eo loco
procedit : quod facere Pompeius discessu militum non
15 potuit.

77. Postero die Caesar similiter praemissis prima nocte
impedimentis de quarta vigilia ipse egreditur, ut, si qua esset
imposita dimicandi necessitas, subitum casum expedito
exercitu subiret. Hoc idem reliquis fecit diebus. Quibus
20 rebus perfectum est, ut altissimis fluminibus atque impedi-
tissimis itineribus nullum acciperet incommodum. Pompeius
primi diei mora illata et reliquorum dierum frustra labore
suscepto cum se magnis itineribus extenderet et praegressos
consequi cuperet, quarto die finem sequendi fecit atque aliud
25 sibi consilium capiendum existimavit.

78. Caesari ad saucios deponendos, stipendium exercitui
dandum, socios confirmandos, praesidium urbibus relinquen-
dum necesse erat adire Apolloniam. Sed his rebus tantum
temporis tribuit, quantum erat properanti necesse : timens
30 Domitio, ne adventu Pompei praeoccuparetur, ad eum omni
celeritate et studio incitatus ferebatur. Totius autem rei
consilium his rationibus explicabat, ut, si Pompeius eodem
contenderet, abductum illum a mari atque ab iis copiis, quas

Dyrrhachii comparaverat, frumento ac commeatu abstractum pari condicione belli secum decertare cogeret; si in Italiam transiret, coniuncto exercitu cum Domitio per Illyricum Italiae subsidio proficisceretur; si Apolloniam Oricumque oppugnare et se omni maritima ora excludere conaretur, 5 obsesso Scipione necessario illum suis auxilium ferre cogeret. Itaque praemissis nuntiis ad Cn. Domitium Caesar scripsit et, quid fieri vellet, ostendit praesidioque Apolloniae cohortibus quatuor Lissi una tribus Orici relictis quique erant ex vulneribus aegri depositis per Epirum atque Athamaniam 10 iter facere coepit. Pompeius quoque de Caesaris consilio coniectura iudicans ad Scipionem properandum sibi existimabat: si Caesar iter illo haberet, ut subsidium Scipioni ferret; si ab ora maritima Oricoque discedere nollet, quod legiones equitatumque ex Italia exspectaret, ipse ut omnibus 15 copiis Domitium aggrederetur.

79. His de causis uterque eorum celeritati studebat, et suis ut esset auxilio, et ad opprimendos adversarios ne occasioni temporis deesset. Sed Caesarem Apollonia a directo itinere averterat; Pompeius per Candaviam iter in 20 Macedoniam expeditum habebat. Accessit etiam ex improviso aliud incommodum, quod Domitius, qui dies complures castris Scipionis castra collata habuisset, rei frumentariae causa ab eo discesserat et Heracliam, quae est subiecta Candaviae, iter fecerat, ut ipsa fortuna illum obicere 25 Pompeio videretur. Haec ad id tempus Caesar ignorabat. Simul a Pompeio litteris per omnes provincias civitatesque dimissis de proelio ad Dyrrhachium facto latius inflatiusque multo, quam res erat gesta, fama percrebuerat: pulsum fugere Caesarem paene omnibus copiis amissis. Haec 30 itinera infesta reddiderat, haec civitates nonnullas ab eius amicitia avertebat. Quibus accidit rebus, ut pluribus dimissi itineribus a Caesare ad Domitium et a Domitio ad Caesarem

nulla ratione iter conficere possent. Sed Allobroges, Rau-
cilli atque Egi familiares, quos perfugisse ad Pompeium demonstravimus, conspicati in itinere exploratores Domitii, seu
pristina sua consuetudine, quod una in Gallia bella gesserant,
5 seu gloria elati cuncta, ut erant acta, exposuerunt et Caesaris
profectionem, adventum Pompei docuerunt. A quibus Domitius certior factus vix IV horarum spatio antecedens hostium beneficio periculum vitavit et ad Aeginium, quod est
adiectum appositumque Thessaliae, Caesari venienti occurrit.
10 80. Coniuncto exercitu Caesar Gomphos pervenit, quod
est oppidum primum Thessaliae venientibus ab Epiro; quae
gens paucis ante mensibus ultro ad Caesarem legatos miserat, ut suis omnibus facultatibus uteretur, praesidiumque ab
eo militum petierat. Sed eo fama iam praecurrerat, quam
15 supra docuimus, de proelio Dyrrhachino, quod multis auxerat
partibus. Itaque Androsthenes, praetor Thessaliae, cum se
victoriae Pompei comitem esse mallet quam socium Caesaris
in rebus adversis, omnem ex agris multitudinem servorum ac
liberorum in oppidum cogit portasque praecludit et ad
20 Scipionem Pompeiumque nuntios mittit, ut sibi subsidio
veniant: se confidere munitionibus oppidi, si celeriter suc-
curratur; longinquam oppugnationem sustinere non posse.
Scipio discessu exercituum ab Dyrrhachio cognito Larisam
legiones adduxerat; Pompeius nondum Thessaliae appro-
25 pinquabat. Caesar castris munitis scalas musculosque ad
repentinam oppugnationem fieri et crates parari iussit.
Quibus rebus effectis cohortatus milites docuit, quantum
usum haberet ad sublevandam omnium rerum inopiam potiri
oppido pleno atque opulento, simul reliquis civitatibus huius
30 urbis exemplo inferre terrorem et id fieri celeriter, priusquam
auxilia concurrerent. Itaque usus singulari militum studio
eodem, quo venerat, die post horam nonam oppidum altissimis moenibus oppugnare aggressus ante solis occasum ex-

pugnavit et ad diripiendum militibus concessit statimque ab
oppido castra movit et Metropolim venit, sic ut nuntios
expugnati oppidi famamque antecederet.

81. Metropolitae primum eodem usi consilio isdem permoti rumoribus portas clauserunt murosque armatis com- 5
pleverunt; sed postea casu civitatis Gomphensis cognito ex
captivis, quos Caesar ad murum producendos curaverat,
portas aperuerunt. Quibus diligentissime conservatis collata
fortuna Metropolitum cum casu Gomphensium nulla Thessaliae fuit civitas praeter Larisaeos, qui magnis coerciti 10
copiis Scipionis tenebantur, quin Caesari parerent atque
imperata facerent. Ille idoneum locum in agris nactus
plenis frumentorum, quae prope iam matura erant, ibi adventum exspectare Pompei eoque omnem belli rationem
conferre constituit.   15

82. Pompeius paucis post diebus in Thessaliam pervenit
contionatusque apud cunctum exercitum suis agit gratias,
Scipionis milites cohortatur, ut parta iam victoria praedae ac
praemiorum velint esse participes, receptisque omnibus in
una castra legionibus suum cum Scipione honorem partitur 20
classicumque apud eum cani et alterum illi iubet praetorium
tendi. Auctis copiis Pompei duobusque magnis exercitibus
coniunctis pristina omnium confirmatur opinio et spes victoriae augetur, adeo ut, quidquid intercederet temporis, id
morari reditum in Italiam videretur, et si quando quid 25
Pompeius tardius aut consideratius faceret, unius esse nego-
tium diei, sed illum delectari imperio et consulares praeto-
riosque servorum habere numero dicerent. Iamque inter se
palam de praemiis ac sacerdotiis contendebant in annosque
consulatum definiebant, alii domos bonaque eorum, qui in 30
castris erant Caesaris, petebant; magnaque inter eos in
consilio fuit controversia, oporteretne Lucili Hirri, quod
is a Pompeio ad Parthos missus esset, proximis comitiis

praetoriis absentis rationem haberi, cum eius necessarii fidem
implorarent Pompei, praestaret, quod proficiscenti recepisset,
ne per eius auctoritatem deceptus videretur, reliqui, in labore
pari ac periculo ne unus omnes antecederet, recusarent.

5 **83.** Iam de sacerdotio Caesaris Domitius, Scipio Spinther-
que Lentulus cotidianis contentionibus ad gravissimas verborum contumelias palam descenderunt, cum Lentulus aetatis
honorem ostentaret, Domitius urbanam gratiam dignitatemque iactaret, Scipio affinitate Pompei confideret. Postulavit
10 etiam L. Afranium proditionis exercitus Acutius Rufus apud
Pompeium, quod gestum in Hispania diceret. Et L. Domitius in consilio dixit placere sibi bello confecto ternas
tabellas dari ad iudicandum iis, qui ordinis essent senatorii
belloque una cum ipsis interfuissent, sententiasque de singulis
15 ferrent, qui Romae remansissent quique intra praesidia
Pompei fuissent neque operam in re militari praestitissent:
unam fore tabellam, qui liberandos omni periculo censerent;
alteram, qui capitis damnarent; tertiam, qui pecunia mul-
tarent. Postremo omnes aut de honoribus suis aut de
20 praemiis pecuniae aut de persequendis inimicitiis agebant
nec quibus rationibus superare possent, sed quemadmodum
uti victoria deberent cogitabant.

 84. Re frumentaria praeparata confirmatisque militibus
·et satis longo spatio temporis a Dyrrhachinis proeliis inter-
25 misso, quum satis perspectum habere militum animum videretur, temptandum Caesar existimavit, quidnam Pompeius
propositi aut voluntatis ad dimicandum haberet. Itaque ex
castris exercitum eduxit aciemque instruxit, primo suis locis
pauloque a castris Pompei longius, continentibus vero
30 diebus, ut progrederetur a castris suis collibusque Pompeianis aciem subiceret. Quae res in dies confirmatiorem
eius exercitum efficiebat. Superius tamen institutum in
equitibus, quod demonstravimus, servabat, ut, quoniam nu-

mero multis partibus esset inferior, adulescentes atque expeditos ex antesignanis electos mutatis ad pernicitatem armis
inter equites proeliari iuberet, qui cotidiana consuetudine
usum quoque eius generis proeliorum perciperent. His erat
rebus effectum, ut equitum mille etiam apertioribus locis 5
septem milium Pompeianorum impetum, cum adesset usus,
sustinere auderent neque magnopere eorum multitudine
terrerentur. Namque etiam per eos dies proelium secundum equestre fecit atque unum Allobrogem ex duobus, quos
perfugisse ad Pompeium supra docuimus, cum quibusdam 10
interfecit.

85. Pompeius, qui castra in colle habebat, ad infimas
radices montis aciem instruebat semper ut videbatur, exspectans, si iniquis locis Caesar se subiceret. Caesar nulla
ratione ad pugnam elici posse Pompeium existimans, hanc 15
sibi commodissimam belli rationem iudicavit, uti castra ex
eo loco moveret, semperque esset in itineribus, haec spectans,
ut movendis castris pluribus adeundis locis commodiore re
frumentaria uteretur, simulque in itinere ut aliquam occasionem dimicandi nancisceretur et insolitum ad laborem Pompei 20
exercitum cotidianis itineribus defatigaret. His constitutis
rebus, signo iam profectionis dato tabernaculisque detensis
animadversum est paulo ante extra cotidianam consuetudinem longius a vallo esse aciem Pompei progressam, ut non
iniquo loco posse dimicari videretur. Tunc Caesar apud 25
suos, cum iam esset agmen in portis, ' Differendum est,'
inquit, ' iter in praesentia nobis est de proelio cogitandum,
sicut semper depoposcimus. Animo simus ad dimicandum
parati: non facile occasionem postea reperiemus;' confestimque expeditas copias educit. 30

86. Pompeius quoque, ut postea cognitum est, suorum
omnium hortatu statuerat proelio decertare. Namque etiam in
consilio superioribus diebus dixerat, priusquam concurrerent

acies, fore uti exercitus Caesaris pelleretur. Id cum essent
plerique admirati, 'Scio me,' inquit, 'paene incredibilem
rem polliceri; sed rationem consilii mei accipite, quo
firmiore animo in proelium prodeatis. Persuasi equitibus
5 nostris (idque mihi facturos confirmaverunt) ut, cum propius
sit accessum, dextrum Caesaris cornu ab latere aperto aggre-
derentur et circumventa ab tergo acie prius perturbatum
exercitum pellerent, quam a nobis telum in hostem iaceretur.
Ita sine periculo legionum et paene sine vulnere bellum
10 conficiemus. Id autem difficile non est, cum tantum equitatu
valeamus.' Simul denuntiavit, ut essent animo parati in
posterum et, quoniam fieret dimicandi potestas, ut saepe cogi-
tavissent, ne usu manuque reliquorum opinionem fallerent.

87. Hunc Labienus excepit et, cum Caesaris copias despi-
15 ceret, Pompei consilium summis laudibus efferret, 'Noli,'
inquit, 'existimare, Pompei, hunc esse exercitum, qui Galliam
Germaniamque devicerit. Omnibus interfui proeliis neque
temere incognitam rem pronuntio. Perexigua pars illius
exercitus superest; magna pars deperiit, quod accidere tot
20 proeliis fuit necesse, multos autumni pestilentia in Italia
consumpsit, multi domum discesserunt, multi sunt relicti in
continenti. An non audistis ex iis, qui per causam valetudi-
nis remanserunt, cohortes esse Brundisi factas? Hae copiae,
quas videtis, ex delectibus horum annorum in citeriore Gal-
25 lia sunt refectae, et plerique sunt ex coloniis Transpadanis.
Ac tamen quod fuit roboris duobus proeliis Dyrrhachinis
interiit.' Haec cum dixisset, iuravit se nisi victorem in castra
non reversurum reliquosque, ut idem facerent, hortatus est.
Hoc laudans Pompeius idem iuravit; nec vero ex reliquis
30 fuit quisquam, qui iurare dubitaret. Haec tum facta sunt in
consilio, magnaque spe et laetitia omnium discessum est; ac
iam animo victoriam praecipiebant, quod de re tanta et a
tam perito imperatore nihil frustra confirmari videbatur.

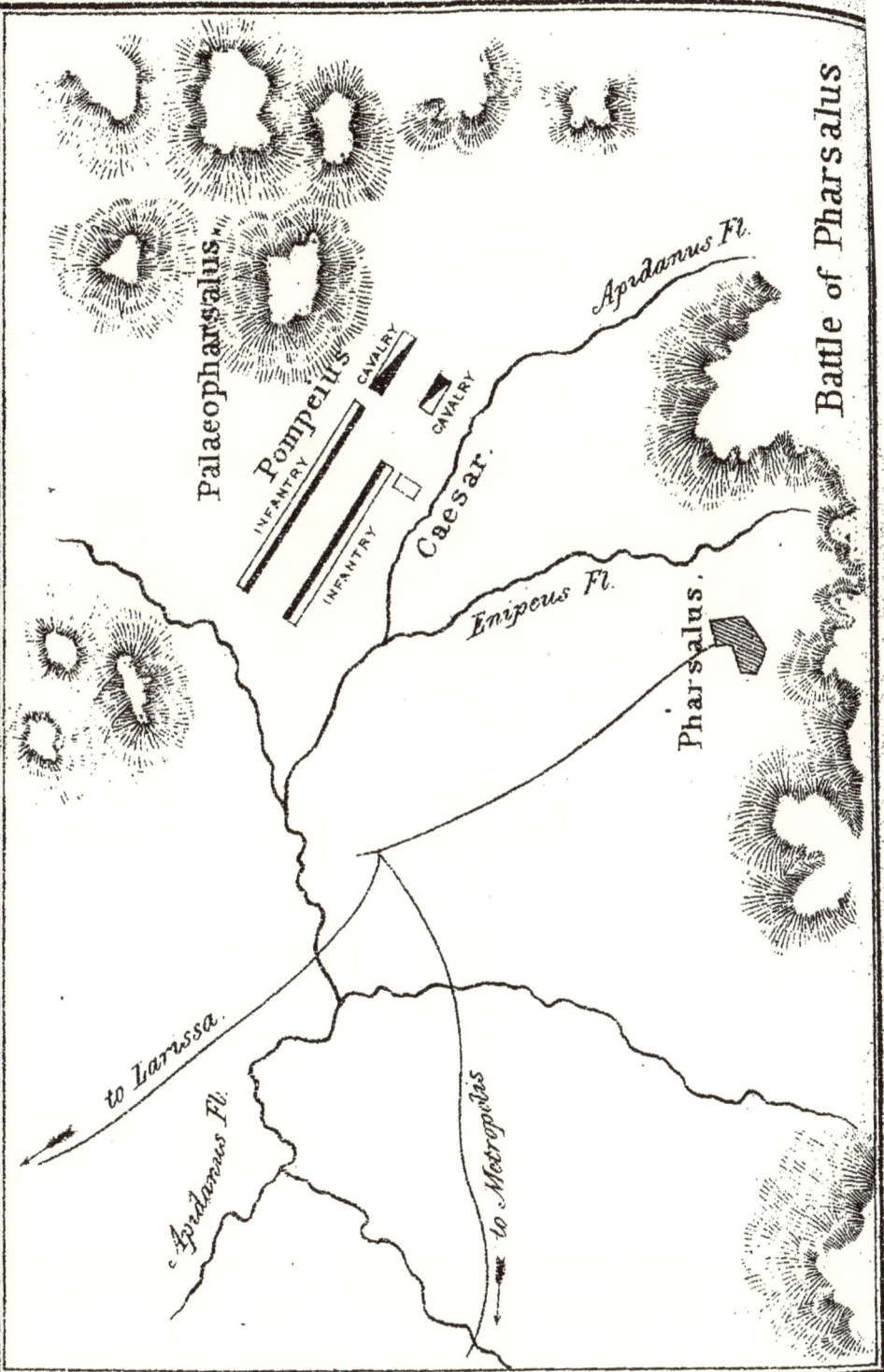

Battle of Pharsalus

88. Caesar, cum Pompei castris appropinquasset, ad hunc modum aciem eius instructam animum advertit. Erant in sinistro cornu legiones duae traditae a Caesare initio dissensionis ex senatusconsulto; quarum una prima, altera tertia appellabatur. In eo loco ipse erat Pompeius. Mediam 5 aciem Scipio cum legionibus Syriacis tenebat. Ciliciensis legio coniuncta cum cohortibus Hispanis, quas traductas ab Afranio docuimus, in dextro cornu erant collocatae. Has firmissimas se habere Pompeius existimabat. Reliquas inter aciem mediam cornuaque interiecerat numeroque cohortes 10 cx expleverat. Haec erant milia XLV, evocatorum circiter duo, quae ex beneficiariis superiorum exercituum ad eum convenerant; quae tota acie disperserat. Reliquas cohortis VII in castris propinquisque castellis praesidio disposuerat. Dextrum cornu eius rivus quidam impeditis ripis muniebat; 15 quam ob causam cunctum equitatum, sagittarios funditoresque omnes in sinistro cornu obiecerat.

89. Caesar superius institutum servans decimam legionem in dextro cornu, nonam in sinistro collocaverat, tametsi erat Dyrrhachinis proeliis vehementer attenuata et huic sic 20 adiunxit octavam, ut paene unam ex duabus efficeret, atque alteram alteri praesidio esse iusserat. Cohortes in acie LXXX constitutas habebat, quae summa erat milium XXII; cohortes II castris praesidio reliquerat. Sinistro cornu Antonium, dextro P. Sullam, media acie Cn. Domitium 25 praeposuerat. Ipse contra Pompeium constitit. Simul his rebus animadversis, quas demonstravimus, timens ne a multitudine equitum dextrum cornu circumveniretur, celeriter ex tertia acie singulas cohortes detraxit atque ex his quartam instituit equitatuique opposuit et, quid fieri vellet, ostendit monuit- 30 que eius diei victoriam in earum cohortium virtute constare. Simul tertiae aciei totique exercitui imperavit, ne iniussu suo concurreret: se, cum id fieri vellet, vexillo signum daturum.

90. Exercitum cum militari more ad pugnam cohortaretur suaque in eum perpetui temporis officia praedicaret, imprimis commemoravit: Testibus se militibus uti posse, quanto studio pacem petisset; quae per Vatinium in colloquiis, 5 quae per A. Clodium cum Scipione egisset, quibus modis ad Oricum cum Libone de mittendis legatis contendisset. Neque se umquam abuti militum sanguine neque rempublicam alterutro exercitu privare voluisse. Hac habita oratione exposcentibus militibus et studio pugnae ardentibus 10 tuba signum dedit.

91. Erat Crastinus evocatus in exercitu Caesaris, qui superiore anno apud eum primum pilum in legione x duxerat, vir singulari virtute. Hic signo dato, 'Sequimini me,' inquit, 'manipulares mei qui fuistis, et vestro imperatori 15 quam constituistis operam date. Unum hoc proelium superest; quo confecto et ille suam dignitatem et nos nostram libertatem recuperabimus.' Simul respiciens Caesarem, 'Faciam,' inquit, 'hodie, imperator, ut aut vivo mihi aut mortuo gratias agas.' Haec cum dixisset, primus 20 ex dextro cornu procucurrit, atque eum electi milites circiter cxx voluntarii eiusdem centuriae sunt prosecuti.

92. Inter duas acies tantum erat relictum spatii, ut satis esset ad concursum utriusque exercitus. Sed Pompeius suis praedixerat, ut Caesaris impetum exciperent neve se 25 loco moverent aciemque eius distrahi paterentur; idque admonitu C. Triarii fecisse dicebatur, ut primus excursus visque militum infringeretur aciesque distenderetur atque in suis ordinibus dispositi dispersos adorirentur; leviusque casura pila sperabat in loco retentis militibus, quam si ipsi 30 immissis telis occucurrissent, simul fore, ut duplicato cursu Caesaris milites exanimarentur et lassitudine conficerentur. Quod nobis quidem nulla ratione factum a Pompeio videtur, propterea quod est quaedam animi incitatio atque alacritas naturaliter innata omnibus, quae studio pugnae incenditur. Hanc non reprimere, sed augere imperatores debent; neque frustra antiquitus institutum est, ut signa undique concinerent clamoremque universi tollerent: quibus rebus et hostes terreri et suos incitari existimaverunt. 5

93. Sed nostri milites dato signo cum infestis pilis procucurrissent atque animum advertissent non concurri a Pompeianis, usu periti ac superioribus pugnis exercitati sua sponte cursum represserunt et ad medium fere spatium constiterunt, ne consumptis viribus appropinquarent, par- 10 voque intermisso temporis spatio ac rursus renovato cursu pila miserunt celeriterque, ut erat praeceptum a Caesare, gladios strinxerunt. Neque vero Pompeiani huic rei defuerunt. Nam et tela missa exceperunt et impetum legionum tulerunt et ordines conservaverunt pilisque missis ad gladios 15 redierunt. Eodem tempore equites ab sinistro Pompei cornu, ut erat imperatum, universi procucurrerunt, omnisque multitudo sagittariorum se profudit. Quorum impetum noster equitatus non tulit, sed paulatim loco motus cessit, equitesque Pompei hoc acrius instare et se turmatim ex- 20 plicare aciemque nostram a latere aperto circumire coeperunt. Quod ubi Caesar animum advertit, quartae aciei, quam instituerat sex cohortium, dedit signum. Illi celeriter procucurrerunt infestisque signis tanta vi in Pompei equites impetum fecerunt, ut eorum nemo consisteret omnesque 25 conversi non solum loco excederent, sed protinus incitati fuga montes altissimos peterent. Quibus summotis omnes sagittarii funditoresque destituti inermes sine praesidio interfecti sunt. Eodem impetu cohortes sinistrum cornu pugnantibus etiam tum ac resistentibus in acie Pompeianis 30 circumierunt eosque a tergo sunt adorti.

94. Eodem tempore tertiam aciem Caesar, quae quieta fuerat et se ad id tempus loco tenuerat, procurrere iussit.

Ita cum recentes atque integri defessis successissent, alii autem a tergo adorirentur, sustinere Pompeiani non potuerunt atque universi terga verterunt. Neque vero Caesarem fefellit, quin ab iis cohortibus, quae contra equitatum in 5 quarta acie collocatae essent, initium victoriae oriretur, ut ipse in cohortandis militibus pronuntiaverat. Ab his enim primum equitatus est pulsus, ab isdem factae caedes sagittariorum ac funditorum, ab isdem acies Pompeiana a sinistra parte circumita atque initium fugae factum. Sed 10 Pompeius, ut equitatum suum pulsum vidit atque eam partem, cui maxime confidebat, perterritam animum advertit, aliis quoque diffisus acie excessit protinusque se in castra equo contulit et iis centurionibus, quos in statione ad praetoriam portam posuerat, clare, ut milites exaudirent, 15 'Tuemini,' inquit, 'castra et defendite diligenter, si quid durius acciderit. Ego reliquas portas circumeo et castrorum praesidia confirmo.' Haec cum dixisset, se in praetorium contulit, summae rei diffidens et tamen eventum exspectans.

95. Caesar Pompeianis ex fuga intra vallum compulsis 20 nullum spatium perterritis dare oportere existimans milites cohortatus est, ut beneficio fortunae uterentur castraque oppugnarent. Qui, etsi magno aestu (nam ad meridiem res erat perducta), tamen ad omnem laborem animo parati imperio paruerunt. Castra a cohortibus, quae ibi praesidio 25 erant relictae, industrie defendebantur, multo etiam acrius a Thracibus barbarisque auxiliis. Nam qui acie refugerant milites, et animo perterriti et lassitudine confecti, missis plerique armis signisque militaribus magis de reliqua fuga quam de castrorum defensione cogitabant. Neque vero diu- 30 tius, qui in vallo constiterant, multitudinem telorum sustinere potuerunt, sed confecti vulneribus locum reliquerunt protinusque omnes ducibus usi centurionibus tribunisque militum in altissimos montes, qui ad castra pertinebant, confugerunt.

96. In castris Pompei videre licuit trichilas structas, magnum argenti pondus expositum recentibus cespitibus tabernacula constrata, Lucii etiam Lentuli et nonnullorum tabernacula protecta edera, multaque praeterea, quae nimiam luxuriam et victoriae fiduciam designarent, ut facile exi- 5 stimari posset nihil eos de eventu eius diei timuisse, qui non necessarias conquirerent voluptates. At hi miserrimo ac patientissimo exercitu Caesaris luxuriem obiciebant, cui semper omnia ad necessarium usum defuissent. Pompeius, iam cum intra vallum nostri versarentur, equum nactus 10 detractis insignibus imperatoris decumana porta se ex castris eiecit protinusque equo citato Larisam contendit. Neque ibi constitit, sed eadem celeritate paucos suos ex fuga nactus nocturno itinere non intermisso comitatu equi- tum triginta ad mare pervenit navemque frumentariam 15 conscendit saepe, ut dicebatur, querens tantum se opinionem fefellisse, ut, a quo genere hominum victoriam sperasset, ab eo initio fugae facto paene proditus videretur.

97. Caesar castris potitus a militibus contendit, ne in praeda occupati reliqui negotii gerendi facultatem dimitterent. 20 Qua re impetrata montem opere circummunire instituit. Pompeiani, quod is mons erat sine aqua, diffisi ei loco relicto monte universi iugis eius Larisam versus se recipere coeperunt. Qua re animadversa Caesar copias suas divisit partemque legionum in castris Pompei remanere iussit, 25 partem in sua castra remisit, quattuor secum legiones duxit commodioreque itinere Pompeianis occurrere coepit et progressus milia passuum VI aciem instruxit. Qua re animadversa Pompeiani in quodam monte constiterunt. Hunc montem flumen subluebat. Caesar milites cohortatus, 30 etsi totius diei continenti labore erant confecti noxque iam suberat, tamen munitione flumen a monte seclusit, ne noctu aquari Pompeiani possent. Quo perfecto opere

illi de deditione missis legatis agere coeperunt. Pauci
ordinis senatorii, qui se cum iis coniunxerant, nocte fuga
salutem petiverunt.

98. Caesar prima luce omnes eos, qui in monte con-
5 sederant, ex superioribus locis in planiciem descendere
atque arma proicere iussit. Quod ubi sine recusatione
fecerunt passisque palmis proiecti ad terram flentes ab eo
salutem petiverunt, consolatus consurgere iussit et pauca
apud eos de lenitate sua locutus, quo minore essent timore,
10 omnes conservavit militibusque suis commendavit, ne qui
eorum violaretur, neu quid sui desiderarent. Hac adhibita
diligentia ex castris sibi legiones alias occurrere et eas, quas
secum duxerat, in vicem requiescere atque in castra reverti
iussit eodemque die Larisam pervenit.

15 99. In eo proelio non amplius cc milites desideravit,
sed centuriones, fortes viros, circiter xxx amisit. Interfectus
est etiam fortissime pugnans Crastinus, cuius mentionem
supra fecimus, gladio in os adversum coniecto. Neque
id fuit falsum, quod ille in pugnam proficiscens dixerat.
20 Sic enim Caesar existimabat, eo proelio excellentissimam
virtutem Crastini fuisse optimeque eum de se meritum
iudicabat. Ex Pompeiano exercitu circiter milia xv cecidisse videbantur, sed in deditionem venerunt amplius milia
xxiv (namque etiam cohortes, quae praesidio in castellis
25 fuerant, sese Sullae dediderunt), multi praeterea in finitimas
civitates refugerunt, signaque militaria ex proelio ad Caesarem sunt relata clxxx et aquilae ix. L. Domitius ex
castris in montem refugiens, cum vires eum lassitudine
defecissent, ab equitibus est interfectus.

30 100. Eodem tempore D. Laelius cum classe ad Brundisium venit eademque ratione, qua factum a Libone antea
demonstravimus, insulam obiectam portui Brundisino tenuit.
Similiter Vatinius, qui Brundisio praeerat, tectis instructisque

scaphis elicuit naves Laelianas atque ex his longius produc-
tam unam quinqueremem et minores duas in angustiis
portus cepit, itemque per equites dispositos aqua prohibere
classiarios instituit. Sed Laelius tempore anni commodiore
usus ad navigandum onerariis navibus Corcyra Dyrrhachio- 5
que aquam suis supportabat neque a proposito deterrebatur
neque ante proelium in Thessalia factum cognitum aut
ignominia amissarum navium aut necessariarum rerum
inopia ex portu insulaque expelli potuit.

101. Isdem fere temporibus Cassius cum classe Syrorum 10
et Phoenicum et Cilicum in Siciliam venit, et cum esset
Caesaris classis divisa in duas partes, dimidiae parti praeesset P. Sulpicius praetor Vibone ad fretum, dimidiae M.
Pomponius ad Messanam, prius Cassius ad Messanam
navibus advolavit, quam Pomponius de eius adventu cog- 15
nosceret, perturbatumque eum nactus nullis custodiis neque
ordinibus certis magno vento et secundo completas onerarias naves taeda et pice et stupa reliquisque rebus, quae
sunt ad incendia, in Pomponianam classem immisit atque
omnes naves incendit xxxv, e quibus erant xx constratae. 20
Tantusque eo facto timor incessit, ut, cum esset legio
praesidio Messanae, vix oppidum defenderetur, et nisi eo
ipso tempore quidam nuntii de Caesaris victoria per dispositos equites essent allati, existimabant plerique futurum
fuisse, uti amitteretur. Sed opportunissime nuntiis allatis 25
oppidum est defensum; Cassiusque ad Sulpicianam inde
classem profectus est Vibonem, applicatisque nostris ad
terram navibus propter eundem timorem pari atque antea
ratione secundum nactus ventum onerarias naves praeparatas
ad incendium immisit, et flamma ab utroque cornu com- 30
prensa naves sunt combustae quinque. Cumque ignis
magnitudine venti latius serperet, milites, qui ex veteribus legionibus erant relicti praesidio navibus ex numero aegrorum,

ignominiam non tulerunt, sed sua sponte naves con-
scenderunt et a terra solverunt impetuque facto in Cas-
sianam classem quinqueremis duas, in quarum altera erat
Cassius, ceperunt; sed Cassius exceptus scapha refugit;
5 praeterea duae sunt deprensae triremes. Neque multo post
de proelio facto in Thessalia cognitum est, ut ipsis Pompeianis fides fieret; nam ante id tempus fingi a legatis
amicisque Caesaris arbitrabantur. Quibus rebus cognitis
ex his locis Cassius cum classe discessit.

10 **102.** Caesar omnibus rebus relictis persequendum sibi
Pompeium existimavit, quascumque in partes se ex fuga
recepisset, ne rursus copias comparare alias et bellum
renovare posset, et quantumcumque itineris equitatu efficere
poterat cotidie progrediebatur legionemque unam minoribus
15 itineribus subsequi iussit. Erat edictum Pompei nomine
Amphipoli propositum, uti omnes eius provinciae iuniores,
Graeci civesque Romani, iurandi causa convenirent. Sed
utrum avertendae suspicionis causa Pompeius proposuisset,
ut quam diutissime longioris fugae consilium occultaret,
20 an novis delectibus, si nemo premeret, Macedoniam tenere
conaretur, existimari non poterat. Ipse ad ancoram una
nocte constitit et vocatis ad se Amphipoli hospitibus et
pecunia ad necessarios sumptus corrogata cognito Caesaris
adventu ex eo loco discessit et Mytilenas paucis diebus
25 venit. Biduum tempestate retentus navibusque aliis additis
actuariis in Ciliciam atque inde Cyprum pervenit. Ibi
cognoscit consensu omnium Antiochensium civiumque Romanorum, qui illic negotiarentur, arcem captam esse ex-
cludendi sui causa nuntiosque dimissos ad eos, qui se ex
30 fuga in finitimas civitates recepisse dicerentur, ne Antiochiam
adirent: id si fecissent, magno eorum capitis periculo
futurum. Idem hoc L. Lentulo, qui superiore anno consul
fuerat, et P. Lentulo consulari ac nonnullis aliis acciderat

Rhodi; qui cum ex fuga Pompeium sequerentur atque in insulam venissent, oppido ac portu recepti non erant missisque ad eos nuntiis, ut ex his locis discederent, contra voluntatem suam naves solverunt. Iamque de Caesaris adventu fama ad civitates perferebatur. 5

103. Quibus cognitis rebus Pompeius deposito adeundae Syriae consilio pecunia societatis sublata et a quibusdam privatis sumpta et aeris magno pondere ad militarem usum in naves imposito duobusque milibus hominum armatis, partim quos ex familiis societatum delegerat, partim a negotia- 10 toribus coegerat, quos ex suis quisque ad hanc rem idoneos existimabat, Pelusium pervenit. Ibi casu rex erat Ptolemaeus, puer aetate, magnis copiis cum sorore Cleopatra bellum gerens, quam paucis ante mensibus per suos propinquos atque amicos regno expulerat: castraque Cleopatrae 15 non longo spatio ab eius castris distabant. Ad eum Pompeius misit, ut pro hospitio atque amicitia patris Alexandria reciperetur atque illius opibus in calamitate tegeretur. Sed qui ab eo missi erant, confecto legationis officio, liberius cum militibus regis colloqui coeperunt eosque hortari, ut suum 20 officium Pompeio praestarent neve eius fortunam despicerent. In hoc erant numero complures Pompei milites, quos ex eius exercitu acceptos in Syria Gabinius Alexandriam traduxerat belloque confecto apud Ptolemaeum, patrem pueri, reliquerat. 25

104. His tunc cognitis rebus amici regis, qui propter aetatem eius in curatione erant regni, sive timore adducti, ut postea praedicabant, sollicitato exercitu regio ne Pompeius Alexandriam Aegyptumque occuparet, sive despecta eius fortuna, ut plerumque in calamitate ex amicis inimici ex- 30 istunt, his, qui erant ab eo missi, palam liberaliter responderunt eumque ad regem venire iusserunt; ipsi clam consilio inito Achillam, praefectum regium, singulari hominem

audacia, et L. Septimium, tribunum militum, ad interficien-
dum Pompeium miserunt. Ab his liberaliter ipse appellatus
et quadam notitia Septimii productus, quod bello praedonum
apud eum ordinem duxerat, naviculam parvulam conscendit
5 cum paucis suis: ibi ab Achilla et Septimio interficitur.
Item L. Lentulus comprehenditur ab rege et in custodia
necatur.

105. Caesar, cum in Asiam venisset, reperiebat T. Am-
pium conatum esse pecunias tollere Epheso ex fano Dianae
10 eiusque rei causa senatores omnes ex provincia evocasse, ut
his testibus in summa pecuniae uteretur, sed interpellatum
adventu Caesaris profugisse. Ita duobus temporibus Ephesiae pecuniae Caesar auxilium tulit . . . . Item constabat
Elide in templo Minervae repetitis atque enumeratis diebus,
15 quo die proelium secundum Caesar fecisset, simulacrum
Victoriae, quod ante ipsam Minervam collocatum esset et
ante ad simulacrum Minervae spectavisset, ad valvas se
templi limenque convertisse. Eodemque die Antiochiae in
Syria bis tantus exercitus clamor et signorum sonus exauditus
20 est, ut in muris armata civitas discurreret. Hoc idem
Ptolemaide accidit, Pergamique in occultis ac reconditis
templi, quo praeter sacerdotes adire fas non est, quae Graeci
ἄδυτα appellant, tympana sonuerunt. Item Trallibus in
templo Victoriae, ubi Caesaris statuam consecraverant,
25 palma per eos dies inter coagmenta lapidum ex pavimento
exstitisse ostendebatur.

106. Caesar paucos dies in Asia moratus cum audisset
Pompeium Cypri visum, coniectans eum Aegyptum iter
habere propter necessitudines regni reliquasque eius loci
30 opportunitates, cum legione una, quam se ex Thessalia
sequi iusserat, et altera, quam ex Achaia a Q. Fufio legato
evocaverat, equitibusque DCCC et navibus longis Rhodiis X et
Asiaticis paucis Alexandriam pervenit. In his erant legioni-

bus hominum milia tria cc; reliqui vulneribus ex proeliis et labore ac magnitudine itineris confecti consequi non potuerant. Sed Caesar confisus fama rerum gestarum infirmis auxiliis proficisci non dubitaverat aeque omnem sibi locum tutum fore existimans. Alexandriae de Pompei morte cog- 5 noscit atque ibi primum e nave egrediens clamorem militum audit, quos rex in oppido, praesidii causa reliquerat, et concursum ad se fieri videt, quod fasces anteferrentur. In hoc omnis multitudo maiestatem regiam minui praedicabat. Hoc sedato tumultu crebrae continuis diebus ex concursu 10 multitudinis concitationes fiebant compluresque milites in viis urbis omnibus partibus interficiebantur.

107. Quibus rebus animadversis legiones sibi alias ex Asia adduci iussit, quas ex Pompeianis militibus confecerat. Ipse enim necessario etesiis tenebatur, qui navigantibus 15 Alexandria sunt adversissimi venti. Interim controversias regum ad populum Romanum et ad se, quod esset consul, pertinere existimans atque eo magis officio suo convenire, quod superiore consulatu cum patre Ptolemaeo et lege et senatusconsulto societas erat facta, ostendit sibi placere 20 regem Ptolemaeum atque eius sororem Cleopatram exercitus, quos haberent, dimittere et de controversiis iure apud se potius quam inter se armis disceptare.

108. Erat in procuratione regni propter aetatem pueri nutricius eius, eunuchus nomine Pothinus. Is primum inter 25 suos queri atque indignari coepit regem ad causam dicendam evocari; deinde adiutores quosdam consilii sui nactus ex regis amicis exercitum a Pelusio clam Alexandriam evocavit atque eundem Achillam, cuius supra meminimus, omnibus copiis praefecit. Hunc suis et regis inflatum polli- 30 citationibus, quae fieri vellet, litteris nuntiisque edocuit. In testamento Ptolemaei patris heredes erant scripti ex duobus filiis maior et ex duabus filiabus ea, quae aetate antecedebat.

K

Haec uti fierent, per omnes deos perque foedera, quae
Romae fecisset, eodem testamento Ptolemaeus populum
Romanum obtestabatur. Tabulae testamenti unae per legatos eius Romam erant allatae, ut in aerario ponerentur
5 (hae, cum propter publicas occupationes poni non potuissent,
apud Pompeium sunt depositae), alterae eodem exemplo
relictae atque obsignatae Alexandriae proferebantur.

109. De his rebus cum ageretur apud Caesarem, isque
maxime vellet pro communi amico atque arbitro contro-
10 versias regum componere, subito exercitus regius equitatusque omnis venire Alexandriam nuntiatur. Caesaris copiae
nequaquam erant tantae, ut eis, extra oppidum si esset
dimicandum, confideret. Relinquebatur, ut se suis locis
oppido teneret consiliumque Achillae cognosceret. Milites
15 tamen omnes in armis esse iussit regemque hortatus est, ut
ex suis necessariis, quos haberet maximae auctoritatis legatos
ad Achillam mitteret et, quid esset suae voluntatis, osten-
deret. A quo missi Dioscorides et Serapion, qui ambo legati
Romae fuerant magnamque apud patrem Ptolemaeum aucto-
20 ritatem habuerant, ad Achillam pervenerunt. Quos ille, cum
in conspectum eius venissent, priusquam audiret aut, cuius
rei causa missi essent, cognosceret, corripi atque interfici
iussit; quorum alter accepto vulnere per suos pro occiso
sublatus, alter interfectus est. Quo facto regem ut in sua
25 potestate haberet Caesar efficit; magnam regium nomen
apud suos auctoritatem habere existimans et ut potius privato paucorum et latronum quam regio consilio susceptum
bellum videretur.

110. Erant cum Achilla copiae, ut neque numero neque
30 genere hominum neque usu rei militaris contemnendae
viderentur. Milia enim xx in armis habebat. Haec con-
stabant ex Gabinianis militibus, qui iam in consuetudinem
Alexandrinae vitae ac licentiae venerant et nomen discipli-

namque populi Romani dedidicerant uxoresque duxerant, ex quibus plerique liberos habebant. Huc accedebant collecti ex praedonibus latronibusque Syriae Ciliciaeque provinciae finitimarumque regionum. Multi praeterea capitis damnati exulesque convenerant: fugitivis omnibus nostris 5 certus erat Alexandriae receptus certaque vitae condicio, ut dato nomine militum essent numero; si quis a domino prehenderetur, consensu militum eripiebatur, qui vim suorum, quod in simili culpa versabantur, ipsi pro suo periculo defendebant. Hi regum amicos ad mortem deposcere, hi 10 bona locupletum diripere, stipendii augendi causa regis domum obsidere, regno expellere, alios arcessere vetere quodam Alexandrini exercitus instituto consuerant. Erant praeterea equitum milia duo. Inveteraverant hi omnes compluribus Alexandriae bellis; Ptolemaeum patrem in regnum 15 reduxerant, Bibuli filios duos interfecerant, bella cum Aegyptiis gesserant. Hunc usum rei militaris habebant.

111. His copiis fidens Achillas paucitatemque militum Caesaris despiciens occupabat Alexandriam praeter eam oppidi partem, quam Caesar cum militibus tenebat, primo 20 impetu domum eius irrumpere conatus; sed Caesar dispositis per vias cohortibus impetum eius sustinuit. Eodemque tempore pugnatum est ad portum ac longe maximam ea res attulit dimicationem. Simul enim diductis copiis pluribus viis pugnabatur, et magna multitudine navis longas occupare 25 hostes conabantur; quarum erant L auxilio missae ad Pompeium proelioque in Thessalia facto domum redierant, illae triremes omnes et quinqueremes aptae instructaeque omnibus rebus ad navigandum, praeter has XXII, quae praesidii causa Alexandriae esse consuerant, constratae omnes; quas si 30 occupavissent, classe Caesari erepta portum ac mare totum in sua potestate haberent, commeatu auxiliisque Caesarem prohiberent. Itaque tanta est contentione actum, quanta agi

debuit, cum illi celerem in eâ re victoriam, hi salutem suam
consistere viderent.　Sed rem obtinuit Caesar omnesque eas
naves et reliquas, quae erant in navalibus, incendit, quod
tam late tueri parva manu non poterat, confestimque ad
5 Pharum navibus milites exposuit.

112. Pharus est in insula turris magna altitudine, mirificis
operibus exstructa; quae nomen ab insula accepit.　Haec
insula obiecta Alexandriae portum efficit; sed a superioribus
regionibus in longitudinem passuum nongentorum in mare
10 iactis molibus angusto itinere et ponte cum oppido coniun-
gitur.　In hac sunt insula domicilia Aegyptiorum et vicus
oppidi magnitudine; quaeque ibi cumque naves imprudentia
aut tempestate paulum suo cursu decesserunt, has more
praedonum diripere consuerunt.　Iis autem invitis, a quibus
15 Pharus tenetur, non potest esse propter angustias navibus
introitus in portum.　Hoc tum veritus Caesar hostibus in
pugna occupatis militibus expositis Pharum prehendit atque
ibi praesidium posuit.　Quibus est rebus effectum, ut tuto
frumentum auxiliaque navibus ad eum supportari possent.
20 Dimisit enim circum omnes propinquas provincias atque
inde auxilia evocavit.　Reliquis oppidi partibus sic est pugnatum, ut aequo proelio discederetur et neutri pellerentur (id
efficiebant angustiae loci), paucisque utrimque interfectis
Caesar loca maxime necessaria complexus noctu praemunit.
25 In hoc tractu oppidi pars erat regiae exigua, in quam ipse
habitandi causa initio erat inductus, et theatrum coniunctum
domui, quod arcis tenebat locum aditusque habebat ad portum et ad reliqua navalia.　Has munitiones insequentibus
auxit diebus, ut pro muro obiectas haberet neu dimicare
30 invitus cogeretur.　Interim filia minor Ptolemaei regis
vacuam possessionem regni sperans ad Achillam sese ex regia
traiecit unaque bellum administrare coepit.　Sed celeriter est
inter eos de principatu controversia orta; quae res apud

milites largitiones auxit, magnis enim iacturis sibi quisque
eorum animos conciliabat. Haec dum apud hostes geruntur, Pothinus [nutricius pueri et procurator regni, in parte
Caesaris], cum ad Achillam nuntios mitteret hortareturque,
ne negotio desisteret neve animo deficeret, indicatis depre- 5
hensisque internuntiis a Caesare est interfectus. Haec initia
belli Alexandrini fuerunt.

NOTES.

BOOK I.

CORFINIUM.　　MASSILIA.　　ILERDA.

A.U.C. 705.　　B.C. 49.　　January—June.

Page 1, line 1, chap. 1.　Litteris a C. Caesare. The last chapter
of the 'Bellum Gallicum' (which is defective only by a few lines)
brings the history up to the point where the 'Bellum Civile' begins.
We learn from Hirtius and other authorities how the republican party,
headed, for the time, by the versatile Curio, had tried to carry a motion ·
in the Senate that the great competitors Cn. Pompeius and C. J. Caesar
should both disband their armies, and return to a private station.
Pompeius refused to comply with this demand; and, at the head of
the extreme party, began forming at Capua an army to oppose
Caesar; the nucleus of which was to be the first legion, which he
had lent to Caesar and now demanded back, and the fifteenth, which
the Senate had required from Caesar as his contingent for a Parthian
war. At the same time earnest attempts were made to cancel the
agreements which Pompeius had formed with Caesar; according to
which Caesar's government of Gaul was to last technically till the
beginning of A.U.C. 705, really till the beginning of A.U.C. 706; as it
would be impossible to send out his successor till the latter year.
Meanwhile Caesar was to be allowed, without presenting himself at
Rome, to sue for the consulship for A.U.C. 706. Once in office, it
would not be difficult for him to re-organise the party of progress in
the city, and so to carry on his noble and truly patriotic task of creating
a free and united Italy, with its heart vibrating in unison with that of
Rome, alive with municipal institutions, steady and energetic with
restored agriculture and free labour.

But this prospect was what the selfish party of his opponents above all things feared and dreaded. The Italy of their predilections meant a country wasted, rather than cultivated, by chain-gangs of slaves; municipals cowering at the feet of a Roman senator and liable to be scourged even to death at his mere pleasure (see below, note 7); farmers kept prostrate by indebtedness to great capitalists (the 'usura vorax' of Lucan), and courts of justice absolutely at their command for the basest political purposes. Therefore they determined to leave no stone unturned to hinder Caesar's consulship in A.U.C. 706. If he could only be forced to lay down his command early in A.U.C. 705, there would be an interval during which he might be made the object of a prosecution, and got rid of by exile, as Milo had been. An attempt to induce his veterans to demand their discharge from the Senate failed miserably, through their personal attachment to their general. They were therefore to try and induce the Senate to recal him and to send his successor in time, actually and not only nominally, to supersede him in February, A.U.C. 705.

The letter mentioned in the first line of chap. 1 was Caesar's ultimatum, sent from Ravenna, and received by the Senate on the first of January, A.U.C. 705. In it he stated that he was prepared to make vast concessions. He would give up Transalpine Gaul at once, retaining only the Cisalpine province. Even this he was content to hold only till the time of his election, as consul; which would be some time in July. During the months that intervened between his election and the beginning of the actual consulship on the first of the following January, he was content to remain in a private station. His object in writing it was to put Pompeius plainly in the wrong, in case he persisted in retaining his own Spanish province, while he still was calling on Caesar to resign Gaul.

redditis; letters were said to be 'restored' (delivered) to the person to whom they were addressed. The implication is that they were answers to a former letter of his. In much the same way *réjoindre* is generally used in French for 'to overtake' (the two were presumably together before); and a gladiator was said 'recipere ferrum,' when he received his death-wound.

2. **summa contentione,** 'by the vehement efforts of the tribunes.' The too-celebrated Curio had resigned his tribuneship—and his aristocratic republicanism—in December, A.U.C. 704, and had gone over to Caesar at Ravenna, on an agreement that Caesar should pay his debts, amounting to about £600,000. But he was represented by his colleagues, M. Antonius and Q. Cassius, who are here referred to.

3. **ex litteris ... referretur,** 'they could not carry a motion that the letter be now taken into consideration.'

4. **infinite**—a probable emendation for 'in civitate.' The consuls might refer to the Senate either 'infinite de republica' or 'de singulis rebus finite' (Gell. 14. 7). The general, or 'infinite,' reference might be (Liv. 26. 1) 'de republica, de administratione belli, de provinciis exercitibusque.'

5. **se non defuturum,** 'that he would do his part for the republic.'

7. **ut .. fecerint.** The subjunctive induces Caesar to use 'ut' instead of 'quod,' as in Bell. Gall. 4. 23, 'monuitque, ut rei militaris ratio, maxime ut maritimae res postularent, . . ad nutum et ad tempus omnes res ab iis administrarentur.'

9. **habere se ... receptum,** 'that he had a chance of falling back on Caesar's friendship.' On the original meaning of 'receptus' see Bell. Gall. 7. 49, note.) The consuls of the year were L. Corn. Lentulus and C. Claud. Marcellus. The latter was a vehement opponent of Caesar's plans for Italian regeneration, and had recently caused a citizen of Como to be scourged for the express purpose of throwing contempt upon them, and defying Caesar. Lentulus had been the prosecutor of Clodius, for whose connection with Caesar's party, see Bell. Gall. 7. 1, note 2, and Merivale, Roman Rep. c. viii.

11. **Scipio;** this was Q. Caecil. Metellus Pius Scipio, the father of Cornelia, whom Pompeius had married after the death of Julia, Caesar's daughter, on purpose to detach his cause from that of his father-in-law.

2. 2. c. 2. aderat, 'was close at hand,' like Horace's
    ' Heu heu quantus equis, quantus adest viris
       Sudor.'

3. **M. Marcellus,** a relation of the consul; and strongly in favour of Pompeius, for whom he wished to gain time. The other two speakers were friends to Caesar.

4. **ingressus in eam orationem,** 'who took the line of argument.'
de ea re, 'concerning war with Caesar,' Bell. Gall. 1. 4, note 1.

7. **censebat,** 'who recommended that Pompeius should go into his province.' Spain was then, as now, a plural ('todas las Espanas'—so, 'all the Russias').

ut M. Rufus; the anaphora of 'ut' gives the idea of enumerating the speakers one by one (Bell. Gall. 1. 14. 6, 'quod Aeduos, quod Ambarros, quod Allobrogas vexassent,' is a similar instance).

13. **convicio,** for 'convicitio,' by contraction. 'Pervicax' shows the quantity of the root where there is no contraction.

14. **pronuntiaturum .. negavit,** 'refused to put Calidius' motion at all.'

18. **ante certam diem;** probably, as note 1 shows, by the last day of February, A.U.C. 705, which was the time when Caesar's command was technically at an end.

19. **adversus rempublicam facturum,** an euphemism for 'he should be declared a public enemy.' On the spirit of these formularies, see chap. 5, note 6: Plutarch, Caes. 30, gives this sense, ἀποδει-χθῆναι πολέμιον αὐτόν.

20. **intercedit,** 'vetoed the resolution.'

21. **refertur confestim;** whether the tribunes could constitutionally do this or not admitted of doubt. By the 'Lex Sempronia de Provinciis Consularibus' (passed by C. Gracchus in A.U.C. 631) the tribune could not veto the Senate's arrangements about provinces. But, as Kraner remarks, this law did not apply to the case of provinces given, like Caesar's, by an extraordinary vote of the people. The proposal by the aristocratic party was to punish the tribunes for exercising their power (περὶ τιμωρίας αὐτῶν ἐβουλεύοντο is Dion Cassius' expression). Their constitutional interference was treated as an attempt at revolution: they were threatened by the swords of Pompeian soldiers and fled, two days later, from Rome in the dress of slaves, as we see in chap. 5.

24. **c. 3. ad vesperum.** A deliberation of the Senate could not legally be continued after sunset; as the xii Tables ordained, 'Sol occasus suprema tempestas esto;' the object being to avoid nocturnal conspiracies.

25. **evocantur.** The Senate generally met at the Temple of Bellona outside the walls, when audience was to be given to a general who had not laid down his military command, and therefore could not pass the *pomoerium.*

27. **ordinum,** 'of appointments as centurions:' a great promotion for privates. The centurions (Dict. Antiq. p. 505) were divided into 'primi,' 'inferioris,' and 'infimi ordinis,' whence the expression above.

28. **duabus legionibus,** see 1, note 1.

30. **evocatis,** men who, after having served their time, might be asked to do duty as veterans, and as such were exempted from carrying wood and water and from labour at works. The reading of the MSS., 'urbs et ius comitium,' is of course corrupt: some editors read 'eius comitium,' which might stand, as in Hor. Sat. 2. 6. 76,

'Et quae sit natura boni summumque quid eius.'

See also Orelli's Excursus to Od. 3. 11. But 'ipsum comitium,' which is adopted in the text, seems a very probable reading.

31. **necessarii,** 'close connections,' ἀναγκαῖοι. It was remarked as a

peculiarity in Caesar's style that he used ' necessitas' in the sense of
'necessitudo.' (Meyer, Orat. Rom. Fragm. p. 412.)

33. vocibus, like the ' militum voces' in Bell. Gall. 1. 39, 'the random
talk.'

3. 2. L. Piso, the father of Caesar's wife, Calpurnia, and the person
whose family wrongs Caesar boasts, in Bell. Gall. 1. 12, of having
avenged on the Helvetii. L. Roscius, a former legate of Caesar's;
not the most distinguished, as we may judge from the humble task
assigned to him in Bell. Gall. 5. 24 (see also Bell. Gall. 1. 39, note 4,
and note 3 on 5. 24).

8. c. 4. veteres inimicitiae. See the rhetorical contrast between
Cato and Caesar in Sall. Catil. 54 : and the contest on the Catiline case
which immediately follows, and which was the first cause of this
enmity : also Cato's proposal to give up Caesar to the Usipetes (Bell.
Gall. 4. 14, note 6).

9. dolor repulsae. Cato had tried for the consulship in order to be
in a position to cashier both the great rivals: but he had failed, and
Marcellus had been elected.

10. provinciarum; a proconsul might reasonably expect to make
enough in his province, first, to repay all his earlier expenditure as
aedile, praetor, &c.; secondly, enough to bribe the judges if he was
prosecuted for extortion; and, thirdly, enough to leave him, after
acquittal, a colossal fortune.

regum appellandorum largitionibus; 'the bribes that he would
get for conferring the title of king.' This title had been given to Ariovistus, and to Tasgetius and others by Caesar in Gaul; with what effect
upon the mind of the people may be seen in Bell. Gall. 1. 2, note 1, and
5. 54, note 3. The same was afterwards done on the most magnificent
scale by M. Antonius at Alexandria, in A.U.C. 720, when in one day he
declared Cleopatra queen of Cyprus, Libya, and Coele-Syria, Alexander
king of Armenia, Parthia, and Media, and Ptolemaeus king of Cilicia,
Syria, and Phoenice.

11. alterum .. Sullam. Why should he not follow the example of
his illustrious forerunner in the gens Cornelia; repress these turbulent
tribunes, restore all ' iudicia ' to the Senate, and have another proscrip-
tion of the liberal party?

12. redeat; the use of this word implies 'will naturally come.'

iudiciorum metus, 'fears as to the constitution of the courts of
justice.' Sometimes the Senate held the chief posts in these, till their
corruption led to their being transferred to the ' equites:' then, after
a while, the corruption of the ' equites ' would make a return to the

Senate appear a measure of desirable reform.   (Merivale, Hist. Rom. i. p. 72.)

20. **affinitatis tempore**; at the time when Julia, Caesar's daughter, was his wife.

21. **infamia .. permotus,** 'conscience-stricken as to his own dishonourable act.'

26. c. 5. **docendi Caesaris.** The gerundives in the two first cases are unusual with names or appellatives of men. In the same exceptional way we have 'Caesar misit Caecinam distrahendo hosti' (Tac. Ann. I. 60), and 'me auctorem fuisse Caesaris interficiendi criminatur' (Cic. ad Div. 12. 2). The reason for the gerundive being the frequent occurrence of two words in connection with one another, it is obvious that the name of a man can seldom be connected in this degree with any other word

27. **extremi iuris;** the power of interceding and so retaining the most elementary of their rights; much as 'extrema alimenta' means 'the most indispensable food.'

28. **L. Sulla reliquerat**—true; but he had made abuse of the tribunician veto punishable by a heavy fine, which, as a rule, destroyed a man's civil status. (Mommsen, iii. p. 363).

31. **octavo denique mense.** The latter part of this comparison is easy to understand. The tribunes of the people always came into office on the 10th of December (Momms. iii. pp. 89, 126). But Tib. Gracchus was murdered soon after the failure of his attempt at re-election, which would have been in July (Cic. Att. i. 1, 'comitiis tribuniciis A.D. vi Kal. Sextiles'). Reckoning inclusively, this would give eight months for the time during which Gracchus held his office unmolested. There is therefore no reason for altering the reading into 'toto denique emenso spatio,' as some editors propose. The difficulty is only in the words 'septimo die,' which cannot, of course, mean the seventh day of the tribunes' political existence. The truth seems to be that in writing the words 'de sua salute septimo die cogitare coguntur,' Caesar simply meant to assign to the flight of the tribunes its place in his narrative; but that, after they were written, the rhetorical contrast of the long impunity of Tib. Gracchus suggested itself, and was written down without its being considered worth while to spoil the antithesis by stating the exact number of days during which the tribunes had been in office.

suarum actionum, 'of their official existence.'

32. **decurritur,** like 'descendere,' immediately afterwards, means 'to have recourse to;' partly like the Greek κατέβαινε εἰς λιτάς (Herod. I. 901). This was the proclamation of martial law, which had been a

signal of death to the Gracchi, to Saturninus, to the Catilinarian conspirators.

4. 5. quinque primis diebus; the 7th of January, as well as the 3rd and 4th, was a comitial day, on which strictly there could be no meeting of the Senate. This would not give five Senate-days up to the 7th of January. Probably, however, a meeting of the Senate might be held on a 'dies comitialis,' if there were no actual 'comitia' upon it.

9. profugiunt .. tribuni; thus giving Caesar just the constitutional justification which he required for his hostile advance. In much the same way the Independent army in 1647 gained a quasi-legality for its proceedings when they were joined by the sixty seceding members of the House of Commons.

10. Ravennae. A picturesque description of this most ancient Gallic or Umbrian town with its shield of tidal morasses, its canals, and its pile-built houses, is given by Gibbon, chap. xxx. As the name 'Rome' appears to have been pronounced 'Reven' and 'Rave' in various Celtic languages, we may suspect that 'Rome' and 'Ravenna' are identical names; a singular fact when we consider that Ravenna was from A.D. 400 to A.D. 750 considered the capital of Italy.

14. c. 6. ostenderat, 'made the same proposals which he had communicated through Scipio.'

16. legiones .. decem. It is uncertain which legions Pompeius was reckoning here: he probably means the seven in Spain, the two taken from Caesar, which he had at Capua, and the one (Merivale, ii. 101) which was encamped with him near Rome. Or he may be reckoning his troops in Italy only; in which case it is hard to make out the numbers clearly. In Corfinium and the other towns he lost nearly five legions (inf. c. 23, note 4). When he arrived at Brundisium he had six with him (c. 25), three of which, however, had been levied by the way. This would roughly and inexactly make ten at the time when Pompeius spoke, as the arrangements for levying these latter may have been partially completed. Pompeius had boasted, a month before, 'that he had but to stamp on the ground and legions would rise.'

19. saltem, 'even.' This word is sometimes written 'saltim,' that is, 'salutim,' reservedly; whence the two meanings,

20. Faustus Sulla; because as son of the Dictator Sulla, he would have connections with Bocchus king of Mauritania, and son of the king who had delivered up Jugurtha to Sulla.

22. rege Iuba, son of Hiempsal, who had been made king of Numidia by Pompeius. This king had a special grudge against

Caesar (Suet. Caes. 71) for having defended a rebellious subject against him, and against Curio, for proposing to make Numidia a Roman province. The name Juba is shortened for Jobaal, meaning, 'the glory of Baal.'

23. **passurum . . negat.** Marcellus stopped this measure probably because the combination of Bocchus with Juba, even as allies of the Senate, would be dangerous; especially considering that a stoppage of the African corn-ships might starve Rome, if events led the two kings to form such a plan.

24. **Philippus,** who interferes as one of the tribunes on Caesar's side.

25. **privatis.** The Scipio mentioned in c. 1 had been consul B.C. 52, and Domitius B.C. 54. Neither of them therefore could properly hold provinces; as the 'lex Pompeia de Provinciis' ordered that they should not be held till five years after the office of consul or praetor had been vacated.

27. **Philippus.** This was Q. Marcius Philippus, father of the tribune just mentioned. He had been consul in B.C. 56, and had married a niece of Caesar's: his neutrality in the struggle was offensive to the Pompeians, though not to Caesar.

L. Aurelius Cotta was a relation of Caesar's mother, Aurelia.

30. **ad populum feratur.** They did not wait for the 'lex curiata de imperio' to confer on them, for the government of their provinces, the same powers which they had held as consuls or praetors: that is, military command and the right of taking the auspices. This ceremony was not a difficult one at this time: it merely implied that three augurs should come forward and certify that an (imaginary) 'comitia curiata' had been duly held. (Cic. Att. 4. 18.)

32. **quod . . numquam;** these words are supposed to be an interpolation, as Caesar could not have forgotten e. g. the presence of the two consuls at Cannae, at the Metaurus, &c.

33. **privati,** men with no complete authority under the 'lex curiata.'

5. 5. c. 7. omnium temporum iniurias inimicorum. Caesar's favourite genitive on genitive; like 'superiorum dierum Sabini cunctatio.' See Bell. Gall. 3. 18 (and 1. 19, note 6).

7. **cuius,** 'although he had always helped his honours.'

quae . . restituta; probably an interpolation, as the sense shows.

13. **videatur,** 'had a reputation for restoring the good old institutions' (unless 'bona' is interpolated).

18. **in vi tribunicia;** 'in cases of violence done by tribunes.' By the pernicious laws' are meant the agrarian laws of the Gracchi, &c.; by the 'occupying high ground,' the act of C. Gracchus in seizing the

Aventine, which led to the execution of martial law being entrusted to the consul Opimus : also the similar case of Saturninus.

22. nulla . . facta; the use of the nominative in these words makes it probable that they are an interpolation.

25. pacaverint, 'subdued,' as Tacitus' British chieftain says of the Romans, 'solitudinem faciunt pacem appellant.' The nine years were from B.C. 58, when the Gallic war began.

28. initio tumultus. We find from the end of the Bell. Gall. that the thirteenth legion had been sent by Caesar into Italy, to guard the posts from which the fifteenth had been withdrawn, in order to go back to Pompeius. On the word 'tumultus,' see Cic. Phil. 8. 1, 'maiores nostri tumultum Italicum, quod erat domesticus; tumultum Gallicum, quod erat Italiae finitimus : praeterea nullum nominabant.'

convenire with the acc. means 'to meet' or 'to call upon;' as in Cic. de Sen. 32, 'nemo me adhuc convenire voluit cui fuerim occupatus.'

31. c. 8. Ariminum. His coming into Italy from Cisalpine Gaul with his army was itself a declaration of war. It will be observed that Caesar says nothing of hesitating at the Rubicon. The story is given by Plutarch in his life of Caesar, and, with an added prodigy, by Suetonius (Jul. Caesar, 31. 32): finally, Lucan has swathed it in bad poetry, or rather false rhetoric. The true story is to the invention as Ary Scheffer's picture of Napoleon crossing the St. Bernard on a mule led by a peasant boy is to Lebrun's charger rearing with the First Consul on the crest of an Alpine pass.

6. 1. L. Caesar. See Bell. Gall. 7. 65, note 1, for his relationship to Caesar. He remained, as far as possible, neutral, like Philippus, in the civil wars. A useful list of Caesar's 'legati' in Gaul, with their subsequent history, is found in App. D. to Jules César, vol. 2.

4. velle . . se . . purgatum, 'begged that Caesar would accept his excuses, and not consider as a personal affront the course that he was taking on public grounds.' Pompeius, like Macbeth,

> 'would not do wrong,
> And yet would wrongly win.'

8. reipublicae dimittere, 'to give up for the sake of the republic;' like 'eius voluntati condonat,' in Bell. Gall. 1. 20.

9. nocere se speret, 'when he anticipates that he is doing them harm.' Curtius considers the Latin root 'spe' to be connected with the Greek φθα- in φθάνω; whence the meaning given above.

18. c. 9. si parvo labore, 'and thus to try if with small labour,' &c.

21. beneficium; the permission given him to stand for the consulship while absent from Rome.

22. erepto semenstri imperio; 'that an attempt had been made to shorten his provincial command by six months, and force him back to the city.' He must have returned, as the note on line 1, chap. 1 shows, in the middle of B.C. 49 to sue for the consulship of the following year.

24. populus iussisset; as this favour had been granted by a special ordinance, carried in B.C. 52, either by the tribunes or by Pompeius himself. (Merivale, vol. ii. p. 57, note.)

26. ut omnes . . discederent; in favour of Curio's proposition, that himself and Pompeius should both disband their troops.

29. quonam haec . . pertinere. Rhetorical questions thrown into the oblique form have the acc. and inf. for the first and third persons ('num se posse,' can I? 'num Caesarem posse,' can Caesar? 'num quidquam superbius esse,' is anything haughtier?) Sometimes, however, the subjunctive is used, as in c. 32, 'cur ferri passus esset Pompeius?' especially in the second person, where we have 'quid tandem vererentur?' and the like (Bell. Gall. 1. 14, note 4).

32. proficiscatur . . ipsi dimittant . . discedant. The asyndeton between the clauses gives the idea of a rapid summary of the possible adjustment. Cp. Bell. Gall. 1. 20 (ad finem), and 7. 89, for summaries made rapid by the omission of conjunctions.

7. 4. fore uti, &c., 'some means would be found to settle all controversy.' The periphrases 'fore ut,' 'factum est ut,' &c., represent the expected consequence as the result of the whole body of coming circumstances—'things would so turn out that,' &c.

6. c. 10. cum Caesare, with the young L. Caesar.

10. reverteretur is the oblique imperative, depressed for 'revertatur,' like 'quare ne committeret ut,' 'reminisceretur veteris incommodi populi Romani,' &c.

15. c. 11. iniqua condicio, 'an unjust proposal' (whether 'dicio' comes from 'do' or from 'dico').

18. delectus habere; Caesar's idea in omitting conjunctions here is to place the contradictories as closely as possible to one another, so that they may show their own deformity.

19. peracto consulatu Caesaris, 'if he stayed till the end of B.C. 48.'

22. polliceri; on the derivation of this word see Bell. Gall. 1. 42, note 3, and 1. 18, note 3.

23. Arretium. M. Antonius was sent to Arezzo, because this lay on the direct road from Ariminum to Rome, through Etruria.

25. Pesaro and Fano, were on the Flaminian Way. **Auximum** (Osimo) and **Ancona** defended the coast road. It must be remembered that Pompeius was at Teanum ready to advance northward, and it could not be known beforehand on which line he would advance..

27. **c. 12. Iguvium** (Gubbio) was just off the Flaminian Way.

8. 3. Auximum (Osimo), just south of Ancona.

6. c. 13. decuriones. See below, c. 23, note 1.

11. **posteritatis** seems to mean 'of the coming time.' Hofmann quotes Cic. Cat. I. 9. 22, 'quanta tempestas, si minus in praesens . . at in posteritatem impendeat.'

13. **ex primo ordine** means either from the first maniple or from the first century of the first cohort. See Dict. of Antiquities, p. 501.

17, 18. **ordinem ducere** is a phrase meaning 'to be a centurion;' and **primi pili centurio** means the first centurion of the first maniple of the Triarii. *Ib.* p. 508.

24. **c. 14. profugeret.** 'At the very moment when he had opened the gates of the more sacred treasury, he was struck by a sudden panic and fled.' This 'more sacred treasury' was, like the ordinary one, in the Temple of Saturn ; but it had been kept separate, from early times, to meet the chance of a Gallic war. To account for this terror, it must be remembered that some of Caesar's troops were Gauls; and that his opponents thought that he would turn on them the habits of ferocious warfare learned in that country.

28. **iter ad legiones habebat,** 'was now on the way to join the legions.'

32. **lege Iulia.** We have an account of this law in Suet. Jul. Caes. 20. During his consulship with Bibulus, B.C. 59, Caesar, in conjunction with Pompeius, carried an agrarian law giving some Campanian lands to 20,000 of the needy citizens, who had each not less than three children. His colleague, with three tribunes and the whole aristocracy, opposed this bill, but were driven by force of arms from the forum; and in the course of the proceedings Bibulus himself was violently flung by Caesar's partisans down the steps of the temple of Castor. As this was during the time of Caesar's league with Pompeius, many of the colonists were Pompeian veterans, who were mistakenly supposed to be likely now to join their old leader.

9. 3. omnium iudicio reprehendebatur. It was only twenty years since Spartacus, at the head of 30,000 gladiators, had waged a civil war in Italy, not second to Hannibal's in its formidable character, and held command of the whole country for two years. A somewhat similar proposal, to arm the negroes of the Southern States during the American War of 1813, and thus abolish slavery there at a blow, was declined by the British Government. (Sir C. Napier's Letters and Journals, i. 370).

4. **conventus Campaniae;** of the district of Campania. The

L

'conventus' in a province meant an assize district or circuit of the proconsul; or, more literally still, the assize itself: as Caesar frequently comes to Gallia Cisalpina 'ad conventus agendos.' The same thing is meant by the ἀγοραῖοι ἄγονται of Acts xix. 38.

7. c. 15. **praefecturae.** See Arn. Hist. Rome, iii. 19. A 'praefectura' was either a town with no municipal institutions of its own, and governed by a 'praefectus' sent from Rome; or a country district in the territory of a colony, under a praefect appointed by the colony itself.

9. **Labienus.** Caesar had not mentioned the defection of his eminent lieutenant at Ariminum. Hearing that he had reached Pompeius' camp at Teanum, he had politely sent his baggage after him. Labienus was afterwards the fiercest enemy of Caesar. See an astonishing instance of his cruelty, below, 3. 71, also Bell. Afr. c. 16.

11. **milites imperat : mittunt.** The asyndeton admirably expresses the rapidity with which his commands were obeyed. The twelfth legion had been sent for from Cisalpine Gaul while Caesar was at Ariminum; and now within a fortnight overtook him. With these he ventured to advance, trusting to the good-will of the Italian towns, and to the chance of Pompeius' soldiers deserting to him.

13. **Asculum Picenum.** This had been at an earlier period the capital of the Picenians; the epithet distinguishes it from Ascoli in Apulia.

14. **decem cohortibus.** The instrumental ablative; as a body of men is a kind of implement of war. Caesar says 'ten cohorts,' as they were not all of the same legion.

17. **incidit:** 'he met with,' as they were moving in opposite directions. 'Incidere in' is also used for 'to be overtaken by' in Bell. Gall. I. 53.

18. **confirmandorum hominum,** 'for the purpose of encouraging the population.'

24. **Corfinium.** This was the celebrated capital of the Italian confederacy in the Social War, which, under the name of Italica, was intended to supplant Rome. Its site can be seen near Pescara; but no modern town has taken its place. It was in the country of the Peligni.

26. **Domitius.** This devoted partisan of the oligarchy had been appointed by them to succeed Caesar in Transalpine Gaul (supra, c. 6).

27. **Alba.** This is Alba Forentina, just north of Lake Fucinus; a Roman military colony, often used as a state prison for captured kings, like Syphax of Numidia, or Bituitus king of the Arverni.

28. c. 16. recepto Firmo. The MSS. read thus. The name of Fermo, as Kraner remarks, was introduced as a gloss from Cic. ad Att. 8. 12 ; and it is evident from the words ' expulso Lentulo ' that Asculum is meant. Some editions read ' oppido.'

32. fluminis, of the river Aternus (the Pescara).

10. 3. iuxta murum. He was only able fully to invest the town when reinforcements came up in c. 18.

7. c. 17. locorum angustiis. For Pompeius' troops would bar the road to the south, and also that leading from Corfinium by Alba to Rome.

12. contione, from ' coventio.' The word should therefore not be spelt ' concio.'

ex suis possessionibus. This enormous offer of lands gives an idea of the immense possessions of a Roman noble, and the reason which made an agrarian law so offensive to them. Domitius had received large grants from Sulla out of his wholesale confiscations (Mommsen, iii. 357). Caesar himself had promised each of his men five minae, equal to £16 ; and 300 sesterces to every citizen (Merivale, ii. p. 153), a bad omen for patriotic reforms.

14. pro rata parte. The share of a centurion was double that of a private soldier, Bell. Gall. 8. 4, note 2.

15. c. 18. Sulmonenses quod oppidum, ' that the inhabitants of Sulmo, which city,' &c., a construction κατὰ σύνεσιν.

16. cupere ea facere quae vellet, ' wished to place themselves entirely at his disposal.' So Caesar uses ' favere et cupere Helvetiis,' and Horace, ' cupio omnia quae vis,' as a phrase of compliment.

19. M. Antonium. He had been with Caesar as quaestor in Gaul for two years ; and was one of the two tribunes who had fled to him at Ravenna.

26. Caesar primis diebus. A slight carelessness of style, as the same word had begun the last sentence. Compare Bell. Gall. 1. 7, ' Caesari cum id nuntiatum esset .. maturat ab urbe proficisci,' and 1. 12, ' eos impeditos .. aggressus, magnam partem eorum concidit,' where there is the same degree of irregularity.

29. legio viii. This was probably one of the legions left in the Aeduan country (Bell. Gall. 8. 54) ; as it reached Caesar within a month after he despatched from Ariminum the order for its advance. By ' eo triduo ' is meant ' within three days ' of the time when he began the works mentioned in the last sentence.

30. ab rege Norico. A Norican king named Voccio is mentioned in the Bell. Gall. 1. 53, as brother-in-law to Ariovistus. This name

being Celtic, it is probable that Caesar's popularity in Cisalpine Gaul enabled him to engage cavalry from the kindred people of Styria. For the great stress laid by him on the possession of a small number of very superior cavalry, see Bell. Gall. 7. 13, note 1, and 4. 13, note 1.

33. **vallo castellisque**, 'with a rampart and bastions.'

11. 3. c. 19. **dissimulans**, 'concealing their true contents.'

5. **ne animo deficiant.** For the tenses used in the dramatic, as distinguished from the ordinary, oblique, see Bell. Gall. 1. 14, note 7.

6. **cum paucis familiaribus**, 'with a few who were his intimates.' ('Cum paucis familiarium' would mean that he summoned a part only of his intimates.),

7. **consilium fugae capere**, 'to make arrangements for flight' (leaving his army behind).

12. **fugeret**; 'while at the same time he avoided all meetings and general assemblies.' The omission of the adversative conjunction, by placing the two actions quite closely together, brings out rhetorically the idea of their inconsistency and absurdity. So Cic. de Div. 1. 39, 'quid causae est cur Cassandra furens futura prospiciat, Priamus sapiens idem facere non queat?' (supra, 11, note 2).

15. **si qua fuisset facultas**; the oblique of 'si qua fuerit facultas, ad me .. venias.'

16. **id ne fieri posset .. fiebat**, 'but this had become impossible from the blockade and from the strength of the lines round the city.'

19. c. 20. **prima vesperi.** Caesar uses only 'vesperi' for the genitive; 'vesperum' and 'vesperam' for the accusative; 'vespere' for the ablative. As the time of these occurrences was early in February, the beginning of the first night-watch was about 4.49'. See Leverrier's table in Jules César, vol. ii. p. 553.

secessionem faciunt, 'held a separate conference.'

20. **honestissimos sui generis**, 'the most distinguished of the privates.'

22. **cuius spe**, 'from hope and trust in whom;' the genitive of the object.

23. **proiectis omnibus**, 'was forsaking them all.'

27. **ut .. conentur.** Consequences in a construction with the historic present are generally historic, as 'Sulla hortatur suos ut fortem animum gererent,' Sall. Jug. 107 (P. S. Latin Gr. p. 406), sometimes, as here, primary.

28. **ultro citroque.** See Bell. Gall. 1. 42, note 6.

33. **vivum .. tradere.** See below, c. 74, for the feeling of Roman soldiers with regard to their general.

12. 5. c. 21. parvis momentis, 'from small impulses,' as we have 'magna momenta rerum,' and in Hamlet, 'enterprises of great pith and moment.'

magni casus intercederent, 'because (as he reflected) great events often happen in war,' &c. The quasi-oblique subjunctive gives the thought as conceived by the actor, not by the writer.

8. portas murosque asservari, 'and ordered that they should hold the walls and gates for him.' The next sentence begins the orders which he gave to his own troops.

9. non certis spatiis, 'not at regular intervals, but with an unbroken line of men supported by strong detachments; so that they were in contact with one another, and manned the whole of the ramparts.' For this purpose two men are required for every yard in length. The men would naturally have been placed only at the towers; that is, at distances of about sixty yards; now they manned the whole curtain as well.

16. qui ea nocte conquieverit, 'as to fall asleep on that night.' The use of the perfect tense gives the tone of fact to the consequence more strongly than the imperfect would do. See Bell. Gall. 3. 15, note 3, and index.

17. summae rerum, 'of a decisive result.'

ut alius in aliam partem, 'that every one was attentive and looking out in various directions,' to divine what was then happening to the citizens, to the generals, and to the soldiers in the town, and what would be the issue to each.

20. Exciperent is the oblique of 'excipiant,' in the future sense (as 'non dubito quin Chremes tibi *det* gratam'), the direct construction being 'laboro quid excipiat,' or some similar phrase. The sentence would have been clearer if 'excepturi essent' had been written.

23. c. 22. Caesarem convenire. Supra, c. 8. note 1.

25. de salute sua agit. The word 'agit' is omitted by the MSS., and is an addition of Bentley's: such an ellipse as 'oro cum Caesare' being unexampled in Latin prose, although 'tecum oro' ('I plead with you') occurs several times in Plautus; and naturally enough, since 'oro' simply means 'to speak' (as 'orator' and 'peroro' show); also 'talibus orabat Iuno' (Virg. Aen. 10. 96). See Varronianus, p. 205.

28. quod .. venerat, 'as, in fact, he had been admitted.' The indicative makes Caesar the informant here, and indicates a kind of sharpness like that with which he addresses Afranius and Petreius in c. 85.

29. ex praetura; on giving up the praetorship (held in B.C. 60), Caesar had himself received the province of Spain; but gave it up in

order to take Gaul, by a vote of the people ; passing on Spain to Lentulus.   The latter was consul in b. c. 57, and in that capacity carried the
recall of Cicero from exile.

33. **in ea re,** 'in the course of his persecution.'

13. 3. **ut .. liceat.**   On the words ' liceor,' ' liceo,' ' licet,' see Bell. Gall.
1. 18. 3.

6. **durius consulere.**   Litotes, ' that they were meditating suicide.'
The soldiers of Cotta and Sabinus actually killed themselves (Bell. Gall.
5. 37).   Cp. Lucan, Phars. 4. 520, where a similar event occurring at
sea is forcibly described.

12. **c. 23. decurionum.**   The senate of a ' municipium' was called
'ordo decurionum ;' its members were the ' decuriones.'   The highest
magistrates are loosely called the ' consules ' or ' praetores ;' properly
and formally the ' duumviri iuri dicundo.'

14. **conviciis.**   The necessity of stopping these gives an idea of the
ordinary temper of Roman soldiers ; much as Hirtius' calling the burning
of villages ' vulgare illud incursionis hostium signum' (c. 3) stopped for
once by Caesar—shows the ordinary customs of Roman warfare.

17. **H. S. LX.**   This must mean 'sexagies sestertium'—six millions
of sesterces : about £48,000.

22. **sacramentum apud se,** 'to swear allegiance to him.'   So we
have ' consulis sacramento teneri,' ' to be under allegiance to the consul.'   Caesar's boldness in thus trusting his cause to troops recently
arrayed against him is most striking.   He had now with him the
thirteenth legion (c. 7), the twelfth (c. 15), the eighth (c. 18).   There
were also some levies made at Rimini (c. 11).   Five cohorts went over
to him at Gubbio (c. 12), some others at Osimo (c. 13), soldiers were
sent him from Cingulum (c. 15), seven cohorts came over to him at
Sulmo (c. 18), twenty-two newly-levied cohorts and three hundred
cavalry came from Gaul (ib.), and finally the thirty-two cohorts under
Domitius now joined him.   These would altogether have amounted to
65,000 men or thereabouts.   As he reckons, in c. 25, that after sending
the Domitians to Sicily, he retained only six legions, we must understand that some of those deserting to him were dismissed, as in c. 87.

23. **iustum iter.**   'Under this weight ' (says Gibbon, i. 21), ' which
would oppress the delicacy of a modern soldier, they were trained by a
regular step to advance in six hours nearly twenty miles.'   A 'magnum
iter ' was twenty-four miles (Veget. 1. 9).   The mile was however only
1614 yards ; so that twenty-four Roman miles were twenty-two English
miles, nearly.

25. **in Apuliam.**   He marched straight down towards Brundisium,

not turning aside for Rome and its treasuries until he had driven Pompeius from Italy. His march followed the line of the present Ancona and Brindisi railway.

27. c. 24. **Brundisium.** The name is Italian, and, as we learn from Strabo (6. 3), meant 'the stag's head;' from the shape of the harbour with its many branches. The passage to Dyrrhachium is reckoned (ib.) at 1800 stadia; which, as Gibbon remarks (v. 232), is double the true distance.

30. **ccc equites conficit**—to match Caesar's Noric horse.

Alba. This was probably the Alba near Rome; not the Alba Forentina above mentioned.

14. 4. **N. Magius Cremona,** that is, 'Numerius Magius of Cremona;' engineer-in-chief to Pompeius.

11. c. 25. **cum legionibus vi.** Supra, c. 6, note 2.

15. **Dyrrhachium.** (From δὺς, ῥαχία, ' the place of heavy surf,' as we may conjecture.) It was the Epidamnus (or, -um) of Thucydides and Shakespeare ; the latter name is said by Pliny to have sounded ill-omened to the Romans ; whence its change Its modern name is Durazzo (Gibbon, 1. c.). The consuls had been sent on, because they were losing heart, and beginning to wish for peace.

18. **extremis Italiae partibus.** The meaning seems to be, ' that he might be master of the Adriatic at the extreme south point of Italy and the extreme north point of Greece, so as to be able to manage the war in either of the countries, as he pleased.' That is, he might, if he succeeded in levying an army in Greece, either bring it back with him to Brindisi, or force Caesar to follow him to Durazzo.

22. **administrationes,** ' the working of the harbour.' Caesar's operation is explained by a letter which Cicero saw from him at this time, saying, ' Conamur opus magnum et multorum dierum propter altitudinem maris . . . ab utroque cornu portus moles iacimus, ut aut illum quam primum traiicere quod habet Brundisii copiarum cogamus aut exitu prohibeamus.'

25. **iaciebat,** ' he proceeded to throw an embanked mole from each side of the harbour mouth.'

26. **By contineri non posset** he means, ' could not be held together.'

27. **rates duplices;** a pair of rafts thirty feet square placed in a straight line with the mole (so as to continue it) in each direction. Instead of the accurate word ' utroqueversum' (which we find in Plautus), ' quoquoversum,' or better ' quoqueversum[1],' is generally used by Latin authors. Scaliger and others propose to read LXXX instead of XXX; as the breadth of thirty feet would be insufficient for the works

---

[1] See Nipperdey's Caesar, p. 72.

to be constructed on the floating mole; and the change seems plausible, as Caesar was apparently imitating Alexander the Great, whose first mole at Tyre was two hundred feet broad, his second still wider. At the same time the reading in the text gives the towers a more natural distance from one another than if LXXX were read. Towers one hundred yards apart would have no effect in clearing with hand-missiles the decks of vessels approaching midway between them; as the cast of a javelin was not more than about forty yards.

33. **cratibus ac pluteis,** 'with mantlets of hurdle work,' probably covered with skins, that they might not be fired, and crenellated so as to afford shelter to the soldier up to the moment when he threw his javelin.

15. 9. c. 26. ita administrabat, ut: . , 'carried on these military operations without thinking that he need give up the hope of peace.'

12. **ea res;** and though his repeated attempts for peace made his attacks less impetuous and his plans incomplete.

13. **omnibus rebus** means 'on all accounts.'　Bell. Gall. i. 4, note 1.

15. **Rebilum.** This officer had commanded the smaller camp at Alesia.

Libo was father-in-law of Sextus Pompeius; and had commanded in Etruria, till forced to retreat by Caesar's rapid advances.

19. **fore ut . . discedatur,** 'the result would be that they might lay down their arms on equitable conditions.'　See c. 9, note 26.

20. **cuius rei,** 'and in cases of such accommodation;' genitive on genitive (like 'sine eius offensione animi,' in Bell. Gall. i. 19).

26. **aliquando,** 'at length and finally.'

16. 2. c. 27. inaedificat, 'raised walls and cut deep trenches across the streets, planting in the latter fraises and palisades sharpened at the end.'　A 'fraise' is a row of palisades set horizontally on the scarp of a ditch, or on a bank.

5. **maximus . . trabibus,** 'he barred with huge beams planted upright,' so as to make a stockade of enormous strength.

10. **expedito loco,** 'in a place out of the enemy's way.'

14. **c. 28. concursantibus illis,** 'as soon as they saw them mustering for withdrawal.'

15. **vulgo ex tectis,** 'made signs from the roofs at every point.' The scene must have been like that in Oporto in 1809, when 'a long loud shout in the town, and the waving of handkerchiefs from the windows gave notice that the French had abandoned the lower city.' Napier, vol. ii. p. 107.

21. **vallum caecum**, 'the rampart where the outlets were built up;' as 'caeca domus' means 'a windowless house.'

23. **duas naves**; as the French at Corunna managed to destroy a few of our last transports.

25. **reprehensas excipiunt**, 'and after grappling, they boarded them.'

31. c. 29. **insequendi sui**; an unusual gerundive, like 'docendi Caesaris' in c. 5, 'appellandorum regum' in c. 4, and 'Pompei sequendi,' below, in c. 30.

relinquebatur, 'the only alternative was that he would have to wait for ships.'

32. **a freto**, 'from the strait of Messina' (after leaving Domitius' men in Sicily).

17. 1. **veterem exercitum**, 'meantime he was unwilling that a veteran army should be collected for Pompeius, and the whole of Spain secured to his interest.'

2. **altera .. devincta.** Pompeius had given the Roman franchise to many Spaniards who had supported him in the war with Sertorius; and among them to the L. Corn. Balbus who was defended by Cicero against a charge of assuming citizenship wrongfully. As a counterpoise, however, to these inexpensive 'beneficia,' his own letter to the Senate says, with sufficient candour, 'Hispaniam citeriorem .. nos aut Sertorius ad internecionem vastavimus,' Sall. Fr. 3. 1. Caesar's resolution to go to Spain arose from an almost instinctive feeling in a Roman general, prevailing since the time of the Second Punic War, leading them to consider Spain as important as Italy itself. See Arn. Hist. Rome, vol. iii. p. 81; where this point is well brought out. Indeed we find from Cic. Att. 7. 18, that Pompeius had himself thought of retiring thither.

3. **Galliam Italiamque temptari**, 'and that attempts should be made to win Italy and Gaul;' probably by outbidding the offers of political privilege made to them by Caesar and the liberals—a policy not yet obsolete.

6. c. 30. **duumviris.** Cp. supra, c. 23, note 1.

8. **in Sardiniam.** His aim was to possess himself at once of the three grain-producing provinces, Sicily, Sardinia, Africa. Meantime Pompeius was intending 'suffocare urbem et Italiam fame' (Cic. Att. 9. 7), and to lead a host of barbarians against his country in support of the sacred rights of the nobility (Cic. ad Att. 8. 11). In another place Cicero says that Pompeius 'sullaturit et proscripturit,' like Lentulus in c. 4.

12. **Cotta.** Supra, 3. 6, note 8.

21. **adventu Curionis cognito.** This participial construction is more immediate to the verb than that which immediately precedes it: like Xenophon's ἐπιθυμῶ ἐκταθεὶς, ὥσπερ 'Οδυσσεὺς, καθεύδων ἀφικέσθαι, 'I should like to stretch myself out, and so get home asleep, as Ulysses did.'

26. **confirmavisset,** 'had positively stated.'

28. **c. 31. nacti . . Valerius, Curio.** The σχῆμα καθ' ὅλον καὶ μέρος, like οὗτοι μὲν ἄλλος ἄλλο λέγει.

vacuas ab imperiis, 'finding Sardinia and Sicily in the hands of no magistrates.'

33. **sua sponte,** 'had occupied it by his own authority.'

18. 2. **nactus aditus,** 'having found means.'

4. **portu . . prohibet;** although Tubero was on his own side.

7. **c. 32. ut reliquum tempus . . intermitteretur,** 'in order that the time (until he marched for Spain) might be a break in their labours.' Kraner quotes Bell. Gall. 7. 70, 'planicies intermissa collibus.'

9. **ad urbem;** to Rome, where, in spite of the tribune Metellus, he took possession of the treasury.

13. **latum ab X tribunis.** 'A resolution,' he said, 'had been moved by the whole body of the tribunes.'

16. **cur ferri passus esset.** The unusual subjunctive in an obliquely expressed question, is caused by the 'qui' having already occurred in the nominative at the beginning of the sentence, so as to make the oblique construction impossible. See above, c. 9, note 6.

21. **in se recusarent,** 'refused in their own case,' like 'quod in Nerviis fecisset,' 'illi dolebant in adolescentulo,' &c.

omnia permisceri mallent. Cp. above, c. 7 (ad fin.).

23. **eripiendis legionibus;** in taking from him the two legions mentioned in c. 4, and Bell. Gall. 8. 54.

24. **in circumscribendis tribunis.** The word 'circumscribo' means legally 'to embezzle' ('circumscriptis н.s dccc'). In Cic. Mil. 33 it is used as equivalent to 'coerceo;' and the meaning is the same here.

26. **ut rempublicam suscipiant.** Something like a senate had been convened, in the absence of the consuls, by the tribunes Antonius and Cassius.

31. **ad quos legati mitterentur,** 'that when ambassadors are sent to any one, that person is *ipso facto* acknowledged as an authority.'

33. **haec . . videri,** 'such apprehensions as these seem to show a weak and unstable mind.'

ut . . studuerit is the oblique of 'ut studui.' So 'ut optasti, ita est' would be in the oblique 'ut optarit, ita esse.'

19. 4. c. 33. eodem .. habiturum loco, 'that he would treat in the same way.' So 'obsidis loco mitti' means 'to be sent as a hostage' (the phrase 'esse obsidi' being inadmissible).

7. subicitur, 'was set on by Caesar's enemies.'

atque .. pervenit. Caesar does not dwell for a moment on such a trifle as posting at full speed from Rome to Lyons. Modern writers, more diffuse, give us full accounts of Napoleon's mode of travelling, as Gleig, in the 'Campaign of Leipzig.' The latter might serve as a description of the former.

15. c. 34. Domitium. His tenacity in opposing Caesar would arise partly from his being Cato's brother-in-law, partly from the terrible humiliation to which his soldiers had just subjected him at Corfinium.

17. Igilium, the island off Cosa in Etruria, now called Giglio.

colonis suis, 'with his agricultural tenants.'

23. Albici. Their name remains in the town of Albiosc near Riez.

25. ex omnibus castellis, 'from all the outlying forts.'

26. officinas = 'opificinas.'

28. c. 35. quindecim primos. These were the presidents of a council of 600 τιμοῦχοι, an oligarchical constitution which made them side with Pompeius and the Senate. (Strabo 4. 1, διοικοῦνται ἀριστοκρατικῶς οἱ Μασσαλιῶται πάντων εὐνομώτατα.) Their fidelity to Rome itself had been secured, as Montesquieu (21. 11) points out, at an earlier time, by their jealousy of the superior power of Carthage in the western part of the Mediterranean. The family of the Protiadae, supposed to be descended from the founders, had exercised an almost sovereign influence there.

20. 1. ex auctoritate, 'by the authority of the whole senate.'

6. alter .. iis concesserit. In stating a historic fact (see 87, note 1) Caesar often, as here, uses the determinative instead of the reflexive pronouns. So Bell. Gall. 1. 5, 'persuadent Rauracis .. ut una cum iis proficiscantur.' Pompeius' concession of the Helvian and Volcian territory to Massalia was because many of the Gauls of the Roman province had aided Sertorius to keep the passes of the Alps against him, and attacked Massilia, which remained faithful. How and when the Salyes were given by Caesar to them does not appear; but the grant must have been important, as this nation, by its possession of Arles, commanded the navigation of the Rhone a little way up; whilst the Massaliost held the Fossa Mariana, which was the eastern outlet of that river.

11. c. 36. haec dum .. aguntur, 'while they thus professed neutrality.'

16. **parum .. instructis,** 'those which were unsound in their bolts, timbers, or rigging.'

19. **quibus iniuriis.** See Bell. Gall. 1. 12, note 5.

21. **turres vineasque.** The 'vineae' were wooden galleries with arched roofs, made stone-proof, under cover of which the wall might be undermined. The 'turres' were wooden erections, moved forward on rollers, working a battering-ram on their lowest story, and with floorings above whence missiles could be thrown.

22. **Arelate.** As 'Armorica' is the same etymologically as the Latin 'ad mare,' 'the country near the sea,' so Arelate is 'ad lutum,' 'the town near the marsh' (Zeuss, p. 15; Gluck, p. 115); Arles being situated just at the head of the Rhone delta. So Paris was called 'Loukotokia' ('the lake-town') from being at the confluence of the Seine and Marne. 'Arelate' is an ablative, like 'Praenestĕ.'

26. **c. 37. C. Fabium.** This 'legatus' is only slightly mentioned in the Bell. Gall. (5. 53, 54), and confined to the humblest duties. Now, however, he does good service.

29. **saltus Pyrenaeos.** The main passes, as now used, are marked in the map. The great Roman road, opened by Pompeius himself, was the one leading from Perpignan to Tarragona, and thence south to Tortosa, and west to Lerida. But, as Bertrand, Voies Rom. p. 31, remarks, there were probably other roads; and it is improbable that those by Campredon and Urgel were unknown. They were probably the main roads before Pompeius opened his; just as the M. Genèvre pass of the Alps was the chief one before Cottius opened the M. Cenis in Augustus' time.

32. **ex saltu deiecit,** 'drove the defenders from the pass,' which was, according to Gen. von Göler, that on the Puycerda and Urgel road, leading directly down on the Segre; which is, he remarks, narrow and stony at first, but has the advantage of being much shorter. And in this view he must be right, as it is evident, from the way in which Fabius' position is described in c. 40, that he did not come from Manresa or Tarragona. In saying that, after clearing the passes, Fabius advanced by forced marches towards Afranius, Caesar had neglected to tell us at what point he was joined by the other legions from behind, which we find him commanding (Caesar being still absent) in c. 40.

21. **2. c. 38. Afranius** had served against Sertorius under Pompeius.

Petreius was well known as the conqueror of Catiline.

3. **[M. Terentius] Varro,** the arch-critic and *littérateur* of Rome, was only slightly attached to the aristocratic side, and glad to take the obscure part assigned to him in the campaign.

Hispaniam citeriorem. This had been bounded by the Ebro, but was now extended to Castulo on the edge of the Sierra Morena. This place is still called Cazlona, and has many Roman remains.

4. The **saltus Castulonensis** is the Sierra di Cazorla at the east of the Morena.

ad Anam, 'to the Guadiana' ('Wady Ana,' as it was called by the Moors).

5. **Vettonum.** The Vettones occupied the modern Estremadura. Their name occurs curiously in our own language : the plant 'betony' being in Latin 'herba Vettonica.' Their capital was Salmantica, now Salamanca.

11. **Celtiberia,** that is, Arragon, where the immigrating Celts had mixed with the old Iberian or Basque populations; accordingly in this country we have Basque names, such as Calagurris, Turia, Bilbilis, Iberus, mingling with the well-known Celtic forms Segobriga, Mertobrigà, Durius.

Cantabris ; the Asturians.

14. **propter .. loci opportunitatém.** Lerida commands all the three roads marked in the map, as those of Urgel and Campredon meet near it, and the road from thence to Tarragona communicates with the third. Moreover, if Caesar could be hindered from debouching into the plains west of the Cinca, he would have serious difficulty either in feeding or employing his immense body of cavalry, while his opponents would have the great plains just behind them.

18. **c. 39. cetratae.** See c. 48, note 7.

22. **quam ipse pacaverat.** That is, from the Belgian confederacy, the Treviri and others, defeated by Caesar.

nominatim .. evocato ; collected by summoning expressly the most skilful warriors from each of the states; and in addition many of a most admirable class of men, partly Aquitanians, partly mountaineers, from (the Cevennes at) the edge of the province.' . If the reading is correct, 'multis' must be understood. But the whole chapter is much suspected to be not genuine, and interpolated to make up for the loss of a chapter which would have given clearer details of the rendezvous of Caesar's forces. It was most unlikely that Pompeius would come by way of Mauritania; he would not prefer a march of 700 miles [1] through the Atlas, the country of Bocchus, Caesar's ally, to a voyage which

---

[1] It was said that Charles of Anjou believed that the crusade of St. Louis might march with advantage from Tunis to Egypt : but a Roman general was not so ignorant of geography.

might land him close to the scene of action, at Tarragona. Nor could Caesar have thought so ; else he would not have thought of continuing the campaign with only troops enough to cope with those of Afranius and Petreius. Lastly, was the time when the whole treasury of Rome and Italy was at Caesar's command, one at which he would have used the petty means of supply recorded in this chapter? The last sentences seem genuine, but as if they belonged to some other place.

33. c. 40. pontes. These bridges were both over the Segre, below the junction with the Noguera; and placed, doubtless, so as to keep open the communication with the Urgel road.

22. 2. quae citra flumen fuerant. This passage, as remarked in c. 37, note 3, indicates that Fabius had come down by a road whose main course was west of the Segre.

6. egressae pabulatoribus praesidio, 'to act as a covering party to the foragers spread in that direction.'

10. aggere atque cratibus. Hurdles were used to make the road-way of the bridge, and on these turf was probably laid, as on the floating mole at Brindisi.

12. coniunctum, 'quite close to Lerida and to his camp.'

15. necessaria re coactus, 'compelled by the extremity in which he found himself.'

16. aciem in duas partes, 'formed his line to the front and rear.' A somewhat similar phrase is (Bell. Gall. 1. 25), 'conversa signa bipartito intulerunt.' See, however, the note on that passage.

25. c. 41. eo biduo, 'within two days of that time.' We have a similar ablative in Bell. Gall. 3. 23, 'paucis diebus quibus eo ventum erat.' See the note at the place.

sibi praesidio reliquerat, 'had kept as a personal escort.'

33. in medio colle, 'half-way up the hill.' This gave a great advantage to his javelins; those of Caesar would be almost ineffective when cast upwards, except at the shortest range.

23. 1. per Afranium stare quominus, 'that the refusal of battle came from Afranius.' On 'quominus,' see Bell. Gall. 1. 31, note 9.

3. castra facere constituit. This was a master-stroke of generalship, both in plan and execution ; indicating, however, and contributing to increase a contempt for the enemy which nearly led to bad consequences. The moment this camp was finished, it made it almost impossible for the Pompeians, under ordinary circumstances, to make any movement northward in the plains, as the danger of exposing their flank in so doing would be extreme.

7. pedum quindecim: fifteen feet wide, not deep: the labour of

throwing up earth, by three ranks of workmen, to such a height, is more than could be supplied; and, moreover, it would have no object.

15. c. 42. **longius erat agger petendus,** 'turf would have had to be fetched from too great a distance' (if a wall had been raised at once).

similem rationem operis instituit, 'he carried on the works on the same plan as on the day before.'

22. **munitione fossae,** ' on the strength of the ditch as a defence.' So ' sic muniebatur,' in Bell. Gall. 1. 38, means 'was so strong;' see the note at the place.

29. c. 43. **tumulus . . paulo editior.** Caesar now tries a stratagem like that by which he had brought Ariovistus to bay (Bell. Gall. 1. 50, note 2); that is, he tried to occupy a second post in the rear of their camp, so as to make it impossible for them to move freely or get up convoys from the South.

24. 1. **antesignanos.** These were troops of *élite*, about 200 to every legion, who seem to have been placed so as to cover the intervals of the cohorts, and protect the standards, in case of an advance. The three lines of the legion itself were called the ' subsignani;' the allies in the rear the ' postsignani.' We may assume that the rush was made by the right of Petreius' camp; as he was probably close to the Segre, and a little in advance of the bridge at Lerida. (See below, c. 57, note 1.)

2. **in statione,** ' which were on the mainguard.' This name ·is applied to any of the regular guards posted about the camp.

3. **Afranii cohortes.** Sir W. Napier compares this rush from both sides with the struggle which gave the British troops possession of one of the Hermanito heights, and the French of the other, just before the battle of Salamanca in 1812. ' The French,' he says (iv. p. 263), 'seeing the *caçadores* approaching, broke their own ranks, and running to the encounter, gained the first Hermanito and kept it, but were repulsed from the second.'

8. c. 44. **magno impetu primo procurrerent.** Sir W. Napier, in the last paper he ever dictated, speaks of his own practice. 'I told my men off in numbers, 1, 2, 3, &c., and practised them suddenly to run back or advance, in the most confused mobbish manner... My command would be, "Soldiers, do you see the enemy's skirmishers advancing to that hedge, ditch, bank, rocks, or whatever the cover might be?" "Yes." " Well, forward at speed and line that hedge," &c. In one instant the race fired them; they used to dash furiously forward, even on parade; and in battle generally gained the ground first.'

11. **non turpe existimarent;** whereas the Romans, like our own troops, knew well that, as Sir C. Campbell said at the battle of the Alma, ' It would be better, Sir, that all those Guards were lying dead

on the hill-side, rather than that they should fall back to re-form.' Any
offensive movement of the enemy, made at such a moment, would be
fatal both to the regiment and to the line of battle of which it forms part.

12. **genere eodem . . assuefacti.** The ablative is frequent after this
verb, as in Bell. Gall. 4. 1, 'nullo officio aut disciplina assuefacti.'

13. **quibus quisque in locis,** 'that whenever soldiers have got accustomed to any place, they fall very much into the military ways current
there.' So it has been recently said, that the desultory warfare of Algiers
had weakened the steadiness of the French army for regular campaigning.

16. **ab aperto latere,** 'they thought that they were being outflanked
on their right by the rush of scattered men.'

18. **eum locum quem ceperant.** Even a movement of fifty yards
to the rear (when the enemy has got the range too accurately) may
shake the *morale* of a regiment. (Decker, Three Arms, p. 17.)

20. **in eo cornu,** 'on the right wing;' as it was from this flank that
the rush had been made for the high ground.

21. **atque . . sese recepit,** '*but* fell back to the nearest eminence.'
So in Bell. Gall. 3. 19, 'ut ne unum quidem impetum nostrorum ferrent
ac statim terga verterent;' where, in like manner, the adversative conjunction is required in English.

22. **c. 45. paene omni acie perterrita.** They discovered, to their
surprise, that their enemies could stand against them. In the next clause
the word 'res' seems to have been omitted, 'because the check had
occurred contrary to expectation and precedent.'

27. **dum sarcire . . volunt,** 'and wishing to make up for the damage
received.' So Horace, in Ep. 1. 7, expresses the participle, 'wishing to
find a joke,' by

'Sibi dum requiem dum risus undique quaerit.'

32. **utraque ex parte directus,** 'very steep on both sides.' The width
of the neck leading up to the town must have been about 1600 feet; as
the three cohorts, formed three deep, would have had a front of about 500
men; and each soldier stood about a yard from the next on each side.

25. 3. **tenui fastigio vergebat,** 'down to this point the ground sloped
gently from the city for about 400 paces.'

4. **eo . . studio,** 'by the impulse just mentioned.'

8. **nitebantur,** 'they held their ground by spirit and endurance; and
bore all kinds of rough handling.'

9. **illis,** 'the enemy's numbers were increasing.'

15. **c. 46. gladiis destrictis,** 'they drew their swords and dashed at
the enemy's ranks.' The sword, 'cette arme des gens de cœur,' showed
which were the better men.

21. **in iugum .. connititur,** 'scrambled up to the ridge.'

24. **ex primo hastato.** There was since Marius' time no real distinction between ' hastati,' ' triarii,' ' principes,' in a legion; but the nomenclature was retained to classify officers. Thus, in Livy 42. 34, Sp. Ligustinus relates how he was first a centurion in the tenth maniple of the Hastati, then in the first century of the first maniple of the same, next in the same post as regards the Principes, and last, in the same as to the Triarii: that is, ' primi pili centurio' to the legion.

25. **ex inferioribus ordinibus,** 'from the lower centurions' posts.'

26. **vulnerantur amplius DC.** We read in Vegetius, 2. 10, that the quarter-master-general (' praefectus castrorum') had the care of the hospitals and of the surgeons. It is, however, curious how little we hear of the medical department in ancient military history—a formidable fact, considering the masses of wounded men, and the character of sword and javelin wounds.

30. **c. 47. praefertur opinio,** i. e. ' hanc de eo die opinionem prae se ferunt utrique,' as Kraner explains.

32. **inferiores**—in military value.

26. 9. c. 48. biduo quo. Supra, c. 41, note 1.

12. **nives proluit,** ' the storm washed down the snows.'

21. **commeatus .. pervenire poterant,** ' the great convoys which were on their way from Gaul and Italy could not get to the camp.' If the Urgel road took the same line then which it does now, they would have had to cross the Segre twice.

23. **in herbis erant,** ' on the one hand, the corn was not in the green blade, so as to be good for forage; and on the other, it was not ripe enough to supply food for men.' ' Herbis' seems a better reading here than ' acervis' or ' hibernis,' which the MSS. have.

24. **exinanitae,** 'while the towns had been drained of corn.' For the asyndeton at ' reliqui,' see c. 11, note 2. The reason is the same here, except that completeness is the idea to be expressed by the juxtaposition of the clauses (as in c. 7, ' nihil factum, ne cogitatum quidem').

27. **secundum .. subsidium,** ' which might serve as a substitute for corn.' So in Bell. Gall. 7. 17, the soldiers are said 'pecore extremam famem sustentare.' Unlike the guardsman, they were hardly prepared ' to rough it on a beefsteak and a pint of port in the Peninsula;' and would have done better on the few ounces of corn per diem which starved our army just before the battle of Talavera, in 1809. Perhaps this corn diet had something to do with their power of doing with little surgery when wounded.

31. **cetrati.** The ' cetrae' were small leathern bucklers (see Class.

M

Dict. p. 270, where they are figured); opposed in c. 39 to 'scuta,' wooden shields covered with metal. These men were sent to hunt down Caesar's foragers; swimming the rivers, as the Scinde robbers do the Indus, on a blown skin (Sir C. Napier's Life, iii. 191), and as the Assyrian troops are represented on the Ninevite sculptures. See also Xen. Anab. 3. 5, 8.

27. 2. c. 49. **multum . . multum . . magna copia.** This anaphora gives the idea of an *enumeration* of their means of supply.

5. **loca . . integra,** 'the untouched ground.'

11. **fluminis natura,** 'from the character of the stream,' which would be dangerous.

ex totis ripis; on Napoleon's principle, that 'le feu du centre à la circonférence est nul: celui de la circonférence au centre est irrésistible' (Jules César, ii. 222).

13. **erat difficile.** Bridges of this kind were supported either on a row of casks lashed to the balks which made the roadway (like that figured in Hyde's Fortif. p. 185), or on small boats, hollowed from trees (Veget. 2. 25), which a Roman army carried with it to serve as pontoons. Pile-bridges might be used where the bottom was soft enough to admit of their being driven.

17. c. 51. **ex Rutenis,** 'from the Rouergue,' the department of the Aveyron, with Rodez for its capital.

19. **cuiusque generis hominum,** 'a crowd of men of all classes, with their slaves and families.'

22. **usi . . licentia,** 'and continued the same careless advance which they had been making on the preceding day's march.'

erant . . erant. See c. 49, note 1, and Bell. Gall. 1. 14. 6.

25. **flumina continebant,** 'the flooded waters kept back.' If more than one river is meant, the other may be the Noguera.

28. **Galli equites expediunt,** 'quickly prepared for action.' They would be 'impediti' (Bell. Gall. 3. 24, note 4) as long as they were mixed up with the crowds of civilians.

29. **pari certamine,** 'against weapons like their own.'

32. **magnum . . momentum.** Supra, c. 21, note 1.

28. 1. **desiderati sunt,** 'were missing.'

3. **non magnus numerus.** Where things are naturally numbered, as cavalry, bushels of corn, or the like, 'numerus equitum . . frumenti . . pecudum,' is used; otherwise, 'multitudo hominum . . avium . . ferarum.'

4. c. 52. **his . . annona crevit,** 'all these accidents raised the price of provisions; which is increased not only by present scarcity, but by fear for the future;' the use of speculators in corn being, as economists point out, to give men's appetites warning, by an early and gradual rise

of prices, that they must not indulge in their usual consumption; and so to systematize the 'fear' of which Caesar speaks.

6. ad denarios L. A modius of corn (Bell. Gall. 8. 4, note 1) was ordinarily worth $3\frac{1}{2}$ sesterces, or about sixpence-halfpenny. As the denarius contained 4 sesterces, the price of corn was now 200 sesterces, or thirty-one and threepence, for the modius. We may compare this with modern prices by remembering that the modius contained 20 lbs. of corn, the English bushel containing about 60 lbs. Thus the price of a bushel would have been at Lerida 4*l*. 13*s*. 9*d*., and of a quarter, 37*l*. 10*s*. In England it is a famine price when wheat is 6*l*. 5*s*. a quarter. In the Talavera campaign above alluded to one pound of corn cost 2*s*. 3*d*., which will be seen to be even higher than Caesar's price.

11. illi .. abundarent, 'while the enemy had abundant supplies of all kinds, and had established their superiority.'

17. c. 53. uberiora, 'with fulness and exaggeration beyond the truth.'

19. magni .. concursus, 'all the world went to leave their cards at Afranius' house, and to congratulate him.' The crowds outside would do what is called in America 'serenading.'

26. c. 54. ut naves faciant, 'to make themselves some boats, of the kind with which experience in Britain had made him acquainted.'

28. carinae, here 'the keels,' not, as in Bell. Gall. 3. 13, 'the hulls.' These were the coracles still in use on the Severn. What aptitude the men must have had for difficult paddling!

29. 1. ex utraque parte, 'from both ends at once.'

4. expedire, 'to have freer supplies of corn.'

6. c. 55. dissipatos, 'scattered in all directions from Lerida.'

16. c. 56. navis longas, 'men of war,' opposed to 'naves onerariae,' as μακραὶ to στρογγύλαι in Greek.

17. tectae, 'decked.'

21. certas .. naves, 'some separate vessels for himself.'

24. insulam .. contra Massiliam. This may be the island of the Tour du Plenier: Brutus could hardly have had his station at any of the islands closer in, as this would have facilitated a surprise like Lysander's at Aegospotami.

27. c. 57. antesignanos. These would naturally be the best men; as a good commander begins an engagement with the best he has. If he tried to spare them by sending on second-rate troops, these would probably fail, and the reserve would lose more men in restoring the battle than they would have lost if sent on at first.

29. id muneris depoposcerant, 'who had volunteered for that duty.' **manus ferreas,** 'grappling-irons.'

29. harpagones, 'drags.'

30. The tragula was a lance with a barbed head,

80. 4. animis continebant, 'kept thoroughly in mind.'

5. probare operam, 'to get their deeds approved.'

8. c. 58. producta longius acie, 'they extended their line so as to outflank ours .. and endeavoured, if possible, to sweep away the oars of our vessels in passing.' It must have required admirable steering to do this without fouling their own.

12. ad virtutem montanorum. The use of such mercenaries is characteristic of an aristocracy. So Carthage employed Spaniards and Africans, Mediaeval Venice its Stradiots, Swedes, Saxons, and even English : and we ourselves (while so governed) our Hessians, and, more recently, our German Legion.

13. cum .. utebantur, .. tum .. impediebantur. As these two clauses are strictly coordinate, they both have the indicative, like Cic. Rep. I. 34, 'quae virtus cum in paucis est, tum in paucis iudicatur et cernitur.' The subjunctive in the former clause would make it integrant to the second; an universal of which the second is a particular case ('quum soleam in omnibus caussis agendis commoveri, tum in hac causa vel plurima me perturbant').

14. qui .. erant producti, 'as the latter had been suddenly pressed from merchant-vessels.' A purely adjective sentence like this may be quasi-causal, if the causation is not strongly present to the writer's mind.

19. dum locus .. daretur, 'provided only they had a chance of fighting hand to hand.'

25. cum iis quae sunt captae, 'including those which were taken.'

27. c. 59. hoc primum, 'first this piece of news came to Caesar at Lerida.'

angustius pabulabantur, 'they had short space for foraging in.'

81. 1. plures intermittere dies, 'they left off foraging for several days together.'

4. c. 60. erant .. contributi, 'were in federation with the Huescans.' In Bell. Gall. 8. 6, Hirtius states that the Suessiones were 'attributi Remis.' This implies more dependence; see the note at the place.

Calagurris (Calahorra) is a little above Tudela, on the Ebro.

9. pollicentur .. deportant. Understand ' frumenta.'

11. et signa ex statione transfert, 'actually coming over to him while on the mainguard;' supra, c. 43, note 4.

12. magna celeriter commutatio rerum. The verbs 'facio' and 'fio' occasionally drop out by ellipsis (as here). So Cic. Off. I. 24, 'considerandum est ne quid temere, ne quid crudeliter;' and Tusc. 2.

22, 'cave turpe quidquam;' Tacit. Ann. I. 22, 'Flagrantior inde vis, plures seditioni duces.'

15. per Mauritaniam. The Spaniards might believe such a report, Caesar (supra, c. 39) was unlikely to do so.

18. c. 61. quibus rebus perterritis animis, 'finding that the enemy were alarmed at these desertions.'

20. fossas. History would furnish Caesar with several examples of rivers thus dealt with. Cyrus had made 360 such channels in order to draw off the waters of the Gyndes (Herod. I. 202), and had even turned the course of the Euphrates in order to take Babylon. So in later times, Civilis, the Batavian, destroyed the dam made by Drusus, so as to throw the waters of the Rhine back into the channel of the Waal, from which Drusus had diverted them to follow the course of the old Rhine (Tacit. Hist. 5. 21).

26. locis excedere, ' to retreat and carry on the war in Celtiberia.' Supra, c. 38, note 4.

27. ex duobus contrariis generibus, 'of the two opposing parties.'

30. beneficiis, supra, c. 29, note 4.

32. 2. ad Hiberum. Octogesa was close by the confluence of the Segre with the Ebro; nearly opposite the modern town of Mequinenza. Sir W. Napier imagines Octogesa to be actually Mequinenza; he must have fancied that the Cinca, not the Segre, was the river last crossed by the combatants.

4. pontem (a bridge over the Ebro).

5. Sicorim traducunt; by the bridge of Lerida.

castraque muniunt. This camp was to serve as a *point d'appui* on the other side. It would take nearly a whole day for such an army as that of Afranius to defile across a narrow bridge; and they would execute this movement with much more steadiness if they were marching on a camp partly prepared.

8. c. 62. diem noctemque. Caesar's bridge was twenty-two miles up the Segre. If he had marched for it with all his forces he would have given the enemy more than two days' start in the retreat.

15. in Sicori vadum. For the cavalry only, as the next chapter shows.

17. c. 63. auxiliaribus; who would be able, if necessary, to hold the fortress and bridge.

20. relinquebatur Caesari nihil, as he could not get his infantry over as yet.

25. sese .. ostendunt, 'came up with the enemy's rear, assailed him in force at many points, and tried to stop his advance.'

29. c. 64. equitatus .. praelio, ' by the onset of our cavalry.'

30. sustinere extremum agmen, 'and that they sometimes had to

halt the rear of their column so as to break it off from the main body; while at other times they would form, and our men would be driven back by a charge of the whole infantry, but presently would face round again and renew the pursuit.' The meaning of ' sustinere' may be seen from the phrases ' sustinere equos,' ' sustinere, ut currum, sic impetum benevolentiae.'

33. **circulari**, ' were gathering in groups ;' whence 'circulator' means ' a juggler.'

33. 3. **certior fieret**, 'might be told' (entreated), as in Bell. Gall.3. 5, 'certiores fecit suos paullisper proelium intermitterent' (he ordered his men).

7. **exercitum obicere**, ' to risk his men.'

11. **expeditas**, ' in light marching order.'

magno numero iumentorum. On the same principle, Hannibal, in crossing the Rhone, put a row of large boats above the point of passage in order to break the force of the stream where the smaller ones were crossing.

26. **triplicem aciem.** Gen. von Göler explains this as meaning not that Caesar deployed into line while at a distance from the enemy, but that he advanced in three parallel columns.

17. **milium sex;** as the ford was three miles above Caesar's camp at Lerida.

18. **de tertia vigilia.** These events happened early in June : therefore, according to Leverrier's table already quoted, the third night-watch would have begun at 12 P.M. The distance mentioned was therefore gained in the course of nine hours' marching.

21. c. 65. **nova re**, ' at the unparalleled activity of the pursuit.'

34. 4. c. 66. **vasa . . conclamari;** a well-known phrase for preparing for a march.

7. **in angustiis tenerentur**, ' or lest they should be overtaken at a defile by the cavalry.'

12. **loci naturam**, ' the character of the ground.'

14. **ab hoc . . negotii**, ' whoever got first to these defiles would have on difficulty in repelling the enemy from them.'

17. c. 67. **tempus . . quaeritur**, ' they discussed the time for moving.'

23. **timori . . consuerit**, ' generally thought more of fear than of his military oath.'

25. **omnium oculis**, ' daylight would bring with it a sense of honour from being under the eyes of all.'

33. c. 68. **magno circuitu;** not by a *shorter* path, as would appear natural, his object being to outstrip the enemy's march, and as those commentators must imagine who wish to place Octogesa on the Ebro, some miles below the junction with the Segre.

nullo certo itinere; taking to the open mountain-side, as Soult did after being driven from Oporto in 1809. (Peninsular War, book vii. c. 2.)

35. 4. per manus .. traderentur, 'were passed from hand to hand' at points difficult to climb.

15. consilium .. ferebant, 'highly extolled their own wisdom.'

19. c. 69. retorqueri agmen ad dextram. This passage is almost unrivalled for graphic interest. We can *see* the black line coiling up the mountain side in the wrong direction, and then in a moment bringing its leading files round, and heading unmistakably towards the Ebro.

21. fugiens laboris; an adjective, like 'metuens divum.'

quin putaret (qui non putaret), 'as to perceive that they must instantly leave their camp and try to meet the difficulty.'

26. c. 70. angustias; the defiles appear to have been not close to the river, but some way up the hills at the point were they approach it most closely.

30. vitarent is the oblique of the potential 'vitemus' (we should avoid). Otherwise we should expect 'vitaturi essent.'

33. ex magnis rupibus, 'and having gained a bit of level ground after descending some huge rocks.'

36. 3. ante se .. videret. The asyndeton of completeness (supr. c. 5, n. 3).

9. in cohortis, 'attacked them' (the cetrati).

13. c. 71. erat occasio, 'there was evidently an opportunity for striking home.'

18. ne dubitaret, 'do not hesitate to fight;' the oblique imperative.

23. collatis in unum locum, 'huddled together in disorder.'

21. c. 72. sine vulnere suorum, 'without any loss of men.' So 'vulnerari,' below, means 'to suffer loss.'

33. cum non minus esset imperatoris, 'as it *is* not less a general's business.' In historic constructions the imperfect is regularly used to express general truths, 'si bis bina quot essent didicisset' ('if he had learned how much twice two make'). See Bell. Gall. 1. 36, note 1.

37. 2. rem obtinere, 'to govern the republic,' as he had said in c. 32, 'per se rempublicam administraturum.'

7. perseverat. He had too much hold on his soldiers' minds to dread such a threat. His views on this point are well given in Bell. Gall. 1. 40 ad fin.

15. c. 73. Tarraconem—by gaining the road which led thither from Lerida. They must have had magazines there.

18. alariarum, of auxiliary cohorts.

19. ad aquam must mean to the Segre, to which they had now got back.

28. c. 74. **imperatoris fidem,** 'they enquired whether they might trust Caesar.'

29. **non . . fecerint,** 'and lamented that they had not done so at first, but had made war on their friends and kinsmen.'

31. **fidem . . petunt,** 'they requested a guarantee for their generals' life.'

32. **in se scelus concepisse,** 'that they might not be thought to have committed the villainy of betraying their own leaders.' *Scelus* is an act so bad as to be reprobated even by bad men.

33. **quibus confirmatis rebus,** 'if a pledge to this effect was given them.'

38. 3. **invitandi causa,** 'as guests.'

9. **aditum commendationis,** 'any chance of being introduced to Caesar.'

14. **magnum fructum . . ferebat,** 'was considered to have reaped an abundant harvest from his former clemency.'

17. c. 75. **Afranio . . discedit;** an unusual omission of the nominative.

20. **armat familiam,** 'he armed his slaves.'

21. **praetoria cohorte,** 'his bodyguard of infantry,' which might be a legion (Bell. Gall. 1. 40).

22. **beneficiariis suis.** The ordinary meaning of this word is 'those recommended by the tribunes for admission among the "evocati."' From the context here it would seem rather to mean those who had received from Petreius grants of land, such as Domitius promised his men in c. 17.

29. **in statione.** Supra, c, 40, note 4.

30. c. 76. **flens Petreius.** On the propensity to tears of the Romans, see Bell. Gall. 1. 39, note 9, and 5. 33, note 5.

33. **ut iurent omnes.** A fresh oath taken at the moment would have more strength than the ordinary one taken when the men were enrolled. So an oath exacted from the young Roman nobles by Scipio Africanus (or Ter. Varro) after the battle of Cannae, is said to have frustrated their plans for abandoning Italy.

39. 3. **in haec verba,** 'to this effect.'

6. **ut producatur.** The construction would naturally have had 'producat.'

9. **nova religio,** 'the fresh solemnity of the oath just sworn.'

16. c. 77. **in priores ordinis.** Supra, c. 46, note 3.

equites Romanos ;—that is, those who were 'equites equo publico,' and therefore eligible for commissions above that of centurion. Hence we find, in Bell. Gall. 7. 65, that equites often acted as volunteers until an appointment of this class was vacant. Those mentioned here must have been tribunes already, commanding cohorts in Pompeius' army.

18. c. **78. premebantur pabulatione,** 'were hemmed in from foraging.'

19. **dierum xxii.** As the soldier's allowance was 50 lbs. of corn per month, it is easy to see how much this order added to the load with which they habitually marched.

21. **facultates,** 'pecuniary resources.'

26. **reliquum consilium explicaturos,** 'they trusted to form plans for the future' (not a very hopeful resolution).

28. **plures rem posse casus recipere,** 'they were aware that a march there admitted of many possibilities of accident.'

40. 1. c. **79. pluresque in . . subsistebant,** 'and were reinforced for the purpose of making a stand where the ground was level.'

6. **equites vero,** 'and where our cavalry, moreover, were throwing missiles at them from behind.'

10. **incitati cursu,** 'they should suddenly break into the double, plunge down the side of the valley, pass it, and make a stand again on the other side.'

12. **ab equitum suorum auxiliis,** 'they were so far from getting any help from their own cavalry.'

17. c. **80. lente .. proceditur,** 'men never make much way, and have to be always halting to support their rearguard.'

20. **una fronte,** 'only on the face towards the enemy; and that without unsaddling the pack animals.'

28. **subsequi pabulatoris .. iubet,** 'ordered his own foraging parties to follow up the enemy.'

41. 8. c. **81. animadverso vitio castrorum,** 'perceiving the vice of the position chosen for their camp.'

9. **castra castris convertunt;** literally, 'turn camp with camp,' that is, edge their camp backwards by continually forming a new one in rear of the old and in contact with it.

16. **male haberi .. malebat,** 'Caesar chose that they should be tormented in this way, and driven to surrender, rather than allow them a battle.'

21. **ad id,** 'for the purpose of sallying.'

29. c. **82. famamque omnium,** 'and contrary to what they were all saying,' like 'adversus famam rumoresque hominum' in Livy 22. 39.

32. **spatii brevitas.** Even if they were beaten, little damage could be done to them in a space of 700 yards or so, after which they would be safe in their camp. The difficulty of attacking a camp held by good troops was a Roman military axiom, and has been excellently illustrated by Napoleon I, in commenting on Q. Cicero's defence, in Bell. Gall. 5. 52. (Jules César, iii. 8. 16.)

42. 2. duas partes. 'Two-thirds of the space, moreover, would be occupied by the armies themselves ; only one-third would be left for the movement of men, and for the onset.'

8. c. 83. duplex legionum quinque. That is, the Pompeians formed their whole first and second lines out of their legions, not venturing to bring up to the point either their demoralised cavalry or their foreign auxiliaries. Caesar, on the other hand, brought both of these arms forward into their proper place, and therefore had a manifest superiority, if obliged to fight. But his ordering neither archers nor cavalry to advance would indicate clearly that he would only do so if compelled. Afranius had, on the other hand, the satisfaction of keeping Caesar under arms, and thus hindering him from working at his lines of circumvallation.

23. c. 84. omnibus rebus obsessi, 'finding themselves beset and hampered in every respect.'

43. 4. ad ultimum supplicium progredi, 'that they might not be obliged to march forward to their death.'

7. c. 85. nulli omnium, 'no one in the world,' said Caesar, 'had ever had less right than Afranius to adopt this tone of complaint or put forward such claims for pity.'

15. omnium suorum vitae, 'they had thought it necessary to covenant for the life of all their officers.'

16. omnium ordinum partis, 'the opposite sides in every subordinate rank of the army had been bent on mercy.'

24. quibus rebus, 'anything by which his own power might be increased.'

29. ad pacandas Hispanias, 'with a view to the conquest of Spain.' He himself had ' pacified' Gaul.

32. ut idem.. obtineat, 'that Pompeius had been governing the city from just outside the gates, and had at the same time been proconsul of Spain.' ' Obtineat ' is the ' praeteritum ad praesens,' like ' iampridem scio,' for ' I have been long aware.'

44. 2. per paucos probati, 'that the rule of giving provinces to expraetors and ex-consuls, five years after their resignation, had not been observed, but that these had been assigned at the pleasure of a committee of aristocrats.' He is referring to the appointments mentioned in c. 6.

3. in se aetatis excusationem nihil valere, 'when to oppose him men distinguished in former wars were summoned to command armies, no one was allowed to plead even age as an excuse.' Commentators suppose the reference to be to Cicero, who had been appointed to command the 'litus Campanum,' and was now fifty-seven years old. Caesar had tried to gain him over by a personal interview at Formiae ; and had also written to him urging neutrality. In fact, the great and leading difference between the two conflicting parties was that Caesar allowed people to be neutral, Pompeius did not; and Caesar's remarks here indicate soreness on that point.

7. **aut cum honore.** He means to complain that no one had thought of giving him a triumph for his Gallic exploits, although they had been the subjects for such repeated and long 'supplicationes.'

9. **neque nunc id agere**, 'and did not now in the least contemplate embodying their army in his.'

12. **ut esset dictum.** This seems to refer to Afranius' words, 'satis fecisse officio,' in the last chapter, which implied his willingness to withdraw from Spain.

17. c. 86. **ex ipsa significatione**, 'from the shout of approval raised by them (*ultro*) gratuitously.'

19. **loco et tempore eius rei**, 'as to where and when they should be disbanded.'

21. **omni interposita fide**, 'even if all pledges were given.'

23. **paucis .. disputatum**, 'after a very brief discussion of the matter on both sides.'

25. **ad Varum**, the Var; the frontier river between Transalpine and Cisalpine Gaul.

31. c. 87. **iis qui amiserant.** Cp. Livy 3. 71, 'Scaptius infit .. se in eo agro de quo agitur, militasse;' Sall. Jug. 63, 'dixerat haruspex, proinde quae animo agitabat fretus dis ageret.' These dependent indicatives are unusual. 'Indicativus,' says Kritz (Jug. 38), 'haud raro in oratione obliqua positus reperitur si auctor .. rei veritatem .per se spectari vult;' that is, if the historic instinct asserts itself at that point in the writer's mind, and if he therefore lays a narrative stress on the dependent clause. Cp. above, c. 22, note 3. The use of 'is' instead of 'sui' mentioned in 35, note 3, springs from the same cause.

32. **quascunque .. habuerunt**; the indicative, because the number of these was definite.

45. 5. **eo biduo.** Supra, c. 41, note 1. The surrender was on the 9th of June. Caesar's separating the defeated army into two would make it impossible for them to change their minds on the march. This would lead one to suspect that the true reading would be 'ut longo inter se spatio castra facerent;' and that the 'non' is an interpolation.

8. **hoc eius praescripto**; ablativus normae, like 'more maiorum,' 'instituto suo,' and the like phrases.

10. **dimissa est.** In five months, Caesar had driven from the field two armies quite equal to that which he commanded, in both cases

without any considerable engagement. He had made Italy his own, with the same lightning rapidity with which Napoleon regained France on returning from Elba in 1815; and his victory in Spain made annoyance impossible from the West for a long time. His success was due partly to excellent generalship; but still more to the indomitable ardour which he knew how to inspire his men with. Only under a consummate commander would soldiers have gone through the life and death race to Octogesa, or crossed the Segre in coracles, or forded it at Lerida, or endured the many days' famine in the time of flood, or boldly advanced upon the Italian towns with no hope except in desertions from the enemy. His empire over them was such that he hesitates not to act in direct opposition to their universal opinion; yet does not lose this influence when for a moment it appeared as if they had been right and he wrong in not fighting. He promises them large donatives, and they wait patiently, although the prospect of payment is remote; deprives them of expected plunder, and then quells the resulting mutiny by a single word. (Merivale, ii. p. 221.) It remained to be seen how he could make up for the disasters of his lieutenants, and face the great Pompeius himself; and the next books show how he met these farther trials.

No military exploits on record correspond in all points with those of Caesar in B.C. 49. The escape from Elba, as already remarked, is in many respects a parallel to the Corfinium campaign, particularly from the part which the enthusiasm of private soldiers played in both events. With the overthrow of Afranius at Octogesa may be compared the battle of Vittoria in A.D. 1813, when Wellington in a somewhat similar way, by occupying a position parallel to King Joseph's line of retreat towards France, and directing an attack from his own left at the head of the French column, intercepted all their baggage and treasure, together with more than 140 guns (Napier, vol. iv). As regards the double blow, struck first in the East, then in the West, the events which approach nearest to this in modern history appear to be the battles of Rossbach and Leuthen, gained by Frederick the Great, in A.D. 1757, over the French and Austrians respectively, with only a month's interval between them.

BOOK II.

MASSILIA—GADES.

Page 46, line 1, chap. 1. C. Trebonius. This was the nobleman on whose motion Caesar had held the Gallic province for a second period of five years. As a lieutenant of Caesar, he had served in Britain (Bell. Gall. 5. 17) and in the great revolt of Gaul (7. 11). He had been left in command of the besieging force at Massilia (supra, 1. 36), received the praetorship from Caesar in 48, and appears in 44 as one of the most guilty of his murderers.

6. adigitur, 'which runs into the mouth of the Rhone.' So Madvig reads and explains.

ex tribus oppidi partibus. There is some difficulty about the geography of Massilia, from the absence of architectural remains. From Caesar's description it must have stood to the north of the present old port, at the top of the hill, which lies between the Cannebière and the new port; and on this hill the citadel must have been. Thus one of Trebonius' attacks must have been on the east side, close to the harbour; the other on the north, just where the road from Arles came in between the hill above-mentioned and the sea.

Some confusion has been produced by Strabo's assertion that the port looked towards the south. It must be remembered that his idea of the coast would be derived from a map on a very small scale, not showing such indentations as that which gives a western direction to the harbour at Marseilles; for he had never seen the place himself (2. 117).

9. valle altissima. This must be to the north of the old citadel; it is now filled with narrow and dirty streets leading to the new port.

15. c. 2. antiquitus. As remarked in Bell. Gall. 2. 17, note 5, this word is often used in the Bellum Civile to mean 'some time before.' That is, in such passages it retains its original meaning as connected with 'anticus' and 'ante.'

17. nullae vineae, 'no shed-work.' The 'vinea' is described by Vegetius (with whom other writers agree) as the element out of which assaulting works were constructed. It was (4. 15) a shed sixteen feet long with a strong roof and sides (like a section of a tunnel), covered at the top, first with light timber, then with courses of hurdle-work, and lastly with raw hides to guard against fire. It was open towards the front and rear. When several of these were placed side by side they became 'a porticus' or system of galleries. These had now, from the power of the Massilian artillery, to be roofed with timber a foot thick ('crassitudine pedalibus').

47. 2. hac . . proferebatur, 'in this way earth to construct the embankment was passed on from hand to hand.'

antecedebat testudo, 'in advance of this a tortoise was pushed for the purpose of levelling the earth' brought up by the soldiers through the galleries. This, as Vegetius tells us, was ordinarily done by means of the 'musculi' or smaller galleries; the proper work of the testudo being to cover the battering-ram or falx. The tortoise is not particularly described by Vegetius: it must have been higher and wider than the 'vineae.'

7. per Albicos. Supra, 1. 34, note 4.

9. quae . . repellebant, 'all which modes of attack they repelled, and then advancing in turn ('ultro'), inflicted much loss on those who had sallied from the town.'

12. c. 3. aeratae. This seems to mean 'copper-fastened.' Copper bolts would not rust like those of iron.

13. freto Siciliae. He got past the strait of Messina, and (in doing so) landed at Messina, and took a ship from thence. Though the straits are so easy to guard (perhaps because they are so) we find Gylippus passing them unseen during the Syracusan war, and Garibaldi doing the same in our own days. Curio had charge of Sicily (1. 31).

26. c. 4. atque contexerant, 'and had strengthened these fishing vessels with additional timbers.'

30. extremo tempore civitati subvenirent, 'entreating them to help the state at this desperate crisis.'

33. incognitis rebus. Confidence is inspired by novelties (mitrailleuses, chassepots, and the like).

48. 3. Tauroenta, a small port about half-way between Marseilles and Toulon (Telo Martius).

9. c. 5. captivae, 'captured.' Like 'captivus ager,' 'captiva pecunia,' and the like.

11. omnibus rebus, 'with all means of offence.'

12. quos . . superavissent. This inversion of the relative clause, so as to get the principal verb at the end of the sentence, is a most effective arrangement in Latin. So we hava 'quam quisque norit artem, in ea se exerceat.' See also Bell. Gall. 2. 21, note 1.

14. **ex castris C. Treboni.** We are not informed where the camp was : but if the account above given of the localities is correct, it would have been on the hill which now divides the old and the new port : as it must of course have commanded the road from Arles.

30. **quin . . existimaret** is the short for 'qui non existimaret.' **in eius diei casu,** ' on the result of that day.'

32. **c. 6. eadem fortuna.** They seem to have shared the general fear of Caesar, as described in 1. 14, note 1 ; and the more so, as they probably knew the horrid details of the storm of Avaricum and the capture of Uxellodunum better than people at Rome did (Bell. Gall. 7. 27—8. 38).

33. **diductis nostris,** ' as our ships got parted.' Twelve ships had been built at Arles by Caesar (1. 36). The Massaliots had had at first seventeen (1. 56) and lost ten in the first sea-fight, six of them being captured. The Romans lost none, and had therefore now eighteen vessels : the Massaliots, with those of Nasidius, had twenty-six (as we see in c. 7). The superiority in number was therefore considerable as well as that in manœuvring—beside which, the Massaliots had a number of small vessels.

49. 4. **comminus pugnando deficiebant,** ' they did not show themselves unequal to a hand-to-hand encounter.' The dative as in 'par secundis,' ' impar tanto negotio' and the like.

6. **magna vis . . inferebant.** The plural verb indicates the number of separate and individual actions ; as in 'cum tanta multitudo arma lapides et tela conicerent' (Bell. Gall. 1. 6). Where the whole act together, the singular verb is used ; as in Bell. Gall. 1. 31, ' ne maior multitudo traducatur.'

multa . . vulnera, ' inflicted heavy loss on our men.'

7. **de improviso imprudentibus,** ' unexpectedly and when our men were not aware what they were doing.' Cp. the double expression (with a slightly different meaning) ' secreto in occulto' Bell. Gall. 1. 31, note 1.

8. **conspicatae . . triremes;** an unusual degree of personification ; ships are not generally said to see things ; as the accuracy of Latin prose requires the *person* who sees to be expressed. This mode of expression is probably a consequence of ' magna vis telorum' which would naturally be in the ablative, being the subject of the preceding sentence.

10. **tantum . . enisus est, ut . . momento antecederet,** ' managed just to forge ahead by a rapid movement of his vessel.'

13. **laborarent.** As Caesar generally uses the singular verb with 'uterque' it is probable that the plural verb here agrees rather with 'illae' than with 'utraque.' See however, 'uterque eorum . . . educunt' in 3. 30, which Kraner remarks as the only other exception, but where the fact of the two enemies doing an identical action as if they were acting together, is the point indicated by the plural. See the note on 'inferebant' just above.

14. **tota collabefieret,** 'became utterly helpless.' So 'in eas impeditas' means 'on them in their disabled state.'

20. c. 7. **ad . . periculum adire.** Cicero expresses this by 'periculum adire' (Rosc. Amer. 38—also Hirtius in Bell. Gall. 8. 48.

23. **citeriorem Hispaniam.** These events synchronise with the later part of Caesar's campaign against Afranius; as Caesar heard of the first sea-fight just when the floods of the Segre abated (1. 59 init.). Even after the defeat of Afranius' army, we find from 2. 18 fin. that the cause of Pompeius was not quite given up among the tribes north of the Ebro.

26. **tantus luctus excepit,** 'such grief came on;' the verb being used absolutely; as in Liv. 2. 61, 'turbulentior inde annus excepit.'

27. **eodem vestigio.** Caesar uses the expressions 'e vestigio poenitere,' to repent on the spot (Bell. Gall. 4. 5), 'eodem vestigio remanere,' to stand at the same spot (ib. 4. 2): also 'in illo vestigio temporis' at that point of time (ib. 7. 25).

33. c. 8. **turrim ex latere,** 'a brick redoubt,' 'turrim latericiam,' as it is presently called.

50. 1. **Huc se referebant,** 'this they used as a *point d' appui*.' The first words of the chapter seem to show that the idea of this construction, and the ingenious method in which it was carried out were both due to the private soldiers: a comment on Caesar's expression in Bell. Gall. 2. 20 that 'non minus commode sibi praescribere quam ab aliis doceri poterant.' The combination of the redoubt with its continuing gallery almost immediately ruined the defences of the town.

4. **quoque versus.** See 1. 25, note 7.

5. **ut est . . magister usus.** This is the 'ut' of illustrative assertion or principle; like 'ut sunt Gallorum subita consilia' (Bell. Gall. 2. 8, note 4).

9. c. 9. **ad contabulationem,** 'up to the second story.' This passage, like the description of the Rhine bridge in Bell. Gall. 4. 17, labours under the difficulty of stating clearly familiar mechanical processes. It may be explained as follows:

(*a*) Having built the first story, they laid the joists for the flooring of the second from side to side; taking care that they should be, not forty, but about thirty-eight feet long, so as not to appear on the outside of the masonry.

(*b*) On the flooring so constructed they placed vineae with their open-ings towards the sides of the tower. Under cover of these the men were able to build the side-walls of the second story to a height of about seven feet.

(*c*) They then constructed and rested loosely on the side-walls a roof constructed on two tie-beams intersecting one another in the form of a St. Andrew's cross, each reaching from corner to corner of the tower. Upon these was fastened with screws ('axibus') a framework of strong timber of the same shape as the tower, but a little larger, so that rope-mantlets sus-pended along its front and side-edges would fall just outside the place where the front wall of the second story was still to be built. Under shelter of the rope-mantlets the men built the front wall of the second story in perfect safety; their moveable roof being protected from fire thrown from above first by a course of bricks placed on it and puddled with clay, and then by a covering of hides.

(*d*) The second story being finished they had nothing to do but to raise the moveable roof with its mantlets four feet at a time upwards. They would then have fireproof curtains on three sides of them,. and could work under cover at either the front or the sides of the third story; and then repeat the process for any number of stories required.

26. **Storias.** These are still used in embrasures; and are made thick enough to be rifle-ball-proof.

32. **tecta atque munita est,** 'was in this way strengthened and secured.'

33. **pressionibus** properly means 'by leverage.' Probably a sort of rough 'jack' might be made by fastening a strong scaffolding-pole or beam between two or more guides, with its top bearing on the centre of the cross tie-beams above mentioned. It might then be gradually worked up by levers from below, and hindered by supports or pins from slipping back.

51. 7. **summam contabulationem,** 'and from the fresh floor so formed they raised the roof with its mantlets as before.'

13. c. 10. **musculum,** 'a covered gallery' sixty feet long. It is hard to imagine that it can have been only four feet wide throughout. Probably

it widened out at the extremity, so as to allow access to the wall for a sufficient working party.

21. **laminis clavisque,** probably ' with saddle-plates and nails.'

22. **quadratas regulas,** 'perpendicular shelves about three inches deep ;' the 'digitus' being rather more than seven-tenths of an inch.

25. **capreolis,** rafters which meet at the ridge of the roof 'velut capreoli qui adversis cornibus concurrunt' as Voss explains.

27. **canalibus,** 'by the enemy through pipes.' The bricks were evidently unburnt.

30. **tectum vineis,** 'under cover of some vineae.'

31. **machinatione navali,** 'as if along launching-ways.'

52. 5. c. 11. **Involutae labuntur,** ' they rolled down and fell' the word being used in Virgil's sense :—

> ' Ossae frondosum involvere Olympum.'

8. **continebantur,** 'by which the foundations were held together. From this meaning come the secondary ones of 'consisting' as 'versus paucis pedibus continentur' and 'dependence,' as 'artes quae coniectura continentur' (Cic. Div. 1. 14).

13. **consequens procumbebat,** 'was beginning to give way after it.'

14. **cum infulis.** See Aen. 7. 237, and the article 'Vitta' in the Classical Dictionary. The idea of wearing the 'infula' seems to be that the priestly emblem is suggestive of peace.

21. c. 12. **videre,** 'they said that they saw their city was captured.'

25. **si omnino turris concidisset,** 'that if the tower were to be shaken down.'

27. **ut ab hominibus doctis,** 'as might be expected from culti-vated people.' The Massaliots had a character for 'low living and high thinking.' ' Their private habits' says Mr. Grote, 8. 636, ' were frugal and temperate : a maximum was fixed by law for dowries and marriage ceremonies. Enough is known about Massalia to show that the city was a genuine specimen of Hellenism and Hellenic influences, acting not by force and constraint, but by superior intelligence and activity and by the assimilating effect of a cultured civilisation upon ruder neighbours.' It must always be remembered that the Greeks considered even the Romans as only a better sort of barbarians. Even the Macedonians, in Liv. 31. 29, speak of the Romans as 'alienigenae' and 'barbari' (and Plautus actually uses 'vertit barbare' for 'translated into Latin'). We should remark that Corinth, 'lumen illud totius Graeciae,' as Cicero calls it, was still lying in ruins from its savage and causeless destruction by Lucius Mummius in B.C. 146, to be restored only by Caesar's act in 46; so that the 'homines docti' had a real ground for their feeling as

to Roman barbarism. The view which they would take of Roman refinement is cleverly sketched in the 'Last Days of Pompeii,' c. 2. init.

32. c. 13. Indutiarum quodam genere. The word is probably from ' endo-itia ; ' (the ordinary phrase being ' foedus *inire* ' and ' endo ' being = in). By ' quodam genere ' Caesar probably means that a truce between a besieged town with a practicable breach and the besieging army was an unusual concession.

53. 3. ne per vim . . pateretur. The same feeling which led Caesar three years after this time to plan the restoration of Corinth would make him extremely unwilling to destroy one of the oldest of Greek colonies.

10. c. 14. sine fide. This is not the character of the Massaliots. They were on the contrary celebrated for political unity and good treatment of the neighbouring tribes: moreover they would have been mad wilfully to provoke an attack, with no hope of relief from without. Some sad events in India show us how men may be *watched* into mutiny : and that the Massaliots were so we may safely conjecture from the temper of Trebonius' army as just described, and from the fact that its legions afterwards mutinied at Placentia from anger at having lost the spoil. Their getting the same terms after their renewal of the conflict may be said almost to demonstrate that the fault was not theirs. See a remarkably parallel case in Bell. Gall. 4. 13, 14 and 15, note 2.

14. contecta, as we find in Bell. Gall. 2. 21, that one of the preparations for battle was ' tegimenta scutis detrahere.'

15. se .. erumpunt ; the transitive use is uncommon. So we have occasionally ' se irrumpere (prorumpere).'

18. consumerentur, ' were being consumed.'

21. impetus [eorum], the pronoun must be a gloss, though found in many MSS.

27. ad alteram turrim, at the point described in chap. 2.

29. superioris temporis contentionem . . remiserant, 'as after the first armistice our soldiers had relaxed their former strain of watchfulness.'

54. 3. c. 15. per scelus ; above 1. 74, note 4.

8. eorum murorum contignatione, 'and a timber platform laid across them.'

9. atque ille . . fuerat. Probably the full phrase (of which this is an abridgment) is 'aequa altitudine atque ille ·fuerat aequa,' that is literally, ' it was of equal height and the other of the same.'

congesticius, literally, ' of the kind which is piled up.' Sometimes, as in ' dediticius ' the meaning of these adjectives is hardly distinguishable from that of the participle.

11. **pīlae,** 'pillars of wood or brick.' Words beginning with ' pīl' as 'pīla' a mortar, 'pīlum' a pestle or javelin, 'pīleus' a skull cap, and also 'pīla' a ball, seem traceable to the idea of roundness.

14. **muro tectus.** The two first walls being parallel with the ramparts of the town, two cross walls must have been built on the flanks.

15. **plutei obiectu,** 'by a defence of crenellated hurdles.' These were almost six feet high, the crenellated parts about three feet. The high parts afforded perfect shelter; the low ones served as embrasures.

23. **c. 16. eodem exemplo,** 'after the pattern of the first work.'

26. **inaedificata in muris .. moenia.** As ' to build up gates ' is expressed by ' portas inaedificare,' so the meaning of this passage is that the Massaliots saw that the Roman works were nearly in contact with their own ramparts.

28. **quibus .. magna speravissent,** ('sese perfecturos' understood). The ablative is instrumental.

29. **spatio propinquitatis,** hypallage for 'propinquitate spatii;' as in Bell. Gall. 3. 8, 'in magno impetu maris atque aperto,' for 'in an open sea of great impetuosity.'

parique condicione .. data, 'and that when they were brought to equal terms of combat.'

31. **nostris adaequare.** The verb governs the dative of contact, as the cognate ' par' would. Thus we have in Bell. Gall. 8. 41, ' turris quae moenibus aequaret.' It is used absolutely in Bell. Gall. 6. 12, (note 6), 'quod eos adaequare gratia viderent:' also with the acc. as 'ut . . . cursum equorum adaequarent' (1. 46).

easdem .. condiciones. See, above, the last note of chap. 13.

33. **c. 17. M. Varro.** See 1. 38, note 3. Varro's pursuits when at home are forcibly described by Cicero (Phil. 2. 40, 41). He had read so much, that an ancient author wonders that he had any time to write, and written so much that there was the same feeling of astonishment at his having had time to read. His principal works (out of 490) were his Roman Antiquities and his 'De Re Rustica.' There is an amusing account of Cicero's horror when he found he had in a work of which Varro had just received a presentation copy used the words 'remiges inhibuerunt' in a non-nautical sense.

55. **2. praeoccupatum .. legatione,** 'that Pompeius had been the first to appoint him to legionary command.'

5. **fiduciariam operam obtineret,** 'who was holding an office upon honour.' This clause is opposed to the following one, just as ' teneri ' in the preceding one is to 'intercedere.' In each sentence Varro is balancing the inducements which respectively led him to favour the two sides.

14. **latius**, 'expansively:' like Shakspeare's 'be large in mirth.'

17. **c. 18. alarias**; allied cohorts, 'quod ad similitudinem alarum ab utraque parte protegunt acies,' says Vegetius (2. 1).

Frumenti numerum. The word 'numerus' is used for 'a number' if it refers to the kind of things generally counted; as 'numerus pecudum ..impedimentorum,' &c., but 'multitudo hominum, populorum, telorum.'

19. **Gaditanis.** Gades, as its name (Gader, a wall, Geder in the Bible) shows, is an old Phoenician settlement. It is interesting to trace the variety of name-indications in this neighbourhood. Thus of Semitic names, we have besides Gades, Hispalis (ha-shephelah, 'the low ground,' and, by the omission of the article, Shephelah = Seville), Carteia (probably Kiriathaim, 'the two cities'), Carmona (Cherem, 'a fertile ground')[1]. Then, beside these, there are the Basque forms, Illiturgis, Asta, Astigi (Bell. Gall. 3. 11, note 2), and Celtic names like Corduba (which seems to be 'Gordhyas,' the worshipful). Cp. 1. 38, note 7.

24. **Domitii.** Supra, 1. 34, note 1.

procurandae hereditatis, 'for the purpose of acting as his deputy in receiving an inheritance.' This might be expressed by 'cernendae hereditatis:' a hundred days or thereabouts being allowed for examining a property left by will, to see whether it was worth taking with all encumbrances and liabilities.

32. **HS CLXXX**, 'centies octogies,' 18,000,000 of sesterces: nearly £144,000 (as 1000 sesterces may be reckoned nearly at £8). The 20,000 lbs. of silver would, if the Roman pound were the same as the lb. Troy, be worth £71,346 (it being remembered that pure silver is 3 parts in 40 purer than that of which our coinage is made, and that 1 lb. Troy of this makes 66 shillings). But the Roman pound was seven-eighths of a lb. Troy, therefore this value has to be reduced one-eighth, which makes the result £62,429. To ascertain the practical and purchasing value of such sums in Caesar's time we must multiply them by 4; as a pound of silver would have bought about four times as much corn then as now (Bell. Gall. 8. 4, note 1).

33. **tritici modios.** The 'modius' contains 20 lbs. of corn, and 50 lbs. were the monthly consumption of a soldier. He thus consumed 600 lbs. in the year, the average consumption for individuals is now one quarter, or about 500 lbs.

56. **2 praesidia . . deducebat**, placed garrisons there, to give Caesar's partisans the burthen of maintaining them.

---

[1] A curious illustration of the name of Carmona, as above explained, may be seen in its coins, one of which is figured in Smith's Geogr. Dict. On its obverse the name Carmo is placed between two ears of corn.

3. **adversus rempublicam,** 'tried by court-martial those who held treasonable discourses.'

5. **iusiurandum adegit,** governing the accusative, from the implied sense, 'iurare fecit;' the two words forming a kind of compound, as in 'sacramenti memoriam' (2. 28), and in Shakspeare's expression, 'they all-hailed me thane of Cawdor.' The meaning is 'made them swear allegiance to herself and Pompeius:' as in Horace's well-known profession of philosophical independence,

　　　　　'Nullius addictus iurare in verba magistri,'　　　　`

which also illustrates the 'addicebat in publicum,' lit. 'gave over to the treasury by sentence of the court.' A Roman magistrate was said 'dare (iudices), dicere (ius), addicere (litem).'

9. **Caesaris rebus favere.** See the reasons given in 1. 1, note 1.

10. **In insula.** Cadiz is mainly on an island. Hence it was the only place not taken by Napoleon when he held the rest of Spain in 1809.

14. **magna . . Pompei beneficia.** We should not be wrong in translating 'beneficia' by 'party-ties,' as 1. 29, note 5 shows. Pompeius had not the grace of manner which created such passionate attachment among the Spanish chiefs to Scipio Africanus (Arn. Hist. Rom. 3. p. 411). On the force of this personal attachment to great leaders in Spain, see also Niebuhr, Lectures, vol. 2. p. 209.

22. **c. 19. non civis Romanus paulo notior,** 'no citizen of any note' like 'nullum paullo fortius factum,' in Bell. Gall. 3. 15, last note. The 'cives' here mentioned were probably partly Roman residents, 'negotiandi causa,' (Bell. Gall. 7. 3, note 1), partly Spaniards, like the Cn. Pompeius mentioned in Bell. Gall. 5. 36, who had received the citizenship from Roman commanders.

23. **Cordubae conventus.** See 1. 14, note 5.

25. **colonicae;** called 'colonial' as being levied at the 'coloniae.'

eo casu, 'first at that emergency.'

27. **Carmonenses, quae est . . praeclusit;** like 'Sulmonenses quod est oppidum' in 1. 18, (note 1). The singular verb is unusual in such constructions.

57. **2. c. 20. cum tribunis cohortium;** those of the six cohorts which Varro had sent to hold Cadiz.

9. **vernacula,** levied in the province: as the 'Alauda' legion had been by Caesar in Gaul.

18. **Sextum Caesarem;** a first cousin of Caesar: grandson of his uncle, Sext. Julius Caesar.

21. **quod penes eum est . . tradit;** the pronoun changed from the

reflexive ' se ' to the determinative ' eum ' because of the narrative stress
(1. 87, note 1).

23. c. 21. **generatim,** ' severally : ' as the German forces in Bell.
Gall. 1. 51 are arranged ' generatim' (according to their several nations).

24. **in sua potestate,** ' because they had striven to keep the city
in allegiance to him,' the reflexive pronoun referring to Caesar.

29. **in publicum,** ' for the treasury.'

31. **liberius locutos;** causative : ' because they had spoken too
freely' on Caesar's side.

58. 2. **ex fano Herculis,** the temple of the Syrian Hercules or Mel-
karth (Melech Kiriath, king of the city) ; the same divinity in whose
temple Alexander the Great wished to sacrifice at Tyre, and being
refused, destroyed the place.

4. **eis navibus;** like ' ea legione,' the ships or the legion being
considered as instruments. So ' navi' rather than ' nave,' means ' on
shipboard.'

9. **pedibus** simply means ' by land.'

10. **seseque dictatorem dictum;** unconstitutionally according to
Dio Cassius; as M. Lepidus, who named him, was only praetor; see
Liv. 22. 8, ' consul aberat a quo uno dictator dici posse videbatur: '
(supra, 1. 25) a decree of the senate was also required for the creation
of a dictator. His object in assuming this office, unknown for 120
years except in the hated instance of Sulla, was, as Merivale points out,
to gain an undeniable right to hold the consular comitia.

15. c. 22. **panico;** this, according to Bentham, is a large genus of
plants including most of the cultivated millets of Southern Europe.

18. **auxiliis .. desperatis.** ' And as they had given up all hope of
aid from the neighbouring provinces or from the armies.' ' Desperare
rem .. honores .. pacem .. voluntariam deditionem' are phrases
used by other writers. Caesar uses the accusative construction only in
the abl. absolute. In other constructions he has ' sese posse desperant,'
' de omni salute desperant.'

23. **familiaribus .. attribuerat,** ' two of which he had put under
the command of personal friends.'

24. **conspicatae naves.** See 2. 6, note 5.

59. 2. **ipse ad urbem proficiscitur.** Caesar does not mention the
celebrated scene at Placentia, when the reserve there, being joined by
the armies returning from Spain, broke out in mutiny—the one from
not having received the promised donative, the other because Caesar
had deprived them of the plunder of Marseilles. They demanded their
discharge : he brought them to his feet with tears and prayers for

forgiveness by simply calling them Quirites. Lord Bacon (Adv. of Learning, bk. 1. ad fin.), considers the term to imply that they were already discharged, and no longer his soldiers: Merivale, more probably that 'civilian' (like 'pékin' in French) had become a term of intolerable dishonour to this overweening soldiery.

3. c. 23. **in Africam profectus.** By 'Africa' the Romans meant the parts in the neighbourhood of Carthage, where Europe at the promontory of Lilybaeum (le-Lubim, 'towards Libya') approaches that continent at Clypea so closely.

4. **iam ab initio,** 'from the very outset.'

P. Atti Vari. See 1. 31, init. His forces amounted to only two legions; but he was formidable from his knowledge of the country.

10. **L. Caesar.** See above, 1. 8, note 2, for his relationship with Caesar. Like his father L. Caesar, he was a Pompeian.

12. **ex praedonum bello.** As this war ended B.C. 67, these vessels must have been high and dry for eighteen years.

21. **remulco,** 'by towing.'

26. c. 24. **castra . . Corneliana**—the camp occupied by L. Corn. Scipio in the second Punic war (Liv. 29. 35), just to the east of the estuary of the Bagradas. See the map.

27. **Id autem est iugum directum,** 'this place is a steep eminence, the 'id' being neuter by attraction to the gender of the complement. Caesar often uses this kind of sentence to define a place; as in 3. 112, 'Pharus est in insula turris;' Bell. Gall. 1. 12, 'flumen est Arar,' 'the Saone is a river which. . . .'

On **directus** and **fastigium**, see the note on 1. 45.

31. **quo mare succedit longius,** 'up which the sea comes for a considerable distance.'

60. 1. c. 25. **muro . . coniuncta,** 'close up to the walls of the town,' so that these might form one of its four sides.

4. **substructionibus . . maximis;** an abl. absolute with the participle of the verb 'sum' omitted; as in 'nulla ferramentorum copia,' 'there being no supply of mining tools;' 'gladiatoribus,' 'while the gladiator shows were going on.' The meaning here seems to be that one side of the camp was occupied by the theatre and its substructions, the building itself having its entrances barricaded, and being otherwise strengthened so as to serve as a redoubt.

10. **his rebus subsidio,** 'to oppose these movements.' So, below, 'quae res,' 'this vigorous order.'

12. **paternum hospitium**—above 1. 6, note 4.

15. By **publicare** is meant 'to reduce to a Roman province.'

26. c. 26. imperator appellatur. Tac. Ann. 3. 74, 'Blaeso tribuit Tiberius ut imperator a legionibus salutaretur, prisco erga duces honore, qui bene gesta republica gaudio et impetu victoris exercitus conclamabantur; erantque plures simul imperatores, nec super caeterorum aequalitatem.' There was at this time a curious arbitrariness as to the degree of distinction which entitled the soldiers to confer this name: the strict rule had been (according to some authorities) that not less than 6000 of the enemy must have been slain (Mommsen Staatsrecht, 1. p. 105): but this may have been a confusion with the rule as to triumphs. In the present case the advantage gained was ridiculously inadequate.

31. vestigio temporis, 'at the same moment:' so ' *e* vestigio ' means 'instantly:' and, in space, 'eodem vestigio' means 'at the same point.' See 2. 7, note 4.

61. 1. Equitesque. Scaliger wishes to omit the 'que,' which, however, is in all MSS. If it is to stand, the meaning will probably be, 'Accordingly the cavalry . . . . . .' as in Sall. Fr. 1. 11, 'bonique et mali cives appellati,' 'accordingly they were called good or bad citizens.'

5. quod se . . recepit; as moving in one body, 'equitatus' naturally takes the singular. See 2. 6, note 5.

litora, as Kraner remarks, is plural, as meaning, ' the shore-line.'

10. c. 27. auribus . . serviunt, like 'servire iracundiae,' 'to humour a man's passion'—so 'parere dolori.' The metaphor here might be translated by Caesar's expression in Bell. Gall., ' ad eorum voluntatem ficta respondere.'

12. reliquos sentire speramus, 'we anticipate that every body else feels' (see the last note on 1. 8). Attius Varus had been obliged (1. 13) by the desertion of his soldiers to fly from Osimo.

confirmant quidem, ' at any rate declared.'

.19. c. 28. supra. See 1. 23.

20. legionesque eas, ' while, in addition, the legions which Curio had carried over to Africa were the same as those which Caesar had got from Corfinium.'

22. iidem ordines manipulique constarent, ' the centuries and maniples remained the same.'

25. primam sacramenti . . memoriam. As 'primam,' not 'primi,' appears to be the true reading, 'sacramenti memoriam' should probably be considered as one word, as we say in English ' oath-record,' like ' sine eius offensione-animi ' (Bell. Gall. 1. 19), and 'Helvetiorum iniuriae . . populi Romani' (ib. 1. 30).

26. neu . . ferrent = ' et ne ferrent.'

32. **nullam in partem,** ' on neither side :' they neither assented nor made any protest of loyalty to Caesar.

62. **I. c. 29. timor.** This chapter, so far as it is possible to make out its sense, may be compared with Caesar's account in the Bell. Gall. of the panic of his soldiers at the thought of attacking Ariovistus (1. 39) and of the ruin of Cotta and Sabinus' legion (5. 29). He is particularly happy at describing agitations among soldiery, as he also was in calming them.

6. **civile bellum.** This appears to mean, ' the war, they said, was simply one between two Roman leaders.'

genus hominum, 'while they themselves, as Italians, were not bound to either side.'

10. **municipia..coniuncta,** 'their native towns, too,' said they, ' had taken the side of Pompeius; inasmuch as the desertions of the preceding night proved that some of their countrymen were joining the enemy's ranks.' This may be the sense, if ALIQUI is read for NEQUE. The rest of the chapter is, as it stands, unintelligible; the clause beginning with ' legiones eae' must be misplaced, occurring as it does in the middle of an oblique construction. Besides this, the omission must be of considerable length; for the sentences here given do not really explain the ' timor' which is to be the subject of the chapter. Conjectures, therefore, of the kind given in the Appendix to Kraner's edition appear to be out of place.

13. **durius,** ' were taken in the worst sense.'

14. **diligentiores,** ' more full and accurate in detail.'

16. **c. 30. consilio,** a council of war, composed of the superior officers.

19. **in huiusmodi .. consiliis,** 'when soldiers are engaged in such plans as these,' the prepositional abl. absolute; like ' in tanta iniquitate rerum,' ' when things were so adverse.'

22. **circumventos,** ' deluded.'

gravissimum supplicium, they would not be treated by the Pompeians as mercifully as Caesar treated his adversaries.

24. **spatio temporis interiecto,** ' that by the simple effect of time the soldiers might return to their allegiance.'

30. **c. 31. rationem habere,** ' the one side were proposing a most shameful flight.'

33. **accepto .. detrimento,** ' if we suffer a heavy defeat, and so have to raise the blockade of their camp.'

63. **4. quid habet,** 'what will follow from abandoning our camp exeept disgraceful flight and despair of our whole enterprise?'

5. **pudentes,** ' those who have a feeling of honour.'

8. Quod si iam, 'even granting that we are assured,' whence the present potential. Great fire and energy is here obtained by throwing Curio's peroration into the 'oratio directa,' the rest of the speech having been oblique. A somewhat similar effect is sometimes produced by passing from the ordinary into the dramatic oblique. See Bell. Gall. I. 14, note 6.

si .. explorata habeamus, 'if we account the statements to be true.'

13. ita exercitus incommoda sunt tegenda, a principle never better illustrated than by the heroic conduct of the many Indian officers in 1857, who went night after night to sleep in the lines of the native regiments—after leaving their families in some fort—with the patriotic object of showing confidence in the men, and so at any rate delaying the expected mutiny. In older times we may think of Queen Mary's noble expression of confidence in 1692 to the faithless officers of her fleet, which shamed them into loyalty and into the victory of Cape de la Hogue (Macaulay, 4. 234).

14. ut .. proficiscamur, addunt. An objective sentence, 'they also desire us to march by night.'

16. aut pudore aut metu tenentur, 'impulses like these are checked either by honour or by fear.'

20. una vobiscum, 'I trust that the resolution which I shall form will presently carry, at least in great part, your minds along with it.'

22. c. 32. contionem advocat militum. Curio's antecedents as a popular leader (see chap. 12, note 3) in the 'turbata rostra,' which Lucan ascribes to him, would give him great power in a popular address of this kind. Whether he used the actual words here given must be doubtful: the appeal to his 'diligentia' and 'fortuna' is suspiciously like the topics urged by Caesar to his own soldiers in Bell. Gall. I. 40. So his 'a minore' argument against joining the beaten party at this stage of the war, strongly resembles the 'a fortiori' argument at the same place: 'the Helvetii always defeated the Germans; you have beaten the Helvetii; why then this fear of the Germans?' At any rate the speech is intended by Caesar as a monument to his friend's eloquence.

27. illi gravissime iudicaverunt, 'while they feel most sternly towards you.'

illi, the opposite party.

28. vestri facti praeiudicio, 'by the precedent which your action established.' By 'praeiudicium' in law is meant either 'a leading case,' or 'a preliminary enquiry;' the former is the sense here.

31. tueri non potest; as without Africa Italy would be 'fame suffo

cata' (1. 30, note 2) 'Africa,' says Dean Merivale, 'the only granary, held the power of life and death over Italy.'

64. 1. **scelere.** See above 1. 74, note 4.

3. **in eorum potestatem veniatis.** For the asyndeton see 1. 11, note 2.

4. **in Hispania res gestas**—curiously enough the arrival of these tidings is mentioned only in chap. 37; which confirms the view given in note 1 of the somewhat artificial character of the speech as given by Caesar.

7. **diebus XL, quibus,** 'within forty days from the time when Caesar came in sight of the enemy.'

17. **qui potuit.** The argument is 'how could Domitius still claim your allegiance, when by the very fact of his surrender he had become 'capitis minor' incapable of command, and only restorable to his civic rights by a legal process of 'postliminium?' The force of this argument to a Roman's ear may be seen from the fact that even the 'potestas' of a father over his children, the most elementary and deep-seated of all Roman rights, remained in abeyance while he was a prisoner of war. At the same time it may be remarked that the theory under which a prisoner of war was disfranchised at home was that he now belonged to the state which had captured him (Arn. Hist. Rom. 2. 225), and it is hard to see how this principle could be applied to the case of a *civil* war.

19. **Relinquitur nova religio,** 'what they have to appeal to is an idea of sacred duty hitherto unheard of.'

22. **in me offenditis,** lit. 'you stumble on me' (und. 'pedem').

Qui . . praedicaturus non sum, 'I do not, however, intend to emphasize my claims on your gratitude.'

25. **eventu belli,** 'and yet the end of the war, not the beginning of it, is the time when soldiers expect their reward, and their general's "beneficia."'

29. **nulla . . nave desiderata.** So in Bell. Gall. 5. 23 Caesar congratulates himself because in both his British expeditions no ship had been cast away until it had landed its troops.

32. **ex portu sinuque,** 'from the very harbour and grasp of the enemy.'

65. 3. **Africi belli praeiudicia,** 'the party which had started with disaster in the African war.' See above, note 4.

4. **Caesaris militem,** the title which Caesar's soldiers at Placentia had been unable to endure the thought of losing: and for the sake of which the soldiers of Vulteius, described in the Pharsalia (4. 520), committed suicide at sea in so striking a manner.

9. c. 33. **permoti milites.** The power of a telling speech over Greeks and Italians (few of whom could read) is almost beyond our northern power of realising. It would be long before English sailors would require to be stimulated to effort in a storm by appeals from the captain such as Eothen (p. 69) describes so humorously; and in more serious matters it may be doubted whether any conceivable eloquence would keep Englishmen in check under provocation, as that of Pericles did the Athenians while their country was being wasted under their eyes.

12. **necubi.** The latter part of this word is a locative case of ' qui,' as in ' ali-cubi,' ' si-cubi.'

22. c. 34. **non ita magna,** 'of no great size.' Whichever side crossed it first would be exposed to a plunging fire of javelins as they climbed.

26. **interiecti complures.** Caesar's enthusiasm for this arrangement, learned from the Germans (Bell. Gall. 4. 13, note 1), seems to have been shared by other officers of the time. But Attius had not realised that the footsoldiers, either by holding the horses' manes, or in some other way, must learn each to keep up with a horseman; whence the particularly clumsy use here made of a most effective arrangement.

cum se . . demitterent, 'were seen marching down into the valley.'

29. **admissis equis,** 'with their horses at speed.'

66. 5. **praecurrit ante omnes,** 'rushed on ahead of all,' not simply 'praecurrit omnes.'

impedita vallis, 'so steep was the rise of the valley.' For other meanings of 'impeditus,' see Bell. Gall. 3. 24, note 4.

6. **sublevati a suis,** as on the rocky ground above Octogesa in 1. 68 (fin.).

9. **circumveniri arbitrabantur.** The Romans, from their habit of covering themselves in front with their shields, were even more nervous than modern soldiers as regards an attack in the rear.

13. c. 35. **ex infimis ordinibus,** 'a centurion of the lowest rank.'

14. **primum agmen** seems here to mean ' the nearest part of the column;' what would generally be called ' novissimum.'

22. **portae castrorum occupantur,** 'the men got thoroughly clubbed at the gates.'

25. **ac nonnulli,** 'and, in fact, some with continuous flight made their way to the city.'

26. **cum . . prohibebant.** See 1. 58, note 3.

28. **iis rebus,** 'all the tools:' that is, 'murales falces,' for pulling down the crest of the walls, and scaling ladders for climbing them.

32. **multique praeterea,** 'and many besides' (even before Curio's retreat).

67. 2. **bucinatore,** 'a trumpeter to sound the usual military calls.'

7. c. 36. **diuturnitate otii.** Since the destruction of Carthage in 146, Utica had become the residence of the Roman governor, and the capital of the province of Africa. The name of the town, according to Gesenius, means 'the ancient,' probably as opposed to Carthago (Kiriath chadashah, 'the new town'), both being Tyrian colonies.

8. **(erat) conventus is,** 'the district around was peopled from various tribes' (and therefore unlikely to make unanimous resistance). So 'erat' must be understood with 'terror.' On 'conventus' see I. 14, note 5.

23. c. 37. **castra munire.** The opportunity was admirable for a warfare such as Caesar had carried on against the enormous Belgian confederacy in B.C. 57, and like the resistance offered to the Duke of Brunswick by Dumouriez in the same part of France in 1792. A position well fortified and strongly held would soon have wearied the barbarian host into dispersion.

27. **salis copia,** salt-pans like those in the neighbourhood of Marseilles. A good description of the process of salt making is given in the Dict. of Antiq. under SALINUM.

68. 2. c. 38. **restitisse in regno.** The Numidian kingdom retained nearly the same limits which Masinissa, the ally of the Romans in the third Punic war, had been allowed to establish : that is, it extended from the river Mulucha on the west to the western border of the *old* territory of Carthage which had become the Roman province, and then swept round this on the south, as far as the Syrtis Major. The Roman province had been bounded on the south by an artificial trench reaching the sea at Thenae on the Syrtis Minor ; but by the Jugurthan war it had gained some places on the Syrtis Major ; particularly Leptis, without, however, attempting to occupy the country inland from them. Quarrels would therefore constantly arise between Phoenician populations like that of Leptis and the African sovereign.

6. **ad hanc rem probandam,** 'for the adoption of this plan.'

7. **superioris temporis proventus,** as our too easy success at Ghuznee was a main cause of the Afghan disaster in 1842.

23. c. 39. **Reliqua . . praetermittit,** 'all farther enquiry he neglected.'

32. **ut . . praedicant,** 'as, in fact, people always speak ;' the 'ut' of illustrative assertion.

69. 4. **quam maxime . . perterritos,** 'as close as possible upon the dismay of the rout.'

6. **Ne haec quidem res,** 'not even this alarming circumstance.' The exhaustion of the horses is strikingly described by Lucan, 4. 750.

13. **c. 40. praemissis equitibus,** that Curio would first send on his cavalry and then advance himself (with the infantry).

15. **simulatione timoris.** African cavalry, like the Indian cavalry of the present day, could manage this manœuvre to perfection.

22. **c. 41. XVI milium spatio,** 'at a point sixteen miles from the camp at Utica.'

24. **dumtaxat.** The origin of this word is shown by the Silian Law of B.C. 244, 'Multare, dum minore parte familias taxat, liceto' ('let it be allowed to fine him, provided he fixes the fine at less than half his property'). This would be the same in meaning as 'only at less than half his property.'

27. **ut defessis,** 'considering how weary they were;' like the Greek, ἦν οὐδὲ ἀδύνατος, ὡς Λακεδαιμόνιος, εἰπεῖν, 'he was not a bad speaker for a Lacedaemonian.'

29. **numero CC,** 'only 200 in number,' the limiting adverb omitted, as in Bell. Gall. 1. 2, note 26. So 'angustos' may mean 'too narrow;' ψυχρὸν ὥστε λούσασθαι, 'too cold for bathing:' the adverb of excess being in like manner omitted.

70. **9. circumdata tenebatur.** It was probably meditation on the overthrow of Curio's army which suggested to Caesar the masterpiece of strategy by which in his own African war, he managed to extricate himself at Ruspina from an almost exactly similar position of peril (see Hirt. Bell. Afr. 100) by arranging his army in six lines, making the two front and the two rear lines face opposite ways. and then suddenly ordering the two middle lines to divide at the centre, and each half of them to make a furious charge sideways, the one to the right, the other to the left. Thus the enemy's circle was cut in a moment at two points, while the steady attitude of the Roman front and rear made disorder impossible. The result was that the mode of attack which ruined Curio inflicted little loss on Caesar.

12. **parentes suos commendabant.** The turn of the expression seems to shew that Caesar is drawing a familiar picture of the natural affection of private soldiers. Compare Claudian's description (Silv. 3. 8) of the Etruscan peasant by his father's funeral pile:

'Nam quis inexpleto rumpentem pectora questu
Adspiciens, non aut primaevae funera plangi
Coniugis, aut nati modo pubescentia credat
Ora rapi flammis? Pater est qui fletur, adeste
Dique hominesque sacris.'

15. c. 42. **ut in miseris rebus.** See 41, note 3.

16. **colles capere,** like 'loca capere' (to occupy positions).

20. **integri procumbunt,** 'sank down exhausted without a wound.'

26. **proelians interficitur.** 'The gay licentious braggart,' Merivale finely says, 'of the forum and camp, the darling of Cicero, the counsellor of Caesar, the prime mover of the civil war, of which he was the most distinguished victim, crowned a career of inconsistencies and a character of contradictions by dying magnanimously in the foremost ranks of slaughter rather than seek his personal safety after losing the army entrusted to him. In vain—so sang the dirge of the Roman oligarchy—in vain had he profaned the rostra with his seditious eloquence and waved the banner of democracy from the tribunitian citadel, in vain had he armed in unnatural duel the father against the husband; he fell before the day of mortal combat; the issue of his treason was veiled from his eyes; the gods who failed to protect the state were speedy in chastening the traitor. Yet he too had many noble gifts, and Lucan, who pronounces upon him the judgment of posterity with the pathos of Virgil and the sternness of Juvenal, turns his malediction insensibly to praise.' See Phars. 4. 799, the passage on which this eloquent description is founded.

71. 5. c. 43. **classem hostium,** the fleet of L. Caesar the Pompeian, part of which had escaped to Adrumetum (chap. 23).

9. **lenunculus** is supposed to be a corruption of 'lembunculus.'

14. c. 44. **patresque familiae.** Caesar, as Kraner remarks, does not use the form 'paterfamilias.' The meaning here seems to be 'civilians,' just as the actual idea of relationship has almost vanished in Horace's—

'Quinque bonos solitam Variae dimittere patres.'

16. **pervenirent.** Caesar prefers the perfect of consequence where the consequence is instantaneous, as in 'ut perpaucae naves ad terram pervenerint' (Bell. Gall. 1. 15, note 3), but this tense cannot be used after 'accidit ut.'

17. **legatorum numero** (=loco), 'as ambassadors.'

22. **neque .. auderet,** 'and *yet* did not dare.'

25. **quae fieri vellet,** that is, he presumed to make arrangements for the government of the Roman colony: some senators being actually found to countenance this audacious proceeding. Probably also the euphemistic expression is used to suggest acts of violence unnamed.

BOOK III.

DYRRHACHIUM—PHARSALIA.

P. 72. l. 1. c. 1. [n. 1.] Dictatore habente comitia. The news of his appointment as dictator had reached Caesar under the walls of Massilia (supra, 2. 21 ; see the last note on that chapter). His only object in taking it was to avoid the irregularity of getting himself named as consul by the praetor Lepidus, whom Cicero (Att. 9. 9) abuses as ' the most sordid of mankind ' for maintaining that this might legally be done. On receiving the news (2. 22), Caesar had hastened to Rome, the celebrated mutiny scene at Placentia occurring on the way. See Merivale (chap. 16). He only held the dictatorship eleven days.

2. **is enim erat annus.** Caesar had been consul with Bibulus in B.C. 59. In the present year B.C. 48 he was therefore again eligible as consul ; as the law provided ' eundem magistratum, ni interfuerint decem anni, nequis capito ' (Cic. de Leg. 3. 3).

3. **cum fides . . esset angustior.** But the eleven days of his dictatorship were signalised by several important measures (see Merivale, chap. 16). An abolition of debts was popularly expected as a consequence of the civil war ; hence every one was unwilling to pay his own, as they might shortly be cancelled by a summary process. At the same time, the general insecurity of property, also resulting from the war, made every one anxious to sell land, and the price accordingly went down terribly. Caesar, by providing that such property might be tendered in payment of debts at the value which they had had *before* the war, removed of course *one* of the great obstacles to public credit; victory alone could dispose of the other.

5. **arbitri darentur,** ' that umpires should be appointed.' ' Dare iudices ' was a regular function of the praetor.

12. **ambitus . . damnatos.** These were partisans of Caesar, for whose exile the Pompeians had availed themselves of the bribery laws, which were a ready weapon against political opponents, as every one was more or less guilty of bribery.

13. **in urbe praesidia . . habuerat.** See Bell. Gall. 7. 1. 2. The time referred to is that of the state of siege proclaimed by Pompeius at Rome after the murder of Clodius.

14. **aliis . . iudicibus.** In these cases it appears that the judges who were to decide them were chosen by lot out of a large body of 360, who were all *supposed* to have been present when the witnesses were examined, .

but had not really been so. But of course natural equity binds a judge to hear the whole of the case on which he is deciding. That parliament, as a judicial body, is not so bound, is the fundamental objection to Bills of Attainder, where, as Macaulay says, in speaking of Sir John Fenwick's attainder, 'the arbiters of his fate came in and went out as they chose; they heard a fragment here and there of what was said against him, and a fragment here and there of what was said in his favour' (4. 748).

16. qui se illi, 'these being persons who had offered themselves to him at the beginning of the war.'

73. 3. c. 2. His rebus. Caesar also signalised his dictatorship by granting the franchise to the Transpadane Gauls, a precedent for liberalism in after-times (Tac. Ann. 11. 24). 'Henceforward,' says Merivale, 'the freedom of the city was bounded only by the Alps.'

feriis Latinis. No magistrate could take the field until he had held these 'feriae' (which commemorated the ancient Latin federation), and there invoked the favour of the gods against the national enemies. Accordingly, by holding them now, Caesar was making himself (Merivale, ad loc.) the supreme impersonation of the laws against Pompeius with his hordes of oriental auxiliaries.

6. tantum navium. Supra, 2. 41, note 4.

9. hae ipsae copiae. The meaning is 'the very legions that were sent had not their full numbers.' Cp. Bell. Gall. 3. 2, 'legionem neque eam plenissimam, detractis cohortibus duabus et compluribus singillatim.'

20. c. 3. magnam . . dynastis et tetrarchis. This chapter is rhetorically forcible; first as indicating the immense forces of Pompeius, and secondly their barbaric and un-Roman character. The first is strongly suggested, as Kraner remarks, by the repetition of 'magnam,' the second by the mention of kings, tetrarchs, dynasts, the latter being the more petty princes or chieftains.

22. societates, the companies of 'publicani.' The meaning of coegerat is probably that he had forced them to pay him the money from the taxes which should have gone to Rome to the legitimate authorities,—that is, to Caesar and his party.

26. c. 4. gemellam, being made up of the 'duae legiones exiles' which Cicero had commanded there.

31. Antonianos, the soldiers of C. Antonius recently captured. The whole number of Pompeius' legionary troops was about 60,000 men.

32. cum Scipione. For this nobleman and L. Corn. Lentulus, see 1. 1, notes 7 and 8. Scipio had taken charge of the province of Syria, 1. 6.

74. 3. Deiotarus, tetrarch of Galatia, a firm ally of Rome against Mithridates, and afterwards of Cicero against the Parthians.

6. excellenti virtute qualifies 'ducenti viri.' Compare Mr. Grote's description (part 2, c. 87) of the 'excellent raw material for soldiers' afforded by Macedonia. As to the skill displayed by Pompeius in disciplining them, we have Plutarch's testimony (Plut. Pomp. 64), 'It was no small encouragement to the recruits to see Pompeius the Great at one time handling his arms among the infantry, then again mounted among the horse, drawing his sword in full career and sheathing it again as easily ; and in casting the javelin, shewing not only skill and dexterity in hitting the mark, but also strength and activity in throwing it so far that few of the young men went beyond him.' We are reminded of the shooting-matches in which Sir C. Napier took part, with the intention of proving the superiority of the musket to the jezail.

7. Gallos . . Gallograecia, the Galatians of Ancyra and Pessinus, descended from a predatory band of Gauls, who had conquered the country near the Sangarius in 216 B.C.

A. Gabinius. This nobleman was the proposer of the Gabinian law which gave Pompeius command against the pirates; and, more recently, and for a bribe of 10,000 talents, he had replaced Ptolemy Auletes on the throne of Egypt. The fortune which made Gauls and Germans the guards of a Ptolemy was like that which made Saxons enter the Varangian guard at Constantinople in after-times.

9. Pompeius filius, Sextus Pompeius.

20. c. 5. reliquisque regionibus, 'the other districts within his reach.'

21. Dyrrhachii. See 1. 25, note 2.

Apolloniae. These two places were the ends of the two branches of the Egnatian way which united at Clodiana. Apollonia was a celebrated place of study and learning. The other 'maritimae urbes' are Oricum, Salonae, &c.

24. Asiaticis, those from Lycia, Pamphylia, Rhodes, Chios, Cos, Smyrna, Miletus.

25. Syriacis, from Tyre, Sidon, Aradus, Cyprus.

26. Liburnicae. This word was at the time when Caesar wrote still a proper name, meaning a vessel used by the Liburni, a nation of northern Illyricum. Afterwards it got naturalised in Latin to mean a vessel built like these—that is, a light bireme, sharp in the bows, and with a beak of great strength.

Scribonius Libo was father-in-law to Sex. Pompeius; he had retreated from Campania on Caesar's approach.

27. M. Bibulus, Caesar's old colleague and rival in the consulship; see 1. 14, note 3.

28. summa imperii respiciebat, 'the chief command was assigned.'

30. c. 6. contionatus. The word 'contio' is probably derived from 'coventio' (a coming together); much as ἀγορεύω is from ἀγορά, and as, according to Diez, 'harangue' and the Italian 'aringo' are connected with 'ring' in the sense of a circle or assemblage.

75. 4. II Non. Ian. Caesar often thus gives the date at the outset of some great enterprise, as for instance that for the march of the Helvetii in Bell. Gall. 1. 6. The disorder in the Roman calendar which which was to be presently remedied by Caesar's re-arrangement of it is curiously shown by the dates given here and in cc. 9 and 25. According to these it was then Jan. 4th, *and the winter was approaching* (c. 9). The passage of Antonius into Greece is said in c. 25 to have been delayed many months after this, 'et hiems iam praecipitaverat.' According to M. Leverrier's calculations, the date here given would have been in the reformed calendar Nov. 28th, B.C. 49 (see Jules César, vol. ii. app. A).

6. Germiniorum. According to Kiepert, this is the Roman way of spelling Χιμαίρινοι, those who dwelt on the chain of Chimaerus, that is the Acroceraunean range, not at the Chimerium which Thucydides mentions as opposite to Corcyra. Palaeste, Caesar's landing-place, was nearly at the middle point of this range, which he had to cross immediately on landing.

14. c. 7. omnino XII naves, 'had in all not more than twelve ships of war.'

15. constratae IV, 'and only four decked vessels.' The deck was a kind of roof over the seats of the highest bank of rowers, and appears from a carefully drawn figure in M. Jal's Flotte de Caesar (p. 228) to have been within a foot of their heads.

16. impeditis navibus, 'as his ships were lumbered,' and therefore not ready to put to sea.

25. c. 8. offenderunt, 'came to grief.'

29. iracundiam erupit, the verb used transitively, as in 2. 14, and in Virg. Georg. 4. 368 :—

> 'Caput unde altus primum se erumpit Enipeus.'

30. reliquos terreri sperans. This present for the future, 'territum iri,' is unusual. Generally, when this tense is used with 'spero,' the object of hope is a present one as 'spero amicitiam nostram non egere testibus' (Madwig 395, obs. 3).

76. 3. posset. The imperfection in the MS at this point seems, as Nipperdey has shown, to account for the omission of some events afterwards referred to; as the treason of Pulio in chap. 67, and the surrender at Corcyra in chap. 10. These events are known by the name of the 'Curicta surrender' (chap. 9) in which Dolabella, Caesar's officer, had, about the time of Curio's death, been first defeated off the coast of Illyria, and then shut in with C. Antonius in the isle of Curicta, and forced by Libo to capitulate.

4. c. 9. **Discessu Liburnarum.** As a consequence of the omission just mentioned, it is impossible to say to what these words refer.

5. **Salonas,** the modern Spalatro. As the retreat of the Emperor Diocletian, it is beautifully described by Gibbon (chap. 13).

7. **conventum.** See 1. 14, note 5. The reference here seems to be to the senate of the district.

13. **ad extremum auxilium,** 'they resorted to desperate measures.'

32. **Dyrrhachium . . ad Pompeium.** This shews that the siege had occupied the time till Pompeius' arrival at Dyrrhachium.

77. 3. c. 10. **ad Corfinium . . Hispania.** See 1. 34 and 38.

9. **Satis . . magna . . quae . . possent.** The meaning seems to be, ' great enough disasters for himself and Pompeius to be able to use them as warnings to fear future misfortunes.'

19. **paulum modo,** 'even a very little.'

usurum, 'the one who had gained the advantage would not then grant conditions of peace.'

29. **urbiumque copias.** Although in chap. 15 we have an opposition between ' alter oppidi muris, alter terrestribus copiis praefuit,' this hardly seems to justify the contrast between ' urbium ' and ' terrestribus ' here. Perhaps instead of ' urbiumque ' we should read ' ubique :' unless indeed the whole passage is a commentator's paraphrase, which is not improbable.

30. c. 11. **his expositis Corcyrae,** ' having told Pompeius' naval commanders at Corfu the purport of his commission.'

78. 9. **Parthinorum.** Not Parthians; the Parthini were a neighbouring nation on the mountains east of Lissus.

12. **contra imperium populi Romani,** which Caesar wielded as consul; see above, chap. 2, note 2.

13. **sua sponte,** 'from their own inclination;' literally, ' by their own weight;' whence the other meaning in which Caesar uses the word, ' his cum sua sponte persuadere non possent ' (by their own power).

22. c. 12. **contra atque.** The origin of this phrase is ' tu fecisti contra atque ego contra,' ' you on one side, I on another;' whence the usual abridgments.

26. **totaque Epiros.** The devotion to Caesar shown by men who had liberties to gain or preserve was passionate. He was, as shown in

the notes to 1. 1, the representative of all true liberalism; the one person who really wished to extend the Roman franchise.

30. c. 13. **Dyrrhachio timens,**—naturally enough, since the whole of his reserve arms, artillery, and provisions were there. Pompeius probably heard before arriving at Clodiana of the changes at Oricum and Apollonia; and therefore took the northern branch of the Via Egnatia (leading on Dyrrhachium).

32. **tantusque terror,** 'and his army were so panic-stricken' (at the thought of meeting Caesar's forces in their unprepared and exhausted state).

79. 5. **iuratque.** The influence of an oath actually sworn at the time was always considerable among Roman soldiers. The instance of Scipio Africanus' compelling the young nobles after Cannae to swear that they would not leave Italy is well-known. So Petreius hindered his soldiers from fraternising with Caesar's by forcing them to swear fidelity anew (supra, 1. 75). And the mutiny of modern regiments has been sometimes delayed, for a few days at least, as at Rohtuck, by the oath voluntarily taken by sepoys to remain 'faithful to their salt.'

9. **praeoccupato itinere,** 'since Pompeius had got the start.'

11. **bene meritae civitates,** 'that these states which had deserved so well of him might be protected by posts and moveable columns.'

13. **sub pellibus,** 'in camp.' The excellent plan of making tents of hide must have contributed much to the health of the men in them; but must have made them much heavier to carry.

hiemare. See chap. 6, note 2.

27. c. 14. **constitit,** lit. 'cost (that is, 'depended on') so short a time and so great a chance.'

80. 2. c. 15. **ligna,** 'wood' for cooking and other purposes.

5. **quibus erant tectae naves.** M. Jal (p. 62) explains this as referring to 'des cuirs minces et souples servant de tentes aux hommes qui conchaient sur les bancs des rameurs et sur le pont.' At p. 229 of the same work he gives a woodcut of a trireme thus covered, and he also remarks, 'that in the middle ages use was made for the same purpose of coarse cloth awnings called "arbasi" in low Latin, whence the French "herbage."'

24. c. 16. **atque excusat.** It seems as if this must be the reading, instead of the 'neque excusat' of the MSS. It is adopted by Nipperdey.

25. **inimicitias . . privatas.** See in 1. 14, note 3, the account of these enmities during their joint consulship in 59. Bibulus had unluckily held each of the curule magistracies in the year when Caesar held the same, and in each case had found his attempts at opposition

foiled—a curious comment on Cicero's idea of the ' necessitudo sortis '—
that 'publici muneris societas' which, according to him, made so
indissoluble a tie of friendship (in Q. Caecil. 19).

81. 2. manerent is the oblique imperative.

5. c. 17. Quibus rebus, ' to these last observations.'

8. ipsi.. reciperent, ' and that they should pledge themselves to that
effect.'

15. ut haec non remitterentur, ' even on the supposition that these
were not withdrawn.'

16. periculum praestare eorum, ' nor would they guarantee their
safety.'

28. c. 18. tumultu, the disturbance in Pompeius' camp on the Apsus.

30. L. Lucceio. This is the historiographer to whom Cicero
addressed his strange letter asking him to go, for friendship's sake,
' a little beyond the truth ' in recounting the acts of his consulship
(Ad Div. 5. 12).

82. 1. Quid mihi .. opus est. A question characteristic of Pompeius'
tranquil fashion of considering himself the centre of all things.

2. cuius rei .. poterit, 'a notion which I shall be quite unable to
dispel.'

10. c. 19. Mittit P. Vatinium. Caesar sent P. Vatinius.

14. fugitivis .. Pyrenaeo. This is supposed to refer to the
wrecks of Sertorius' army (Plut. Sert. 27). The 'praedones ' are the
pirates whom Pompeius suppressed.

16. Multa .. locutus est. The omission of 'ille ' where the nominative is thus changed is unusual and somewhat careless.

26. summissa oratione, ' in studiously gentle terms.'

altercatio does not mean necessarily ' wrangling,' but nearly the same
as 'disceptatio' (debating). So 'iurgium ' appears to be a contraction of
' diverbium; ' the notion of quarrelling being originally absent from the
word.

32. nisi Caesaris capite relato. On Labienus' astonishing enmity
to Caesar, see I. 15, note 2. He fought with peculiar bitterness at
Ruspina, and was finally slain at Munda.

83. 1. c. 20. causa debitorum suscepta. This is a consequence of
Caesar's measures for the relief of debts recorded in 3. 1. In addition
to enacting that estates should be received in payment of debt at the
value which they had borne before war had produced insecurity of
property, he had carried a law that no one should have in his house
more than 60,000 sesterces. As, however, he would not allow the
evidence of slaves to be received in proof that any house contained more,

this enactment remained a dead letter. Accordingly, as Sallust informs us, the indebted classes were highly dissatisfied at Caesar's having adopted such half-measures; many of them went over at once to the other side (Merivale, 2. 227), and of those who remained in Rome M. Caelius Rufus was a representative. He probably intended now to carry a practical abolition of debts by applying to each case as it arose the process of 'interdictio retinendae possessionis;' declaring, that is, that no case had been made out compelling the debtor to resign possession of his property to the creditor.

6. flebat aequitate decreti . . ut, 'from the equitable character of the law passed by Caesar, and the moderate conduct of Trebonius . . no one could be found to lead the way in making such an appeal.' The fact was that the main partisans of abolition had fled; and therefore no cry for this purpose could be got up.

9. inopiam excusare, 'to plead one's poverty requires only an ordinary amount of tenacity.'

14. Atque ipsis, &c., 'in fact Caelius was found to be more arbitrary than the very debtors in whose interests he professed to be acting.'

17. sexenni die appears to be the best emendation for the reading of MSS 'sexies seni dies' which makes no sense. The meaning then would be that debtors should have six years in which to pay the principal of their liabilities, and all claims for interest should be cancelled. So we have 'annua dies,' meaning 'at a year's term.'

21. c. 21. mercedes . . annuas, 'a year's rent.'

22. tabularum novarum. A bill for the abolition of debts was understood, as in Catiline's time, to be the standard of revolution. Solon had carried such a measure into effect *once* at Athens; but under the democracy the magistrates had, on entering office, to swear that they would not propose either this or a redistribution of land.

26. ab republica removendum, by the 'abrogatio imperii,' under which, according to Appian, 1. 65, ἐψηφίσατο ἡ βουλὴ (the senate) τὸν Κίνναν μήτε ὕπατον (consul) μήτε πολίτην εἶναι. Cinna treated this sentence as null and void, because the people had not concurred in it (Mommsen, Antiq. p. 312).

30. Milonem, who, as Dio Cassius remarks, was angry because he had not been restored by Caesar along with the other exiles (supra, 3. 1).

32. muneribus datis . . habebat, 'because he had kept up by means of large presents the relics of a large body of gladiators.'

84. 1. pastores, probably slaves like those in Sicily, who had been encouraged by their masters to rob for subsistence; whence a state of disorder worse than that in Sicily at the present day.

9. c. 22. **quae mandata,** understand 'ex mandatis.'

19. **magnarum initia rerum,** that is, the beginnings of an outrageously communistic movement, as unlike as possible to Caesar's idea of a liberal democracy.

occupatione magistratuum et temporum. So we have 'si occupationibus reipublicae prohiberetur' Bell. Gall. 4. 16 (see the note)· Here we may translate, 'from the pressure on the magistrates and the strain of the times.'

23. c. 23. **insulamque,** called Pharos, the modern Liosina.

30. **deiecit,** 'put to the rout.'

et adeo . . profecit, 'and, in fact, made such good use of his advantageous position.'

85. 1. c. 24. **Antonius,** Marcus Antonius, always admirable for resource and ingenuity.

2. **cratibus . . contexit,** 'he furnished the boats with hurdle-work traverses towards the head.'

19. c. 25. **Multi iam menses.** Supra, 3. 6, note 2. Pompeius, in spite of his numerical superiority, allowed himself to be held in check for five months at the Apsus by just half of Caesar's army. As he had Roman legions enough to make up for the bad quality of many of his troops, this must have been, as Napoleon states, a great error.

21. **occasiones . . videbantur.** That is, Caesar began to suspect that some private interest was keeping Antonius in Italy. He, therefore, according to Florus and Lucan, himself set sail in an open boat for Italy, but was driven back by the storm; on which occasion he used the celebrated expression, 'ne time, Caesarem vehis.' Dean Merivale is inclined to suppose that the story was invented to account for the saying.

22. **cercii . . venti.** This is an excellent emendation by Madwig for 'certe saepe flaverant venti.' The 'cercius (or circius) ventus' was a violent W.S.W. wind: the name is probably Gallic, but is used by several Latin authors.

28. **durius . . lenioribus ventis exspectabant,** 'they were every day looking forward hopefully to the time when, the winds being lighter, it would be harder to make the run.'

32. **sive ad Labeatium.** That is to the country west of the Labeatis Lacus and Scodra. These three words are omitted in some MSS, probably from the resemblance of 'Labeatium' with the last syllables of 'Apolloniatium.' Caesar appears to be mentioning the extreme northern and southern points, equidistant from Dyrrhachium, for which Antonius might run; landing either at Apollonia, where

Caesar could protect his disembarkation, or far away to the north, beyond the ports of the coast occupied by Pompeius.

86. 6. c. 26. nacti austrum. A Roman vessel, from the squareness of her rig, would run very fast with a fair wind (much as a Chinese junk can far outsail an English man-of-war under such circumstances), and the south wind would be directly fair, just when rapidity was most needed; on their approach, that is, to the Epirot coast.

13. praetervectosque Dyrrhachium,—the weather not allowing M. Antonius to make the shore at Apollonia or Oricum, he adopted the other alternative suggested by Caesar. The Emperor Napoleon, in his Précis, shows that much of Caesar's danger might have been avoided by marching his troops at first from Lombardy round into Dalmatia. The distance from Placentia would, he says, be nearly equal in either case. But then Caesar did not come from Placentia, but from Rome.

15. si forte ventus remisisset. Antonius' fleet would be very heavy with the number of men transported; probably, indeed, this made it impossible to work the vessels with oars at all; if so, he trusted entirely to sailing.

18. ab Africo tegebatur, by a small island which closed it on the west; the south wind would blow straight up the opening.

19. levius . . periculum. Caesar had written to him saying that he was not to spare the ships; what he wanted was *men*.

20. incredibili felicitate. It has been shown in Bell. Gall. 6. 35, note 1, how this habit of harping on 'fortuna' had grow upon Caesar ever since the British expedition; and how he was constantly striking a balance between lucky and unlucky events.

24. c. 27. de suo timere. This want of enterprise is constantly seen in Pompeius' sea-commanders (except Sex. Pompeius). Why did they not also run into Nymphaeum and do all the damage they could?

31. c. 28. in noctem coniectae must mean 'got benighted.'

87. 1. Otacilius. That one of this name should be a naval commander is one of the many instances of hereditary pursuit in Roman families. See Liv. 22. 56, &c., where an Otacilius commands a fleet against Hannibal.

5. quantum esset, the imperfect by attraction to the historic tense in the main verb, like 'si bis bina quot essent didicisset,' 'if he had learned what twice two make.' See Bell. Gall. 1. 36, note 1, where English examples of the same construction are quoted.

29. c. 29. si forte Pompeius . . traiecisset. This advice was strongly urged by Afranius on Pompeius immediately on Caesar's retreat from the lines of Dyrrhachium.

88. 12. c. 30. expedito . . non erat, 'because he was in light marching order, and had no river to cross.' Accordingly he made on the first day a march of about 21 miles, at the end of which he ascertained that Antonius had crossed the river Genussus.

21. Asparagium. This was on the left bank of the Genussus, near its mouth. By encamping there, and throwing a bridge over the river, Pompeius commanded the nearest road to his depot at Dyrrhachium.

23. c. 31. detrimentis . . appellaverat. There is downright irony here, as also in the hint that Scipio thought Caesar a more real enemy than the Parthians who had slain Crassus and his army in 53 B.C. and to whom, as we find in c. 82, Pompeius had appealed for auxiliaries.

24. Amanum. In the neighbourhood of Issus Scipio was proconsul of Syria, and therefore had command independent of Pompeius. For his relation to him, see the last note to 3. 1.

89. 7. c. 32. generatim, 'in the way of special impositions.'

9. columnaria, ostiaria, 'duties on pillars and doors.'

11. cuius modo rei nomen, 'if the very name of anything could be invented.'

13. praeficiebantur, understand 'sui.'

17. suo . . compendio serviebant, 'took care of their private advantage.'

19. honesta praescriptione, 'under this honourable pretext.'

21. universis, 'on every one,' the dative of the person. The revenue collectors took an immense percentage for delay in payments.

24. Neque minus . . civibus. 'The ruin of the natives did not dispense with extortion from Roman citizens.'

28. promutuum, 'was borrowed on anticipation.' That the publicani should be able to make such advances, even at a heavy discount, shews the profitable character of their occupation, which Cicero in his letter on the subject to Quintus describes in such flattering colours (Ad Quint. Fr. 1. 1).

90. 4. c. 33. salutem attulit. Caesar, freethinker as he was, expresses in 3. 105 his gratification at having twice saved the treasures of Ephesus by his actions done at a distance. Scipio's object in summoning witnesses, as Ampius did afterwards, was doubtless that they might guarantee his inventory of the treasures taken. If he was deterred by the cause assigned by Caesar, he must have thought the news a bad omen for the work in which he was engaged.

5. c. 34. deducta Orico legione. As Antonius had arrived, there was no need to watch the coast any longer.

9. praesidio misso, 'if he would send them garrisons.'

12. **in Thessaliam, &c.** Caesar's present position was very central as regards the passes. Thus he could send Cn. Domitius by the Via Egnatia and Heraclea into Macedonia, Cassius Longinus by the Aous (Vojussa) and the defile now called the Mezzovo pass to Tricca in Thessaly, and Calvisius Sabinus by another branch of the same pass by the valley of the Achelous (Aspropotamo) into Aetolia.

15. **Cn. Domitium Calvinum,** consul B.C. 54, now one of Caesar's legates.

17. **libera,** 'independent Macedonia,' of which the capital was Heraclea.

25. c. 35. **veteris homo potentiae.** The word ' homo ' is not used contemptuously either by Caesar or Cicero. Thus in recounting an exploit of Labienus in Bell. Gall. 5. 58, Caesar says ' comprobat hominis consilium fortuna ; ' and in Verr. 4. 16 Cicero contrasts ' homo turpissimus ' with ' homo domi suae nobilissimus.'

30. c. 36. **adesse Scipionem,** by the Egnatian way from the Hellespont.

33. **cum . . afuisset,** ' after getting as near him as 20 miles ' (in the neighbourhood, that is, of Heraclea), he turned suddenly to the left, crossed the mountains to the Castorean Lake and the Haliacmon, and, leaving Favonius in camp there, he marched on Cassius Longinus, who was ' circum Thessaliam,' that is, in the neighbourhood of Gomphi, Tricca, Metropolis ; the line by which Caesar afterwards marched to Pharsalus.

91. 10. **ad montes,** that is, towards Dodona and the river Arachthus ; thence to Ambracia, the modern Arta.

20. **industria Domitii,** 'Domitius' vigour ' in making the diversion in Cassius' favour by attacking Favonius. The upshot of all this is that these operations hitherto had decided nothing.

29. c. 37. **a vallo non discedere.** Although Domitius advanced quite up to his camp, Scipio declined to move from under the protection of the artillery on its walls.

31. **et maxime, &c.,** 'and what most held them back was that a stream with inaccessible banks was close under Scipio's camp.'

92. 3. **qui . . venisset,** 'in spite of his having come with such high hopes.'

5. **conclamatis . . vasis,** 'without collecting his camp-furniture,' for doing which the proper military signals would have to be sounded.

26. c. 38. **cognitis insidiis,** 'finding their ambuscade detected.' The words **quarum perpauci . . receperunt** have been added to complete the sense, which without them is deficient.

31. c. 39. supra, in c. 34.

33. quas .. traduxerat. As both Caesar himself and Antonius had instantly on arriving sent back the main part of their respective fleets, this must refer to a few vessels, detained by Caesar at Oricum, as he had kept the 'pontones' at Lissus (c. 29).

93. 4. alteram coniunxit, 'chained (or anchored) another to it.' The masts of the sunk vessels would not have been solid enough alone to make the kind of obstacle which the Russians succeeded in making in the harbour-mouth at Sebastopol.

8. c. 40. Quibus .. rebus, 'having observed these arrangements.' filius, Sextus Pompeius.

10. remuloo multisque .. funibus, probably ' by a towing cable to which many ropes were attached,' as it would be of no use to try and weigh the sunk vessel by the mere force of one ship. Voss, however, supposes that by 'remulcus' (ῥυμουλκός) is meant a windlass winding several cords at once.

12. ad libram, 'of equal height' (lit. 'according to a scale ').

18. mole tenui natura obiecta, ' on the narrow natural isthmus uniting the city with the mainland.'

20. subiectis scutulis, 'putting rollers underneath.' By this ingenious feat he got his own vessels into the harbour behind its mouth. As he finished his work by destroying the 'pontones' left by M. Antonius at Lissus, we cannot but admire the completeness and effectiveness of this operation, which entirely destroyed Caesar's means of communication with Italy, and left that country at Pompeius' mercy.

94. 4. c. 41. suis locis se tenere. As Pompeius was continually supplied with all necessaries from the sea, it was impossible to force him from his camp, except by the means presently adopted.

7. magno circuitu. Caesar moved eastward and crossed the Genussus higher up, as if retiring for want of provisions. But about noon on the following day, Pompeius' scouts saw his column file to the left, much as it had done in the march to the Ebro (1. 69, note 1), and climb the Graba heights, so as to gain the ridge overhanging the neck of the peninsula on which Dyrrhachium stood.

8. aut Dyrrhachium compelli, 'might be driven into Dyrrhachium,' where his army would suffer terribly from closeness, and soon from want ; the cavalry in particular being unable to forage, as the country immediately to the north of the town was covered with an impassable morass.

22. c. 42. Petra. Completely out-generalled thus far, Pompeius

. encamped at Petra, rather above the middle point of the chord of the horseshoe formed by the two branches of the Graba heights.

27. **de Italicis commeatibus,** ‘thinking it certain that he should get no supplies from Italy.’

tanta diligentia, ‘with such accuracy.’

29. **morabantur,** lit. ‘delayed ; ’ a gentle way of saying ‘made it impossible to send any.’ So Caesar’s men in Bell. Gall. 1. 39 fear ‘ut satis commode frumentum supportari posset.’

31. **hae regiones,** the parts of Epirus into which they were sent.

95. 8. c. 43. consilium capit,—a plan too audacious, as Napoleon justly said : ‘Comment pouvait il espérer de se maintenir avec avantage le long d’une ligne de contrevallation de six lieues, entourant une armée qui avait l’avantage d’être maîtresse de la mer, et qui occupait une position centrale.’ It would almost appear as if Caesar had learned from the Gallic wars, as the French are said to have done in Algeria, a too venturesome mode of warfare. Perhaps, however, we ought to consider that he did not foresee the development which his lines would be forced to take in consequence of Pompeius’ measures of defence, and originally contemplated only a circuit of a few miles.

25. **c. 44. nisi . . decertare vellet.** Pompeius can hardly have distrusted his legionaries, or thought them likely to improve by so much delay : his idea was probably that Caesar must soon break up his army for want of subsistence.

27. **extremam rationem,** ‘the last resort in military operations.’

30. **Castellis . . XXIV.** These were a series of closed redoubts connected by the lines just mentioned, placed on every advantageous point of ground, and each capable of holding a number of men considerable enough to defend themselves independently till aid came from the rear ; which, on Pompeius’ side might easily be done, as his camp occupied the centre of the semi-circle. It was impossible for Caesar to neglect these, and carry his lines *within* them, from the great numbers of light-armed men with Pompeius.

33. **perpetuas munitiones,** ‘continued lines,’ that is, a ditch with the earth thrown outwards to form a wall, and strengthened with stockades.

96. 7. cum erant, ‘where Caesar had to occupy one by one the places for his towers.’

9. **non constituerat,**—a singular slip for ‘constituerat non prohibere.’

suis locis, ‘at points advantageous to him ; ’ opposed to ‘alieno loco,’ ‘at a disadvantageous place.’

10. **multi . . vulnerabantur,** that is, ‘our men suffered considerable loss.’

12. **ex coactis,** ' of felt.'

15. c. 45. **In occupandis praesidiis,** ' in seizing posts.'

20. **contrarium collem,** ' a hill with a counter-slope to this.' So in Bell. Gall. 2. 18 we have ' collis adversus huic et contrarius.' The hill occupied by the ninth legion was, as we shall see presently, the extreme southern point of the lines, where they reached the sea.

22. **prope aequum aditum.** The meaning is probably that there was one point at which the two hills were connected by a shoulder nearly level with Caesar's position, so that Pompeius could charge along it without receiving a plunging fire : Caesar, on the other hand, had to retreat ' per declive,' down a rather abrupt slope; so that the javelins of the pursuers fell on his men from above.

29. **neque .. patiebantur,** ' and pressed our men too closely to allow of an orderly retreat' must be the meaning.

31. **nullius usus.** From Caesar's quoting this saying of Pompeius as a boast, we must conclude that he meant to say that Caesar would not get his men away from this particular post without great disaster. If he had been referring to the whole of the lines occupied by Caesar, he might be said to have afterwards made good his declaration.

97. 1. c. 46. **receptui .. timens,** ' fearing that he would be unable to draw in his men.' See the foot-note to Bell. Gall. p. 321.

ad extremum tumulum must mean ' on the edge of the hill in rear of the combatants;' it would surely have been impossible to construct such a rampart in the front where the battle was going on. The crates here mentioned must have been mantlets of hurdlework, fastened to uprights rapidly sunk in the ground (longurii). We must suppose them to be placed in two lines, each hurdle in the rearward line covering the interval between two hurdles of the front one. The ditch in the rear cannot have been continuous, else it would have stopped the retreat of Caesar's men. Doubtless it had breaks through which they would easily pass when forewarned and guided, but which would be like so many unexpected defiles to the enemy, made more dangerous by showers of bullets from the slingers.

2. **proferri .. locari.** These words have made General von Göler suppose that the defences were in front of the hill. This, however, is not necessary; Caesar probably means that they were in front of the supporting force.

3. **tectis militibus,** ' by men working under cover of the mant-lets.'

4. **impediri.** The ' deblai,' or earth taken out of the ditch, was probably thrown up in the rear, so as to make a slight rampart and

thus give a little more command for the javelins. Besides this, he may have used small pits, crows-feet, and the like, as at Alesia.

9. **propulerunt**, 'dashed down the rampart of fascines.'

10. **deiecti.** The difficulties of the descent on Caesar's side must have been so considerable as to make his movements necessarily much slower than those of the enemy.

11. **a medio . . spatio**, 'from a point half way down the hill' (on its reverse).

14. **ex inferiore loco**, 'although the ground on which they stood was lower' (the prepositional abl. absolute).

15. **incitati cursu**, 'they broke into the double-quick.'

16. **ad recipiendum**, a short expression for 'ad sese recipiendos.'

18. **qui satis habebant**, 'as they considered it enough.'

23. **c. 47. nova et inusitata**,—not only so, but over-audacious against an enemy like Pompeius.

cum . . numero, 'considering on the one hand the large number of redoubts, &c., and on the other a variety of additional circumstances.'

27. **aliqua offensione**, 'or at any rate when they are shaken by some mishap.'

28. **cum ipsi . . praestarent.** Hyde (Fortif. p. 113) calculates that to besiege a garrison of 5,000 men, a force of 27,000 men is required; although the proportion is somewhat lower in the case of a larger garrison. The reason of this is that it is absolutely necessary that there should be three or four reliefs of the besiegers for the purpose of carrying on and occupying the siege works. The due proportion is seldom less than 5 to 1.

numero equitum. In the same passage it is noted that at the siege of Badajoz very great damage was caused by the sallies of 50 cavalry from the fortress, whom there were no English cavalry to meet.

98. 6. **labore et patientia**, also by the ingenious expedient of the coracles.

7. **ad Alesiam . . inopiam.** Caesar had mentioned in Bell. Gall. 7. 17 the great scarcity in his army at Avaricum: as to Alesia, he seems to have thought that the dramatic effect of his details of Gallic starvation, and the desperate resolutions founded upon it, would be marred if he dwelt upon the privations of his own men.

11. **magno in honore**, 'pecore famem sustentabant,' says Caesar in Bell. Gall. 7. 17; here he uses an expression such as might be supposed to be applicable to the strange provisions consumed during the siege of Paris rather than to full rations of meat. But the Roman soldiers habitually lived on polenta, and meat was unwelcome to them. In 1. 48 Caesar calls it, 'secundum auxilium.'

12. c. 48. **qui vacabant operibus,** a bold, but perhaps successful, emendation for the unintelligible ' fuerant valeribus ' of MSS. Madwig proposes, 'vivebant oleribus.'

13. **chara.** It is uncertain what this plant was. General von Göler thinks of the flowering rush (Blumenbinse) ; the root of which is, he says on the authority of Le Boist, used for food by the Calmucks and other of the Asiatic subjects of Russia. Other botanical authorities explain the name as meaning the ' crambe Tartarica ' or Tartar cabbage ; a plant also used for food in Russia. Pliny (Hist. Nat. 19. 41) tells us that Caesar's soldiers in his triumph sang some very cutting rhymes of their own making to the effect that they had lived on ' lapsana ' at Dyrrhachium, and that the rewards he was then giving them were on somewhat the same scale of munificence. ' Lapsana autem,' he adds, ' est cyma silvestris,' the carraway out of which ' Kummel,' as Kraner remarks, ' is now distilled.' The bread thus made may have been not much worse than the mixture of sawdust with a modicum of meal which did duty at the siege of Paris.

23. c. 49. **equos . . tolerari,** ' that the horses were just kept alive; ' so we have in Caesar ' equitatum tolerare ; ' and in Plautus (Aul. 4. 1. 12) a slave is said ' tolerare herum ne pessum abeat.' Apparently, therefore, the original meaning of the word must be ' to keep up,' and its root the same as that of ' tollo.'

24. **uti autem . . affectos.** ' The men, too, were out of health ; on the one hand from their close quarters, the bad smell, and the continual labours which they had gone through without being accustomed to them; and on the other because they were pressed by extreme want of water.'

28. **pertinebant** (cursum), ' held their course through to the sea.'

29. **ut erant loca montuosa.** This is the ' ut ' of illustrative circumstances, taking the indicative; as in Bell. Gall. 3. 8, 'ut sunt Gallorum subita et repentina consilia.' The next words are somewhat difficult : if the reading is correct, the words will be 'ad specus (contractae),' 'the valleys narrowed to actual gorges or waterways,' the word ' specus ' being used by Varro to mean a ditch or drain. The ellipse of the participle is extremely unusual ; but may perhaps be accounted for by the phrase being like an entry in a general's note-book. It is, therefore, unnecessary to alter the reading as some editors have done, proposing such changes as ' asperae angustiae,' ' ad specus coarctatae angustiae,' and the like.

31. **terramque adiecerat;** puddling it doubtless with clay.

32. **loca sequi demissa,** ' to hunt (for water) along the low levels.'

99. 7. c. 50. **In novo genere,** the prepositional abl. absolute, ' as the character of the war was so novel.'

P

8. ex ignibus. General von Göler (p. 33) remarks that as it was midsummer, these fires were made, not for warmth, but to serve as rallying-points: also that, as applied to whole cohorts, the word 'excubare' must here be translated by 'to bivouac;' as it would have been useless to harass the men by keeping such large numbers actually under arms.

12. alio .. facerent. The next words were doubtless 'alio excubarent.' The number of lines here lost must, however, be considerable. The beginning of c. 71 takes up the series of events recorded by Suetonius (Caesar 68), who tells us that the sixth legion had been supporting for many hours the attack of four Pompeian legions, and was at last relieved by the approach of P. Sulla.

14. c. 51. castris praefecerat, 'had left in charge of the original camp' (marked *c* in the plan).

21. potuisse finire, 'that he might have ended,' the oblique of ' poterat finire,' which again is the imperfect of ' possum finire,' ' I might finish' (if I would).

Cuius consilium, 'still, his line of conduct ought not to be found fault with.'

22. Aliae .. atque imperatoris. The reason of this peculiar use of 'atque' is that the full phrase would be ' aliae sunt legati partes atque (aliae) imperatoris,' ' the functions of a lieutenant-general are one thing, those of a commander-in-chief another.'

23. ad summam rerum, 'with a view to the general campaign.'

25. liberatis suis, ' so, in the present instance, Sulla liberated his detachment, and with this success he was satisfied.

26. quae res tamen .. reciperet, 'an enterprise which, in spite of its apparent advantage might well have led to some mishap.'

33. necessario atque ex tempore, 'adopting a plan which was unavoidable and such as the case required.'

100. 6. c. 52. plura castella .. temptaverat, 'had ordered feigned attacks on several of our redoubts at once.'

distinendae manus, ' in order to keep our forces apart.'

9. munitiones .. egressi, the direct accusative after ' egredior;' as in the phrase 'legem migrare,' 'to transgress a law.' By the Germani are meant the cavalry so often mentioned, who were to do such good service at Pharsalia. We should be curious to know whether their employment by Caesar produced any such feeling as that of the Turcos by the French in 1870, or of Indians by ourselves in the American War.

15. c. 53. evocatos. ' These,' says General von Göler, ' were veteran soldiers recalled to their standards on an emergency, and enjoying many privileges, such as exemption from carrying wood and water, also from working at stockades (p. 115).

16. **L. filius,** son of the L. Flaccus for whom Cicero made the still extant speech, when he was prosecuted for Asiatic extortion.

22. **renuntiaverunt** is an emendation for 'remuneraverunt.'

25. **donatum milibus CC.** It is uncertain whether part of the numeral is not omitted. See Bell. Gall. 8. 4, note 1, where a general donative of 200 sesterces is made to the soldiers, and it is shewn that this sum would have bought about $2\frac{1}{5}$ quarters of wheat, and was, therefore, in purchasing power, equivalent to about £6 in our money. As this was a special gift, the sum was probably larger.

26. **ad primipilum.** A centurion of the eighth class was theoretically supposed to be commanding the eighth century of the Triarii. But as the real distinction between Triarii, Hastati and Principes was done away with by Marius' military system, these names remained only as a means of classifying centurions, not as indicating any portion of the legion really commanded by them (Göler, p. 117). According to this arrangement the 'primipilus' was supposed to command the first century of the first cohort in each legion.

28. **duplici stipendio.** We learn from Suet. Caes. 26 that Caesar had doubled the general pay of the soldiers before the civil war—making it 7 asses a day instead of $3\frac{1}{2}$, that is, about fourpence a day. This was equivalent in silver to three sestertii nearly. Hence, the price of corn being what has been just stated, three sestertii would have produced about a peck of corn, worth now about 1s. 10d. Double this pay would give to the favoured cohort here mentioned a daily sum equal in power to 3s. 8d. of our money. We may compare this with the 4s. a day received by Charles II's life-guards (Macaulay, 1. 296).

29. **congiariis,** literally, a 'congius' measure—that is, about 6 pints of oil or wine; hence the name was extended to other donations of oil, wine, and money. The meaning is, not that the soldiers always received double on all occasions when such things were distributed, but that they received for the future double pay, and on this occasion the other honours mentioned. By 'militaria dona' are meant, as Kraner points out, the various ornaments worn by soldiers, bracelets, collars, and the like,—the 'iron crosses' of those days.

30. **c. 54. reliquis diebus,** 'on the remaining five days during which he held the post.'

101. 1. **ad impediendum obiectis,** 'and this obstacle having been opposed to hinder our attack.'

2. **in antiquas munitiones,** that is, to the camp which he had left in order to make the attacks just partly related on Caesar's position.

5. **c. 55. ut demonstravimus.** Supra, c. 34.

6. **ac paulo longius progrediendum,** 'and so a certain advance ought to be made.' By 'Achaia' appears here to be meant the Peloponnesus; sometimes it includes all Greece south of Macedonia and Epirus.

10. **Isthmum,** the isthmus of Corinth; which the Spartans thought of fortifying against Xerxes. Temporary works were raised there at various periods of Greek history; the massive walls, of which remains still exist, date from late Roman times.

11. **Delphos.** In Merivale 2. 275 is quoted the singular account of Ap. Claudius' consultation of the oracle here, and of its ambiguous reply that he should 'hold the hollows of Euboea,' which was fulfilled by his dying there. The same author remarks that, by establishing his interest in Greece, Caesar had turned the scale in his favour even on Pompeius' chosen battle-ground.

17. **c. 56. si Pompeius . . vellet,** 'to try if Pompeius chose.'

18. **tantum . . aberat,** 'was kept at just such a distance from the rampart of Pompeius' camp.'

25. **c. 57. Scipionem.** Supra, 1. 1, note. By 'pristini instituti' is meant the series of efforts for peace which Caesar had made in the early part of the war and more recently; see 1. 26, 32; 3. 19. The Clodius here mentioned is not the demagogue, who had been slain some years before (Bell. Gall. 7. 1), but his son, Ap. Clodius Pulcher, who had led back from Gaul the two lent legions which Caesar was restoring to Pompeius. The name 'Clodius' is only another spelling of 'Claudius;' several of the family bore either name indiscriminately.

31. **id arbitrari vitio factum eorum,** 'he said that he considered all past failures to be the fault of the gentlemen whom he had requested to back his applications for peace.' The two words 'effecisse' and 'id' are introduced by Madwig; the MS. reading is 'nihil arbitrari vitio factum eorum.'

102. **2. compellere,** a metaphor from wandering sheep, 'bring him in and govern him, when he went wrong.'

3. **suo nomine,** 'he also held the independent command of an army.'

6. **uni . . acceptam relaturos,** 'would put down to his account alone.'

9. **a Favonio.** This person was called 'Cato's ape:' he hated Pompeius, yet preferred his cause to Caesar's; was faithful to him in

his defeat, and pardoned by Caesar; then joined Caesar's murderers after the act and was afterwards put to death by Octavianus.

12. c. 58. **aditus duos**, the two roads between the march and the sea, which united about a mile east of Dyrrhachium.

22. **hordeo.** This word is corrupted into the French 'orge.' Barley is even now a common food for horses on the continent; it is more nutritious than oats, but leads to more disease. Wheat also is stated by Mr. Youatt to be very inflammatory for horses. Leaves are pleasant to them by way of variety, but cannot be reckoned as allowable food.

23. **equitatum tolerare.** See above, c. 49, note 1.

31. c. 59. **optima . . erat usus,** 'had *found* most excellent.'

33. **in senatum,** 'had made them members of their own senate.'

103. 6. **stipendium . . fraudabant,** either by levying a commission on their men's pay, or, as Caesar presently says, by drawing dead men's pay, the charge so constantly made against Marlborough. The former would probably create most indignation, as 'convicta avaritia' is rightly mentioned by Caesar (Bell. Gall. 1. 40) as a quality most hateful to soldiers. By 'domum avertebant' is meant that they fraudulently appropriated to themselves the booty given them for division among their men.

15. c. 60. **reliqua sperarent,** 'that they should estimate the future kindness which they might expect from him by the scale of the old.'

18. **domestico iudicio,** 'the feeling of their own people.'

20. **in aliud tempus reservari.** When Acco the Senonian had tried to revolt against him, Caesar admitted, as he himself tells us in Bell. Gall. 6. 4 of his excuse, 'quod tempus belli, non quaestionis esset;' but in c. 44 he relates how, the war being ended, 'supplicium ex Accone more maiorum sumsit.' It can hardly be doubted that the apprehensions here spoken of arose from the remembrance of this incident.

28. **proinde ac . . vellent,** 'just as if they wished;' so we have 'proinde quasi,' with the subjunctive.

30. **quos . . participes habebant,** 'whom they had won to be accomplices.'

104. 6. c. 61. **vulgo vero universi,** 'in fact almost all the men levied.'

8. **cognitis omnibus rebus,** 'as they were thoroughly acquainted with all our circumstances.'

10. **temporibus, &c.,** 'as they had taken note of the times fixed for each detail of the blockade, of the distances between point and point, and of the degree of military accuracy observed at this post or that,

according to the character or zeal of the various officers commanding each.'

16. c. 62. **tegimenta . . ex viminibus,** that the helmets might not gleam, and also for a purpose which will be presently seen. As these chapters contain the account of Pompeius' celebrated 'breaking of Caesar's lines,' by movements admirably combined and executed, it is worthy of close study and attention by the help of the map given at 3. 43. Their importance may be seen by Sir W. Napier's short summary: ' Pompeius,' he says, ' would have beaten Caesar, or rather did beat him at Dyrrhachium, and would have entirely destroyed him if he had been master of his own movements ; but with all the violent foolish Romans, all potentates, generals, and politicians, thinking themselves his equals and even his superiors, and badgering him by day and by night, he got bewildered, and had no fair play for his genius, which was great' (Memoir, 2. 341).

21. **eam partem munitionum.** These troops were led against the northern face of Caesar's lines at the point marked *e*; meanwhile those sent in the boats were to attack the southern face at *e*; and the point of union of the two walls presently to be described. Caesar's ' maxima castra' was on the east of the lines just above the middle point.

25. **quid . . fieri vellet praecipit,** this is Caesar's common method of narrative ; he does not state the detailed orders, but leaves them to come out with more energy as executed.

27. **Marcellinum,** in the small camp or redoubt marked *g*.

30. c. 63. **pedum xv** in width, probably nine feet deep.

31. By **eius valli agger** is meant that the breastwork and banquette together were ten feet thick.

33. **in contrariam,** southward. By ' transversum vallum ' is meant the cross wall, west of the points *e e*, which should have turned the double wall into a kind of closed redoubt.

105. 11. **accessere . . Pompeiani,** ' Pompeius' forces were upon them;' the six legions attacking the northern face, and the light-armed who came by sea, the southern.

22. **in aversos nostros,** ' they pushed in between the two walls, taking in rear the defenders of both.' The three attacks are in the direction of the arrows marked *e* in the map.

28. c. 64. **correptum timore,** ' got involved in the panic.'

31. **deficeretur.** Kraner quotes Cic. Cluent. 65, ' mulier abundat audacia, consilio et ratione deficitur,' the passive being used because of the phrase ' deficiunt me vires.'

106. 1. **committere . . ut . . dedecus admittatur,** ' so to act that disgrace may be incurred.'

5. **principem priorem.** This, according to General von Göler, was the title of the centurion third in rank in the first cohort of each legion; the two above him being the 'primipilus,' and the 'primus pilus 'posterior' (p. 119).

8. c. 65. **proximum locum,** the spot marked *h* in the map.

18. **propositum non tenuerat,** 'he had failed in his plan.' The Emperor Napoleon's remark upon this candid confession, and upon Caesar's attempt to blockade Pompeius has been already given in the notes to c. 43. He, however, admits elsewhere that Caesar, relying on the superiority of his troops man for man, had succeeded in much discrediting Pompeius as a general by blockading him so long.

19. **castra iuxta Pompeium.** The two camps were at *k* and *l;* that of Pompeius being nearer the sea. The object of constructing another so close was to make it impossible for Pompeius to forage except with a very large force; and, if he led out such a force, to compel him to fight. In just the same way he had encamped close to Afranius at Lerida, and to Ariovistus in Bell. Gall. 1. 50.

21. c. 66. **instar legionis.** The cohorts were taken from several legions, but made up on the whole as much as a legion.

22. **in vetera castra,** at the point marked *m* in the plan.

28. By **paulo ultra** must be meant a little farther out, that is, farther north.

31. **relicto interiore vallo** means 'leaving the inner work standing,' so as to be like a citadel.

107. 1. **ad flumen,** in a N.E. direction towards the Palamnus. These lines are marked *n* in the plan.

9. c. 67. **passus D.** It was somewhat contemptuous to think of crushing even a single legion behind works, while the main body to which it belonged was only half a mile away. By 'speciem munitionis' Caesar seems to mean 'an appearance of being properly defended.'

10. **sarcire detrimentum.** This kind of desire for vengeance is a commander's weakness, and tends to divert his attention from the main points of the war. Hence we may admire Caesar's candour in confessing it.

20. **ericius,** 'some chevaux-de-frise;' such as are made with wooden spikes, or, as at the defence of Badajoz, with sword-blades set in beams chained to the sides of a breach.

cum . . nostri conarentur, 'our men endeavouring.'

23. **demonstravimus.** The passage in which this was related is lost. T. Pulio was the centurion whose valour and presence of mind is used in Bell. Gall. 5. 44 as a kind of foil to set off the bewilderment

of the two generals Sabinus and Cotta. The surrender of C. Antonius to which he had been instrumental was the one at Curicta mentioned supra, c. 9, note.

28. c. 68. **fortuna.** See Bell. Gall. 6. 35, note 1. It is curious, as there shewn, that Caesar's harping on 'fortuna' dates from the time of his failures in Britain. In this case the blame must be laid not on fortune, but on Caesar's failure, first to reconnoitre the ground properly, secondly to take care that his men did not pass Pompeius' lines without levelling them at a sufficient number of points to retreat by.

32. **dextri .. cornus.** This wing was moving on a second line of advance E. of the camp, intending apparently to attack it in the rear.

108. 10. c. 69. **ab decumana porta,** in the extreme rear, that is, of the camp. The admirable conduct of these men in holding sternly on to their works was the chief cause of Pompeius' victory.

13. **per aggeres,** which was making its way up through the narrow breaks in the covered way.

17. **ne in angustias inciderent,** 'that they might not get clubbed at the gaps.'

18. **X pedum,** which, with the ditch, would make a height of nineteen feet.

21. **ne angustiis intercluderentur,** 'that they would be cut off in the narrow spaces between the two ramparts of the camp which they had stormed.'

27. **signa dimitterent,** 'threw away their standards of themselves.' One of these fugitives, as we learn from Plutarch and other authors, would have killed his general for trying to stop him if his hand had not been cut off as he raised it by a centurion.

31. c. 70. **qui .. conspexerat,** 'as in fact he had just before seen his men flying.'

109. 1. **angustiis atque his .. occupatis,** 'by the gaps which were narrow, and also occupied by Caesar's men.' The meaning must be that some cohorts faced round towards the enemy and made a stand, while others withdrew in order through the gaps.

4. **propriam .. victoriam,** 'a victory which Caesar had made his own.'

8. c. 71. **milites DCCCCLX.** Cato is said to have covered his face and wept at the sight of nearly 1000 Roman citizens thus slain in civil war. At the same time, as we learn from Appian, Afranius advised Pompeius to leave in Epirus just sufficient troops to keep Caesar in check, and cross with all speed to Italy. As the ships would then make Caesar's passage impossible, he would have time to consolidate his power at Rome and in Spain, and to oppose Caesar to the utmost

advantage as soon as he succeeded in coming round the head of the Adriatic. Pompeius rejected the advice, thinking that Caesar's army must surrender from famine, and declaring that he would not order his victorious army to retreat as if beaten. See chap. 29, note 1.

equites Romanos, 'Roman knights,' although born in provincial ·towns. So Ovid, though a native of Sulmo, boasts that he is

'Usque a proavis vetus ordinis haeres.'

14. imperator est appellatus. Supra 2. 26, note 1.

15. nomen obtinuit, 'this name he retained ; but *although* he allowed himself to be saluted by it,' &c. His reason for refusing the 'laurea' was that he thought it should not be given for victory in civil war.

19. perfugae, 'in order that he might be trusted more as a deserter.' Supra, 1. 15, note 2.

25. c. 72. Non illi. This unusual use of 'ille' (the subject not being changed) is intended to carry on the nominative of the preceding sentence in a graphic way, as in Virgil's

'Nunc dextra ingeminans ictus nunc ille sinistra,'

so that the meaning is something like, ' these thoughtless persons.'

26. praeoccupatis castris, either 'because Pompeius' men got first to the camp,' or, 'because we occupied the camp before the battle.'

27. abscisum.. exercitum, a phrase like 'ante urbem conditam,' and the like.

32. communis . . casus, 'the impartial accidents of war.'

33. vel falsae suspicionis, 'either in the way of false suspicion,' such as the panic terror of Ariovistus and the Germans in Bell. Gall. 1 ; the notion that Beloochie matchlocks could carry farther than muskets, which Sir C. Napier so skilfully dispelled; above all the 'greased cartridge' terror which was *not* dispelled.

110. 1. terroris repentini, as in the retreat of the cavalry at Chillianwallah, which so soon became a headlong flight.

obiectae religionis, as when the Phocians were conscience-stricken by their plunder of the temple at Delphi, or the English in France quailed before the imaginary witchcrafts of Joan of Arc.

13. c. 73. et id mediocre, 'and that only on a small scale.'

14. sine aliquo vulnere, 'without any single disaster;' so 'sine aliquo quaestu,' as Kraner remarks, means 'without *some* gain.'

15. bellicosissimorum hominum, 'inhabited by a most warlike population.'

16. finitimas . . provincias, Gaul; reduced partly in the Gallic war, partly by the capture of Marseilles.

20. essent transportati, from Brundisium to Apollonia.

22. cuiusvis . . culpae. For Caesar's way of dealing with his soldiers, see the last note on book 1 ; also Bell. Gall. 1. 40, 7. 52 and 17. It is only under peculiar circumstances that a general does well to confess himself in fault ; it is generally better to mend matters quietly, leaving the past to be forgotten.

29. in bonum verteret. The verb is intransitive ; the potential used for the oblique infinitive probably because the words really said by Caesar were, ' quod si sit factum . . . vertat,' the conditional force being expressed by the kind of assonance between the presents 'sit' and 'vertat;' and because he is unwilling to lose this assonance in the oblique construction.

uti ad Gergoviam, where he had been obliged (Bell. Gall. 7. 51) in the same way to raise the siege; but only as a preliminary to the crowning victory of Alesia.

31. c. 74. signiferos. The standard-bearer of the legion was called ' aquilifer,' of the cohort ' signifer,' of the maniple, ' vexillarius.' The punishment for throwing away a standard was, by military law, death; so that reduction to the ranks was merciful.

111. 1. imperium desideraret, ' required any direction from centurion or tribune.'

4. oratione permoti. This is an emendation for ' ratione,' which is less probable ; though it might be explained ' on grounds of reason ' (as opposed to the passion for vengeance felt by the soldiers).

6. neque satis . . confidebat. The Duke of Wellington is praised by his French biographer, M. Morel, because while the continental powers ' were always dreaming about turning the tables, recovering with equal facility what they had lost in a day, and clearing the abyss by one bound,' he knew that ' before acquiring the art of gaining great victories it is necessary to begin by learning to avoid defeats ' (p. 32). So Caesar never trusted to enthusiasm new-born after a defeat or panic. In Gaul when the fear of the Germans had all but led to a mutiny, he took the utmost care not to lead his men, in spite of their longing for the fray, straight against them or through the forest country, where a similar panic might easily spring up again, but marched fifty miles round and through the open country (Bell. Gall. 1. 42). In this way his men's confidence became gradually reestablished on the old basis.

13. c. 75. His explicitis rebus, ' having formed these plans.'

15. militare institutum. General von Göler explains that as the first division had in some degree stolen off, the proper signals were sounded (2. 37, note 4) for the starting of the rear-guard, so that it might not seem to be flying, ' ne conclamatis quidem vasis,' like Scipio in 3. 36.

23. **expedito itinere,** 'as his men were in light marching order' (the baggage having been sent on ahead).

27. **expeditos . . admiscuit,** using, that is, the effective German formation which he admired so much (Bell. Gall. 7. 13, note 1). For a peculiarly clumsy misuse of this force, see above, 2. 34. It may be noticed that here, as they fought with a river behind them, it was *impossible* for the cavalry to run, leaving the foot-soldiers to be cut to pieces, as on that occasion.

31. c. 76. **iusto itinere,** 'after he had done his regular march for that day.' This was finished in the forenoon, the army having started probably at about two o'clock in the morning.

112. 1. **per causam pabulandi;** as if no farther march were intended for that day.

10. **ad sequendum impeditis,** 'as the enemy were thus made incapable of pursuing him.'

12. **duplicato . . itinere,** 'making a fresh march on the same day, he got eight miles ahead.'

20. c. 77. **altissimis fluminibus,** 'although the rivers were very deep.'

23. **magnis itineribus extenderet,** 'although he constantly made forced marches.' So we have the phrase, 'epistola se extendere' for 'to write a long letter.'

28. c. 78. **tantum temporis,** '*only* so much time.'

29. **timens Domitio,** for Cn. Domitius Calvinus, whose operations against Scipio are related in cc. 36–38.

32. **his rationibus explicabat,** 'he planned on the following scheme;' supra, c. 75, note 1.

113. 3. **per Illyricum.** This country, reclaimed from piracy by Roman rule, had now a good character. It contained 'a people religious, just, and kind to strangers, loving to be liberal, and desiring to live orderly and soberly' (Arn. Hist. Rom. 3. p. 477). Yet even so the enterprise of marching an army through one of the most rugged regions in Europe was startling; especially as north Illyria is much less fertile and productive than the southern districts.

6. **obsesso Scipione . . cogeret,** 'he might blockade Scipio and compel him.'

20. c. 79. **averterat,** placing him on the southern branch of the Egnatian way which led from Clodiana to Apollonia. But he could not use this, as he wished to rejoin Calvinus, and was therefore obliged to take country roads.

23. **castris Scipionis . . collata,** 'close to Scipio's camp' on the

Haliacmon (c. 37). From this he had unluckily made a northern movement to Heraclea on the Via Egnatia, by which Pompeius was sure to pass.

24. subiecta Candaviae, 'close to the border of Candavia.'

28. dimissis, 'messengers sent by various roads.' By 'pristina consuetudine' is meant 'on account of an ancient friendship.'

114. 8. Aeginium, on the head waters of the Peneus, but just in Epirus. Caesar had come to this up the valley of the Aous; and then crossed the important pass of Mezzovo into Thessaly.

10. c. 80. Gomphos, on the upper Peneus. Plutarch tells a story that the soldiers came upon large wine-stores here; and soon were in a permanent state of intoxication, which cured them of the attacks of fever from which they had been suffering.

15. multis .. partibus, 'and this they had many times magnified.'

25. musculos. See 2. 10, note 1. The 'crates' are mantelets of hurdle, under cover of which the soldiers might sap the wall.

115. 2. Metropolim. The four towns of Tricca, Metropolis, Pelinnaeum, and Gomphi are said by Strabo (9. 5) to have formed a kind of quadrilateral for the defence of Ithome which was situated between them.

9. c. 81. Metropolitum, for 'arum;' like 'drachmum,' 'amphorum,' 'terrigenum,' 'Aeneadum.'

10. coerciti copiis is an emendation of Madwig's for 'exercitibus.'

12. Ille .. constituit. Kraner supposes this to refer to Scipio, as Caesar, who is presently said to be in want of provisions, cannot have been now occupying 'agros plenos frumentorum.' The argument seems to have little value, as an army soon exhausts the harvests of a neighbourhood. Besides this the 'ille' refers grammatically to Caesar; and the phrase, 'eo omnem belli rationem conferre,' could scarcely be used of a subordinate like Scipio.

21. c. 82. classicum .. praetorium. Scipio had a commander-in-chief's pavilion, and the trumpet signals were given at his quarters also.

28. servorum .. numero (loco), 'treated them as his dependents.'

29. de praemiis, 'about various honours.' So in Bell. Gall. 1. 43 the curule chair, &c. sent to Ariovistus, are called 'praemia.'

in annos, 'for each successive year.'

32. Lucilius Hirrus is mentioned in 1. 15 as flying from Camerinum when Caesar crossed the Rubicon. His embassy to Parthia was one of those mentioned in 3. 3; its object was to gain allies among the slayers of Crassus.

116. 3. **in labore pari**; prepositional ablative absolute—'when all had laboured equally.'

5. c. 83. de sacerdotio, about the succession to the office of Pontifex Maximus, which Caesar had held since B.C. 63.

9. **affinitate Pompeii**, as the father of his wife Cornelia.

10. **proditionis exercitus**, 'for betraying his army.' This genitive on genitive is not always avoided by Caesar; thus he says, 'Sabini priorum dierum cunctatio;' 'Helvetiorum iniuriae populi Romani;' 'sine eius offensione animi' (Bell. Gall. 3. 18, 1. 30, 1. 19).

11. **quod gestum . . diceret**, lit. 'which thing he said had been done in Spain.'

14. **(qui) sententias . . ferrent.** Caesar here seems to allow his relative sentence to pass unawares into a final, 'for the purpose of sentencing those who had remained at Rome or been within the countries occupied by Pompeius.'

17. **qui . . censerent**, 'one to be used by those who thought.'

28. **c. 84. suis locis**, 'on his own side of the ground.'

30. **ut progrederetur**, 'in such a way as to advance.'

32. By **eius exercitum** is meant Caesar's army, not Pompeius', as the next clause shows.

117. 1. **multis partibus**, 'many times less in number.'

3. **inter equites proeliari**, according to the arrangement which Caesar had admired in Ariovistus' German cavalry (Bell. Gall. 1. 48, 7. 13), and since constantly practised with his own.

5. **equitum mille**, generally 'equites' after 'mille;' so Caesar uses 'mille passuum.'

6. **cum adesset usus**, 'when such need occurred.'

9. **Allobrogem**, either Egus or Raucillus (supra, c. 59).

24. **c. 85. longius a vallo**, 'that Pompeius had just before advanced a little from the cover of his ramparts' and the protection of the artillery upon them.

26. **agmen**, 'when his column of march was just at the gates,' ready to start.

118. 4. **c. 86. Persuasi equitibus.** In this curious expression there is a world of satire: 'I have persuaded the cavalry *just* to go round on Caesar's right, and cut him to pieces;' as if nothing was likely to hinder them when once they made up their mind to it.

8. The use of the imperfect **pellerent** is like Bell. Gall. 4. 1, 'Sese in eam consuetudinem adduxerunt ut lavarentur:' see the parallels quoted in the note on that passage.

13. **usu manuque**, 'let them not in actual practice and conflict fall

behind the plans which they had often formed and the high opinion entertained of them by others.'

14. c. 87. **cum .. despiceret,** 'expressing huge contempt for Caesar's forces.'

18. **Perexigua pars,**—yet enough to leaven the rest; as the few regiments of Wellington's Peninsular army—the one which 'could go anywhere and do anything'—gave their tone to the whole force at Waterloo.

27. **iuravit .. reversurum,** as General Ducrot did in his remarkable sally during the siege of Paris. Such oaths are made to be broken.

33. **nihil frustra confirmari videbatur,** 'everything seemed to them to be stated on the best grounds.'

119. 3. c. 88. **traditae a Caesare.** Bell. Gall. 8. 55 and supra 1. 1, note 1. Pompeius had demanded them to serve in the Parthian war, and then stationed them at Capua to be the nucleus of his army against Caesar, who in dismissing them had given each man a considerable gratuity. The one now called the third had been the fifteenth while under Caesar.

6. **cum legionibus Syriacis,** 'the legions *employed* in Syria.'

7. **traductas .. docuimus.** This fact must have been mentioned in some lost passage of the Bellum Civile.

8. **Has firmissimas** must refer to the whole of the legions just mentioned, not to the last which were placed on the right wing, and so covered by the stream with high banks.

12. **ex beneficiariis,** 'made up of those who had received honorary exemption from service.'

15. **rivus .. impeditis ripis.** This arrangement was faulty, considering Pompeius' superiority of force; and did him more harm than the enemy, as he could not manœuvre on his own right.

18. c. 89. **decimam legionem,** his favourite legion, that which he made his 'praetoria cohors' when they resisted the panic related in Bell. Gall. 1. 41.

22. **Cohortes .. LXXX.** This is accurate if we read 'vii' instead of 'ii,' for the number of cohorts occupying the camp (which can hardly have been so small as two). For Caesar had on the whole 11 legions or 110 cohorts, of which 8 were doing garrison duty (c. 78), and 15 had been detached into Achaia (c. 34); so that there were 30 cohorts not actually in the battle. The 80 remaining should have contained at least 32,000 men; the chances of war had thinned them down to 22,000 veterans.

26. **contra Pompeium,** who occupied the regular place for a Roman

commander, between his infantry and cavalry, so as to superintend the movements of each.

29. **singulas cohortes,** 'cohorts apart from the legions to which they belonged,' the number being six, as we find in c. 93.

30. **equitatui opposuit,** that is, he made these cohorts fall out of the third line and formed them 'en potence' with his right, so as to cover the intervals between the lines of his formation and then to extend as far as possible towards the rear.

33. **vexillo,** 'by waving a red flag.'

120. 2. c. 90. perpetui temporis, 'through the whole time' (of their common service).

4. **per Vatinium.** Supra, c. 19: 'per Clodium,' c. 57: 'cum Libone,' c. 16.

12. **c. 91. primum pilum . . duxerat,** 'had been first centurion of the first cohort.'

15. **quam constituistis,** 'do for your general the service on which you are determined.'

19. **primus . . procucurrit.** This circumstance must surely have occurred at some later period of the battle, as at the beginning it would have been simply an act of disorder, almost certain to produce disastrous consequences.

25. **c. 92. aciem . . distrahi,** 'and to allow Caesar's army to disorder itself' (by the force of its own onset).

26. **primus excursus, &c.,** 'in order that the first dash and onset of Caesar's men might be met by steadiness, and their line disordered by the struggle.'

28. **ordinibus dispositi.** This was assuming that Caesar's attack would create no disorder. Yet even one English regiment, the 7th Fusileers, arriving in the most straggling order at the top of the hill by the Alma, succeeded, though their fire was desultory, in clogging with dead and wounded the masses of Russian infantry which were waiting for them. Much more would the steady discharge of Caesar's pila at a distance of twenty yards have this effect on the Pompeians.

leviusque casura. True enough mechanically; but, on the same principle, they might make them strike still more lightly by falling rapidly back.

121. 2. non reprimere, except for great strategic purposes, and with an 'up, Guards, and at them,' in reserve. So English soldiers have been sometimes ordered to reserve their fire till the enemy were within a few yards; and, when delivered, it has been irresistibly deadly, in spite of the loss of men incurred in the interval from the unreturned fire.

8. c. 93. usu periti. As Caesar says of his men in the battle with the Nervii, 'non minus commode ipsi sibi praescribere quam ab aliis doceri poterant' (Bell. Gall. 2. 20).

15. **ad gladios redierunt,** 'they had recourse to their swords.' So we have in Bell. Gall. 5. 48, 'ad duas legiones redierat,' 'he had been *reduced* to two legions.'

20. **turmatim explicare,** 'to deploy in successive squadrons.'

24. **tanta vi . . impetum fecerunt.** General von Göler seizes with patriotic zeal on Florus' assertion that many of these men were Germans, and that they rushed on the Pompeians with such energy that any one would have thought that *they* were cavalry charging infantry.

28. **destituti,** the error of 2. 34 being repeated on a much vaster scale.

122. **4. c. 94. quin . . oriretur;** the common expression would have been, 'ortam esse victoriam;' probably the subjunctive is used because the 'Caesarem non fefellit' = 'Caesari non fuit dubium,' which naturally takes the 'quin' construction.

18. **summae rei,** 'distrustful as to the general result.'

22. **c. 95. magno aestu.** The battle took place on Aug. 9.

32. **ducibus usi centurionibus,** apposition, as in Bell. Gall. 1. 21, 'cum iis ducibus qui iter cognoverant' ('with those as guides').

123. **8. c. 96. luxuriem obiciebant.** Kraner quotes Suet. Caes. 67 to show that Caesar liked his men to enjoy themselves when they could, saying that even if perfumed they would not fight the worse; and that he also had pleasure in seeing their arms splendid. Like Sir C. Napier, the sight of a soldier neat and well-dressed inspired him with the thought 'how this same man would look on a battle-field, with his face black with smoke, and his eyes fixed on his general, and ready to dare and do anything at his command.' Hence these aristocratic taunts.

10. **se opinionem fefellisse,** 'that his notions had so far deceived him.'

27. **c. 97. Pompeianis occurrere coepit,** 'he managed to head the Pompeians by a shorter way.'

124. **7. c. 98. passisque palmis proiecti . . flentes.** This is a good instance of the power of successive participles in Latin; the abl. absolute qualifying 'proiecti;' and 'flentes' being closely connected with the following verb 'petiverunt.'

11. **quid sui,** 'any thing which belonged to them.'

Hac adhibita diligentia, 'having seen to this with the utmost care.' By 'occurrere' is meant here 'to come up;' much as 'in Caesarem ipsum incidit' in Bell. Gall. 1. 53 means 'he was overtaken by Caesar.'

18. c. 99. **Neque id fuit falsum,** 'and the saying was made good.'

21. **optime .. meritum.** For he had returned to military service and daring after discharge as a veteran, when life and rest might be supposed peculiarly dear to him. Caesar therefore had him honourably buried in a separate tomb.

22. **cecidisse videbantur,** 'it was computed that 15,000 fell, besides which (sed) 24,000 surrendered.' We have the same copulative use of 'sed' in Sall. Catil. 7, 'virtus Romanorum omnia domuerat; sed gloriae maximum certamen inter ipsos erat.' Among those who surrendered was Brutus, of whom Lucan says (7. 586), in foresight of the future,

'Illic plebeia contectus casside vultus
Ignotusque hosti quod ferrum, Brute, tenebas.'

On viewing the battle-field with its corpses, Caesar burst into the celebrated exclamation, 'hoc voluerunt; tantis rebus gestis condemnatus essem, nisi ab exercitu auxilium petiissem.'

26. **signa .. aquilae,** supra, c. 74, note 1.

32. c. 100. **insulam obiectam .. tenuit.** Supra. 3. 23. The object was, as before, to blockade Brundisium, that no reinforcements might sail thence to Caesar.

33. **Similiter,** 'as Antonius had done,' (c. 24).

125. 12. c. 101. **dimidiae .. praeesset.** This 'asyndeton' or omission of conjunctions gives an idea of a rapid summary of the position of things. See 1. 9, note 7, for other instances of the same excellence of style in Caesar.

21. **Tantusque .. timor incessit,** '*accordingly* so much terror was struck.'

cum esset legio, 'although a legion was in garrison.'

126. 3. **quinqueremis duas .. ceperunt,**—an unparallelled exploit, though a squadron of Polish lancers once took a man-of-war frozen up in the Elbe. The officer here engaged was the celebrated C. Cassius; Caesar pardoned him on Brutus' intercession.

20. c. 102. **an .. conaretur,** 'or whether he was really thinking of holding Macedonia.'

24. **Mytilenas,** the capital of Lesbos, and celebrated in Greece for its picturesque beauty. In Greek it is called Μυτιλήνη in the singular.

28. **arcem captam esse,** 'that the citadel had been occupied;' so we have 'collem capere,' 'loca capere.'

127. 7. c. 103. **pecunia societatis,** 'the funds of the company of publicans.'

10. **ex familiis,** 'from the slaves' (supra, 1. 14, note 4).

12. **Pelusium pervenit.** Pompeius had thought of going to Parthia and trying to form alliances there: although his envoy Hirrus had just been thrown into chains for refusing to cede Syria to the Parthians. It is strange that he did not make for Africa, to join the conquerors of Curio.

13. **cum sorore Cleopatra,** who was also his wife, according to an Egyptian custom, which, strangely enough, prevailed also in Peru.

22. **In hoc . . numero,** 'among the royal troops.'

27. **c. 104. in curatione . . regni,** 'had the regency of the kingdom.'

128. 2. **liberaliter . . appellatus,** 'he was addressed with honour.'

3. **notitia Septimii productus,** 'drawn on by a certain acquaintance with Septimius.'

quod . . ordinem duxerat, 'because this person had been a centurion.'

4. **naviculam parvulam.** 'The water,' they said, 'was too shallow to admit of a larger vessel drawing in to shore.' As a number of galleys were close in, this was evidently a blind. But Pompeius, faintly smiling, bade farewell to his friends, quoting the lines of Sophocles,

ὅστις γὰρ ὡς τύραννον ἐμπορεύεται
κείνου 'στὶ δοῦλος κἂν ἐλεύθερος μόλῃ.

5. **ibi . . interficitur,** stabbed in the back between his vessel and the shore. See the fine passage in which Dean Merivale describes the scene (2. 311).

12. **c. 105. duobus temporibus,** 'on two different occasions.' Supra, c. 33, note 1. Caesar's expressions in this chapter are remarkable, considering that he was a freethinker. He had, even at a distance, and without knowing it, preserved the sacred treasures ; the gods, therefore, could not do less than return the compliment by helping his victories in much the same manner and degree.

· 29. **c. 106. necessitudines regni,** 'his friendships in that kingdom.'

129. 8. **quod fasces anteferrentur,** 'because, as consul, he had the fasces carried before him.'

15. **c 107. etesiis,** the N.W. wind, which blows with the steadiness of a trade wind ; the same which in the Acts of the Apostles made it impossible for the vessel carrying St. Paul from Caesarea to make a straight course to the Aegean. See the remarks on this wind by Conybeare and Howson, and in Mr. Lewin's *Voyage and Shipwreck of St. Paul.*

130. 3. **c. 108. Tabulae . . unae,** 'one copy of the will.'

6. **eodem exemplo,** 'an exact copy of the first.'

9. c. 109. **pro communi amico,** 'as a common friend.'

23. **sublatus per suos,** 'was caught up by his men.'

30. c. 110. **genere hominum,** 'the nationality of the soldiers.'

131. 6. **certaque vitae condicio,** 'and assured employment.'

16. **Bibuli filios duos,** probably because Bibulus was an enemy of King Ptolemaeus.

27. c. 111. **illae .. omnes.** Supra, c. 72, note 1.

32. **in sua potestate haberent.** The conditional would be rhetorically expressed by 'habebant in potestate;' the subjunctive because of the dependent sentence.

132. 2. **rem obtinuit,** 'held his own.'

6. c. 112. **Pharus.** It would seem that this word *means* 'the island.' Bunsen gives an Egyptian word, 'phr,' (to push forward), which is generally the radical idea of words signifying 'island'—an island being what is thrown out from the land.

8. **obiecta Alexandriae,** 'just off Alexandria,' and connected with it by a mole called the ἑπταστάδιον. (It is strange that Homer, in Od. 4. 355, should have placed it at the distance of a day's sail from Egypt.) The N.E. point of it is occupied by the tower of Pharos, and the narrows mentioned by Caesar are between this and the headland of Acrolochias, which projects from the mainland to meet it.

133. 1. **magnis .. iacturis,** 'by great sacrifices.'

3. **in parte Caesaris.** If these words are genuine, the meaning must be, 'who was professing to take Caesar's side.'

6. **initia belli Alexandrini.** The narrative of the war, with Caesar's manifold dangers and escapes in it, was taken up at this point by the writer of the Bellum Alexandrinum. It is remarkable that after Pharsalia, Caesar was frequently in more personal danger than ever before. In Alexandria he narrowly escaped drowning by his celebrated swim; at Ruspina he all but shared Curio's fate; and, finally, in Spain he was all but ruined by Sextus Pompeius, son of the triumvir.

INDEX

TO WORDS AND THINGS EXPLAINED IN THE NOTES.

The figures refer to the book, chapter, and note.

You may also enjoy ...

Wandering Between Two Worlds: Essays on Faith and Art
Anita Mathias
Benediction Books, 2007
152 pages
ISBN: 0955373700

Available from www.amazon.com, www.amazon.co.uk
www.wanderingbetweentwoworlds.com

In these wide-ranging lyrical essays, Anita Mathias writes, in lush, lovely prose, of her naughty Catholic childhood in Jamshedpur, India; her large, eccentric family in Mangalore, a sea-coast town converted by the Portuguese in the sixteenth century; her rebellion and atheism as a teenager in her Himalayan boarding school, run by German missionary nuns, St. Mary's Convent, Nainital; and her abrupt religious conversion after which she entered Mother Teresa's convent in Calcutta as a novice. Later rich, elegant essays explore the dualities of her life as a writer, mother, and Christian in the United States-- Domesticity and Art, Writing and Prayer, and the experience of being "an alien and stranger" as an immigrant in America, sensing the need for roots.

About the Author

Anita Mathias was born in India, has a B.A. and M.A. in English from Somerville College, Oxford University and an M.A. in Creative Writing from the Ohio State University. Her essays have been published in The Washington Post, The London Magazine, The Virginia Quarterly Review, Commonweal, Notre Dame Magazine, America, The Christian Century, Religion Online, The Southwest Review, Contemporary Literary Criticism, New Letters, The Journal, and two of HarperSan-Francisco's The Best Spiritual Writing anthologies. Her non-fiction has won fellowships from The National Endowment for the Arts; The Minnesota State Arts Board; The Jerome Foundation, The Vermont Studio Center; The Virginia Centre for the Creative Arts, and the First Prize for the Best General Interest Article from the Catholic Press Association of the United States and Canada. Anita has taught Creative Writing at the College of William and Mary, and now lives and writes in Oxford, England.
Website: www.anitamathias.com/
Blog: wanderingbetweentwoworlds.blogspot.com/

www.ingramcontent.com/pod-product-compliance
Lightning Source LLC
Chambersburg PA
CBHW030521100426
42813CB00001B/114